HAYMON
verlag

Bianca Jankovska

Potenziell furchtbare Tage

über Anti-Work, Menstrual Health und das gute Leben

für die menschen
die mich trotz
meiner vielen schwächen
nicht haben
fallen lassen

Inhalt

Vorwort

Ich habe dieses Buch nicht geschrieben, um mir selbst einen Gefallen zu tun. Dafür sind die Ausschnitte, die ich aus meinem Privatleben hervorgekramt und zur öffentlichen Selbstanalyse freigegeben habe, viel zu hässlich.

Es wäre für meine Reputation als „seriöse Autorin" vermutlich besser gewesen, manche Teile wieder zu löschen, persönliche Schwachstellen zu kaschieren, um ein gewisses Image zu wahren, und ein nüchternes Sachbuch über menstruelle Gesundheit zu schreiben, mit dem das Feuilleton etwas anfangen kann.

Aber wem hätte ich damit geholfen? *Wem* hätte es etwas gebracht, wenn die Erfahrungen, die ich stellvertretend für viele andere Menstruierende und Menschen mit psychischen Erkrankungen auf dem Arbeitsmarkt gemacht habe, im Dunkeln geblieben wären? In meinem eigenen Kopf. In einem Tagebuch.

Fakt ist: Ich hätte dieses Buch früher *selbst* gebraucht. Es beschreibt meine eigene Krankheitsgeschichte mit der wenig bekannten Prämenstruellen Dysphorischen Störung (PMDS), aber auch meine Suche nach diesem „guten Leben", die ich trotz der Hürden, die mir bisher im Spätkapitalismus begegneten, nicht aufgegeben habe.

Das Buch ist in fünf Kapitel gegliedert, die im Idealfall nacheinander gelesen werden, da sie aufeinander aufbauen. Zugleich steht jedes davon inhaltlich für sich und hat jeweils eine eigene Aussage. Ich habe den Inhalt nach Emotionen sortiert, nicht nach Themen, weil ich in erster Linie emotionsgetrieben geschrieben habe und mir diese Form der Anordnung eine gewisse künstlerische Freiheit ermöglicht hat.

Es beginnt mit der Auseinandersetzung mit meiner eigenen Scham, geht über in die Frage nach Schuld, gefolgt von Kapiteln über Wut und Schmerz, bevor es mit dem Kapitel über Hoffnung endet. Ganz zum Schluss befindet sich eine Sammlung von FAQ zur PMDS, die bei Bedarf natürlich auch gleich zu Beginn gelesen werden kann.

Obwohl es immer noch kein richtiges Leben im falschen gibt, kann ich versprechen, dass es Wege heraus aus der Ohnmacht und Hilflosigkeit gibt.

Alle in diesem Buch erwähnten Zahlen, Studien und Fakten beziehen sich auf den Forschungsstand im Jahr 2023 oder davor. Englische Literatur wurde von mir übersetzt. Ich hoffe, dass manche meiner Thesen und Vermutungen schon bald von neuer Forschung gestützt werden. Dass Menschen in zehn Jahren sagen werden: „Zum Glück sind wir heute weiter".

Weil bestimmt einige Menschen fragen werden, warum ich nicht gendere, obwohl mein Buch inklusiv sein soll: Ich finde nicht, dass Gendern in jedem Fall zu mehr Inklusivität beiträgt. Ich habe selbst Personen in meinem Umfeld, die sich schwer damit tun, gegenderte Sprache zu lesen. Deshalb habe ich mich dagegen entschieden, mit *, Binnen-I oder anderen Varianten zu gendern, und stattdessen versucht, wo möglich eine genderneutrale Bezeichnung zu verwenden oder das generische Maskulinum mit dem Femininum abzuwechseln, um den Lesefluss möglichst ungestört zu erhalten. Wo wir schon beim Thema sind: Ich habe möglichst oft von „Menstruierenden" und nicht von „Frauen" geschrieben, weil sich dieses Buch selbstverständlich nicht nur an Frauen richtet. Konkret ausgedrückt: Nicht alle Frauen menstruieren und nicht alle Menstruierenden sind Frauen. Leider wird in vielen Studien, Berichten, Artikeln und Umfragen von binären Geschlechterkategorien ausgegangen, weswegen ich die

Begrifflichkeiten in solchen Fällen aus Gründen der Präzision übernehmen musste.

Ich möchte zudem an dieser Stelle festhalten, dass ich keine Ärztin bin und mit diesem Buch auf keinen Fall medizinische Ratschläge erteilen möchte.

Darüber hinaus ist meine eigene Perspektive immer noch die einer akademisierten, postost-migrantischen, nicht von Armut betroffenen, reproduktionsfähigen, heterosexuellen Cis-Frau vor der Menopause aus einer Großstadt. Ich habe keine körperliche Behinderung, gehe jedoch mit einer gewissen psychischen Belastung durchs Leben und befinde mich auf dem Spektrum der Neurodiversität. Ich maße mir nicht an, aus einer anderen Perspektive zu schreiben, und versuche hier, meine eigene Herkunft so authentisch und kritisch einzuordnen wie möglich.

Abschließend bleibt noch zu sagen: Ich hoffe, dass es noch viele weitere Bücher geben wird, die sich des Themas Menstrual Health im Spätkapitalismus aus einem eigenen, neuartigen Blickwinkel annehmen.

Emanzipatorisches Lesen
Bianca Xenia Jankovska

Disclaimer

Teresa Bücker ist mein Imposter-Syndrom-Endgegner. Egal, wo ich mich befinde oder womit ich mich gerade ablenke: Teresa Bücker ist nicht nur überall, Teresa Bücker hat auch ein unfassbar detailliertes und präsentes Standardwerk geschrieben, das eigentlich von Anti-Work handelt, sich aber aus marketingtechnischen Gründen nicht so nennt. Stattdessen heißt es *Alle_Zeit* und erinnert mich zuverlässig wie ein Uhrwerk daran, was ich alles als Autorin: nicht schaffe, nicht kann, nicht *bin*.

Eigentlich hatte ich das Buch bereits weggelegt, um mich nicht an den Details aufzuhängen, aber dann nehme ich den Faden doch wieder auf. Ein bisschen aus FOMO, ein bisschen aus Pflichtgefühl, ein bisschen aus schlechtem Gewissen. Ich erfahre, dass es die 40-Stunden-Woche realpolitisch gar nicht gibt, dass deutsche Männer im Durchschnitt eine 37-Stunden-Woche und deutsche Frauen eine 30-Stunden-Woche präferieren. Dass es gar nicht stimmt, dass Menschen heutzutage weniger arbeiten als früher, dass Feel-Good-Manager im Grunde auch nur bezahlte Care-Kräfte in Unternehmen sind und sich alleinerziehende Mütter unternehmensinterne Benefits wünschen, die nicht ab 19 Uhr in einem Fitnessstudio stattfinden.

Teresa Bücker sammelt in ihrem Buch recherchierte Fakten, droppt historische Eckdaten in chronologischer Reihenfolge und ganz nebenbei die teils immer noch vorhandenen Unterschiede zwischen Ost- und Westdeutschland. Sie zitiert Politikerinnen und Aktivisten aus der Pflege, kennt alle aktuellen Statistiken zum Thema Lohnarbeit in Deutschland und scheut sich nicht, sie anzuführen.

Aber: Wer ist diese Teresa Bücker und wie macht sie das? Ich habe sie einmal gesehen, bei einem Workshop-Wochenende irgendwo in Brandenburg. Aber außer unseren Augen hat sich da nichts getroffen. Ihre Sprache wirkt auf mich fast schon gezwungen sachlich, kalt, unantastbar. Und genau das macht Teresa Bücker so erfolgreich: ihre Fähigkeit, bei emotionalen Themen wie Erwerbsarbeit, Ungerechtigkeit und Arbeitslosigkeit *vollkommen* emotionslos zu bleiben, die richtigen Fakten, statt hässlicher Gesichtsregungen, an den Tisch zu bringen und dabei wie nebenbei die Care-Revolution herbeizuschreiben. Neben Teresa Bücker wirke ich wie ein unfrisierter Instagram-Clown, der seinen Meinungsdünnpfiff nicht unter Kontrolle hat.

Kurz: Teresa Bücker ist *der* Archetyp einer gutsituierten Journalistin, die ich nie geworden bin. Während ich mich durch das Buch quäle, denke ich verzweifelt darüber nach, was *ich* nach dem Lesen alles in meinem *eigenen* Buch erwähnen sollte. Sollte ich nicht auch noch etwas über die Vorteile von Gewerkschaftsarbeit schreiben? Na ja, oder zumindest etwas über die Arbeiterkämpfe meiner Vorfahren, oder? Welche Statistiken muss ich hinterher noch nachschlagen, damit auch mein Buch mehr „Fleisch" bekommt, mehr Autorität, mehr Sachlichkeit ... ja, vielleicht mehr Respekt. Respekt von Kritikerinnen, die mir nach dem Lesen meines Buches sicherlich fehlende emotionale Distanz und mangelnde journalistische Recherche vorwerfen werden. Denn, sind wir mal bitte ehrlich, wer in dieser Branche nicht wie Teresa Bücker arbeitet, der macht sich der unsauberen Arbeitsweise schuldig.

* * *

Nach anderthalb Stunden mit *Alle_Zeit* muss ich aufhören und eine Pause einlegen. Es ist schon witzig, denke ich mir, dass Teresa Bücker ausgerechnet ein Buch über Zeitkultur geschrieben hat, denn ich habe die vage Vermutung, dass sie für dieses Buch mehr Stunden gearbeitet hat, als ich für „normal" oder „angemessen" erachten würde. Vor meinem inneren Auge sehe ich Teresa Bücker, wie sie jeden Abend um 23:47 Uhr 30 Tabs offen hat, um diese eine Zahl zu suchen, diese eine Zahl zu finden, die ihren Aussagen lebenslange Legitimation verleihen wird.

Je mehr ich über Teresa Bücker und ihr Buch nachdenke, desto mehr glaube ich, dass Teresa Bücker und ich ein vollkommen anderes Verhältnis zur Arbeit haben – obwohl wir *beide* darüber schreiben, obwohl wir *beide* daran interessiert sind, eine radikal neue, sozial gerechte Zeitkultur einzuführen.

> *„As a writer, I've often experienced imposter syndrome around not having ‚well-researched' books or writing."*
> Mar Grace[1]

Wenn ich darüber nachdenke, ob meine eigenen Texte genug Recherche beinhalten, konfrontiere ich mich mit meiner vermeintlichen Unzulänglichkeit, mit meiner vielleicht größten Angst. Nämlich, dass es anderen auffällt, dass meine Texte nicht in erster Linie recherchelastig sind, sondern durch Emotionen getrieben werden. Dass ich nicht immer Lust habe, 70 Seiten Statistiken und Zitate anderer zu droppen, um einen Punkt zu machen.

In meiner Welt sind Statistiken dazu da, um von Menschen nachgeschlagen zu werden, die es wirklich ganz genau wissen wollen. Ganz oft finde ich sogar, dass zu viel Zitier- und Klugscheißerei einem Beitrag schaden, dass die Worte anderer meine ursprüngliche Aussage verfälschen und mich unter Druck setzen, alles, was es zu einem bestimmten Thema zu sagen gibt, in einem einzigen Text zu vereinen. Dabei habe *ich* diesen Anspruch gar nicht.

* * *

Es ist wichtig, dass es Frauen wie Teresa Bücker gibt, und vermutlich hat jeder, der das hier liest, seine ganz eigenen Kämpfe mit seiner „persönlichen" Teresa Bücker auszutragen. Gleichzeitig ist es auch wichtig, aufzuhören, sich für die Art, wie man arbeitet, zu schämen. Manche Menschen recherchieren gerne, andere nicht. Manche Menschen haben wenig Meinung, manche viel. Manche Menschen lesen gerne Kriminalromane, andere lieber Memoiren.

Deshalb möchte ich gleich zu Beginn vorwarnen: Dieses Buch ist auf gar keinen Fall vollständig. Nicht einmal annähernd fasst es alle Debatten, die es derzeit rund um das Thema Anti-Work und Menstrual Health gibt, zusammen. Ich habe tonnenweise Literatur ausgelassen, nicht gelesen, übersprungen, gar nicht erst gekauft, nach zehn Seiten abgebrochen. Weil ich mich gelangweilt habe, weil ich mit anderen Dingen beschäftigt war, weil ich lieber wandern gegangen bin, weil schon andere Autorinnen vor mir sehr viel Ausführlicheres dazu geschrieben haben, weil ein Buch ohnehin niemals reichen wird, um die Gesellschaft zu verändern, und dieses Buch von meinen ganz subjektiven Erfahrungen handeln soll und handeln wird.

Das hier ist *mein* Buch, und ich werde sicherlich kein Buch über Anti-Work schreiben, um mich während des Prozesses auszubeuten, kaputtzumachen und meine Karriere voranzutreiben. Vielleicht ist das hier bereits mein erster emanzipatorischer Akt für ein Anti-Work-Leben. Ein Buch über Anti-Work mit Anti-Work-Haltung zu schreiben, das so, wie es ist, genug ist. Ein Buch, das nicht alles können muss, nicht alles von der Antike an erklären soll und Texte nach der dritten Korrekturschleife auch mal gut sein lässt.

Wem das nicht reicht, der kann immer noch *Alle_Zeit* von Teresa Bücker lesen.

Ich würde es verstehen. Wirklich.

Anti-Work und Privilegien

Seit die Idee zu diesem Buch entstanden ist, habe ich mir darüber Gedanken gemacht, wie ich über so etwas Prätentiöses wie nicht arbeiten schreiben könnte. Halleluja, ich sah die Kommentare bereits von links und rechts auf mich zufliegen: „Arbeit macht doch auch glücklich!", „Arbeit ist Selbstverwirklichung!", „Und außerdem braucht die Wirtschaft Arbeitskräfte!", „Wo kommen wir da hin als Wirtschaftsnation, wenn keiner mehr arbeitet?".

Nicht zu arbeiten, so Konsens von links, ist nur etwas für Reichgeborene, nur etwas für Nepo-Babies, die ungeborenen Kinder von Justin Bieber oder die Tochter von Kylie Jenner. Die meisten Menschen, ja, auch die allermeisten bekannten deutschsprachigen Theoretiker können sich kein Leben ohne Lohnarbeitszwang vorstellen. Vermutlich auch deshalb, weil dann die Arbeit liegen bleiben würde, die sie selbst nicht verrichten wollen. Unsere Welt, wie wir sie heute kennen, würde schlicht: zusammenbrechen.

Aber ist nicht zu arbeiten wirklich per se etwas Schlechtes?

Spätestens seit der amerikanischen Great Resignation (Kapitel 5) ist vielen Arbeitgebenden bewusst geworden, dass eine Zeitenwende einsetzt. Die Gründe dafür sind mehr als nachvollziehbar: Wofür noch arbeiten, wenn der Lohn nicht oder nicht genügend an die Inflation angepasst wird, Reichtum großteils vererbt wird (Kapitel 2: „Reiche Eltern umverteilen") und die Welt brennt (Kapitel 5: „Arbeitslosigkeit for future")? Wofür noch zur Arbeit gehen, wenn uns Millennials und Zoomern die Zukunft gestrichen wurde?

Ich habe nicht vor, hier zu erklären, wer den Kapitalismus erfunden hat. Es gibt tausende Bücher und Dokumentationen zum Thema und auch darüber, was er bereits alles zerstört hat. Es langweilt mich, über bereits Erörtertes zu schreiben. Ich spare uns die Zeit und fange nicht ganz vorne an. Sondern da, wo wir gerade stehen, während ich zwischen Sommer 2022 und Winter 2023 eine Mischung aus persönlichen Anekdoten, am eigenen Leib getesteten Lösungsvorschlägen und literaturbasierten Utopien in gut verdauliche Essays gieße.

Ich möchte darüber schreiben, was die Klasse, in die wir geboren wurden, mit unserem Leistungsbedürfnis zu tun hat. Ich möchte über das Stigma der Erwerbsarbeitslosigkeit schreiben, über Tradwives, die die Errungenschaften ihrer Vorgängerinnen für ein bisschen Scheinfreiheit als Hausfrau aufgeben (Kapitel 2: „Und was arbeitet eigentlich dein Mann?“), und über die Lüge des Outsourcings – natürlich auf Kosten anderer.

Denn es stimmt natürlich, wir können Anti-Work nicht *nicht* intersektional denken, wenn wir die Freiheit vom Erwerbsarbeitszwang für alle fordern. Und doch wird es vermutlich wie immer eine kleine, privilegierte Gruppe an Vorreiterinnen sein, die ihre eigenen Privilegien für realpolitische Forderungen und Analysen nutzen, bis auch die Letzten aufhören können, für umweltzerstörende Konzerne malochen zu müssen. Ich würde sogar sagen, es ist die *Pflicht* der Privilegierten, unsere heutige Arbeitswelt zu sabotieren und zu zerstören. Uns solidarisch vor jene zu stellen, die das (noch) nicht können.

Anti-Work ist jedoch nicht nur eine Bewegung mit konkreten politischen Zielen, sondern auch eine Haltung, die erstmal im Kleinen Wirkung haben kann.

Anti-Work bedeutet für mich als Lohnabhängige nicht, gar nicht zu arbeiten, sondern mich vom schlechten Gewissen der Nicht-Produktivität zu lösen. Von Zeit zu Zeit zu kündigen – nicht um sofort einen neuen Job anzufangen, sondern meine eigene mentale und physische Gesundheit zu retten. Die Lüge vom Traumjob zu verlernen und gleichzeitig neue Praktiken im eigenen Leben zu implementieren, die nichts mit dem ständigen Streben nach mehr zu tun haben.

Anti-Work bedeutet mehr Faulheit für alle – und nicht nur für die oberen 1%.

Aber spulen wir doch erstmal noch ein paar Jahre zurück. Denn ich habe natürlich nicht schon immer so gedacht.

Intro: Issues

Dass ausgerechnet *ich* einmal über Mental Health schreiben würde, hielt ich noch vor wenigen Jahren für ausgeschlossen (und vermutlich auch alle, die damals meine Arbeit verfolgt haben).

2020 erschien in Kollaboration mit der Illustratorin Julia Feller mein zweites Buch *Dear Girlboss, we are done*, das von den negativen Effekten handelt, die die Offenbarung der eigenen Traumata für Frauen online zur Folge hat. Ich habe das Buch nach dem Erscheinen nie wieder in die Hand genommen, und doch kann ich mich vage daran erinnern, dass ich darin Influencerinnen und Journalistinnen, die auf Social Media offen über ihre psychischen Probleme schreiben, abwertete.

Ich verstand nicht, warum sie sich in Zeiten von Hasskommentaren, Stalking und der internetimmanenten Gier nach Voyeurismus und traurigen Geschichten freiwillig auf großen Medienportalen die Blöße gaben, fremde Menschen in die eigenen seelischen Abgründe mitzunehmen.

Die Offenlegung der weiblichen Psyche war für mich nicht in erster Linie politisch, sondern in erster Linie privat – und gefährlich. Ich fand es seltsam, wenn sich kluge Frauen, in meiner damaligen Wahrnehmung, darauf reduzieren, an einer psychischen Störung zu leiden, und fortan ihr gesamtes Online-Dasein darauf ausrichten, mit einer bestimmten Diagnose in Verbindung zu stehen.

Vielleicht tat ich das, weil ich mir selbst lange Zeit nicht eingestehen wollte, krank zu sein. Bis ich im Mai 2022, im Alter von 30 Jahren, eine Speichelprobe an ein Berliner Labor schickte.

Meltdown Moments

Ich hatte gerade das anstrengendste Jahr meines Lebens hinter mir.

Innerhalb von zwölf Monaten zog ich von Berlin aufs Land in Dippoldiswalde und wieder zurück nach Berlin, wo ich während des dritten Pandemie-Winters ein juristisches Masterstudium aus der Ferne abschloss und gleichzeitig vier Tage die Woche als Change-Managerin bei einem Consulting-Unternehmen arbeitete.

Mein Alltag war die Hölle.

Ich verbrachte den Großteil des Tages damit, sinnlose Powerpoints im Wert von mehreren zehntausend Euro zu erstellen (wovon ich natürlich nur einen Bruchteil abbekam), und arbeitete zwischendurch am Exposé meiner Masterarbeit im Fachbereich des Wettbewerbsrechts.

In manchen Monaten gab es weniger als sechs Tage, an denen ich lachte und so etwas wie Freude oder Sinn empfinden konnte. Meine Lebensunlust war nicht mehr zu leugnen.

Trotzdem hätte ich mich nicht als „depressiv" bezeichnet, denn schließlich kam ich jeden Morgen aus dem Bett, schrieb neben dem Consulting-Job eine juristische Masterarbeit, ging joggen und verdiente genügend Geld, um im Supermarkt nicht auf die Preise von Milch und Butter achten zu müssen.

Ich hatte es geschafft, mich aus dem journalistischen Prekariat zu befreien, in einer anderen Branche anzufangen und mich gleichzeitig in einen neuen, unfassbar komplizierten Bereich einzuarbeiten, ohne zuvor das erste deutsche juristische Staatsexamen abzulegen. Freunde, die selbst Jura studiert hatten, gratulierten mir – und staunten gleichzeitig über meine bestandenen Prüfungen. Scheinbar war ich immer noch so ehrgeizig wie mit 21 – allerdings nach fünf Jahren Selbstständigkeit inklusive einiger kurzer, notgedrungen eingeschobener Festanstellungen ungefähr fünfmal so ausgebrannt.

Ich hatte seit 2017 keine richtige Pause mehr gemacht, und mit richtig meine ich, länger als zwei Wochen am Stück auf dem Rücken zu liegen und an die Decke zu starren. Ohne Handy, ohne Laptop, ohne Auftraggeber, die bis 15 Uhr ein volles Word-Dokument von mir wollen.

Der Preis für meine Funktionalität war hoch.

Mein Nervenkostüm war so dünn wie eine Frischhaltefolie.

Mein Privatleben glitt mir aus den Händen.

* * *

Triggerwarnung: selbstverletzendes Verhalten, Selbsthass

An einem unspektakulären Montagvormittag entdeckte ich eine Parkstrafe über 50 Euro hinter meiner Windschutzscheibe, weil ich vergessen hatte, ein Ticket für den Gratis-Parkplatz beim Supermarkt zu ziehen (klingt unlogisch, war es auch).

Es regnete heftig, und ich versuchte, die Angelegenheit gleich zu regeln. Ich lief also in den Supermarkt und wieder hinaus, ich versuchte, mit dem Parkwächter zu sprechen. Aber keine Chance. Der kostenlose Besucher-Parkplatz war über Nacht kapitalisiert worden. Schließlich kam ich auf die Idee, auf das Ticket eines anderen Fahrzeugs mit derselben Ankunftszeit zu setzen, dessen Besitzer es mir – so der Plan – nach seiner Abfahrt freiwillig überlassen könnte. Mit diesem fremden, nicht zuordenbaren Ticket hätte ich die Strafe vielleicht abwenden können.

Doch bevor ich ein passendes Ticket finden konnte, kündigte sich in meiner Magengegend bereits ein Nervenzusammenbruch an. Mein Gehirn blockierte jegliche Rationalität und schüttete eine unverhältnismäßig große Dosis Adrenalin aus. Stück für Stück breitete es sich in jeder Zelle meines Körpers aus. Meine Pupillen erweiterten sich. Meine Herzfrequenz stieg an. Hilflos rief ich meinen besten Freund an, um ihm von der Situation zu erzählen, die im Grunde genommen eine kleine, unnötige Lappalie war. Statt mich von ihm trösten zu lassen, fing ich an, Öl ins Feuer zu gießen.

Die Leute auf dem Parkplatz starrten mich an, was mich nicht daran hinderte, in voller Lautstärke weiter ins Telefon zu schreien. Da war ich also: die Verrückte, die bei Regen auf einem Parkplatz auf- und ablief und dabei weinte, als ob sie gerade einen Arm verloren hätte. Die, die doch sonst stundenlang Argumente hin- und herwälzen konnte und sich beruflich auf sehr viel schwerere Problemszenarien einlassen musste.

She *lost* it.

Schließlich beendete ich das Telefonat, indem ich auflegte, und fuhr nach Hause. Dass ich unterwegs keinen Unfall verursachte, war purer Zufall – denn durch meine verheulten Augen habe ich nicht mehr viel von der Straße gesehen.

In der Wohnung verschlimmerte sich mein Zustand. Ich hatte die Verbindung zu mir selbst verloren.

Warum passiert so etwas immer *mir?*

Warum bin ich so dumm und kann nicht lesen?

Warum muss ich ausgerechnet diesen Parkplatz nehmen?

Kann ich nicht besser auf mich aufpassen?

Meine Selbstabwertung nährte sich erfolgreich von dem kleinen Fehler, den ich in Eile begangen hatte, und stürzte mich kopfüber in eine Abwärtsspirale. Sie gipfelte darin, dass ich meinen Mid-century-Schreibtisch mit beiden Händen an die Wand schleuderte und ihn anschließend wie eine Hyäne in seine Einzelteile zerlegte. Ich riss die Schubladen samt Inhalt heraus und warf sie gemeinsam mit meiner Tastatur und einem Haufen Bücher auf den Parkettboden. Das 70 Jahre alte Teil war in weniger als drei Minuten zu einem Haufen Brennholz geworden.

Ich befand mich mitten in einem Blackout. Am Ende des Massakers hielt ich ein Tischbein in der Hand und hatte mehrere Schrammen an meinen Beinen. Als ich endlich zu mir kam, nahm ich mich aus der Vogelperspektive laut schluchzend und panisch atmend in der Embryonalstellung auf dem Bett liegend wahr.

Um mich herum und in mir drinnen: Chaos.

Der einzige Gedanke in mir war nun: „Endlich. Jetzt kann es raus. Jetzt kann alles raus".

Dysphoria County

Die Prämenstruelle Dysphorische Störung (PMDS) ist eine Krankheit, deren Ursachen bislang wenig erforscht sind. Fest steht allerdings, dass Menschen mit Zyklus, die an der schwersten Form der Prämenstruellen Störung leiden, in den Tagen nach dem Eisprung bis zum Einsetzen der Monatsblutung an unterschiedlich stark ausgeprägten Depressionen, Ängsten, Aggressionen und Wahrnehmungsstörungen leiden, die bis hin zu Body-Dysmorphia, selbst- und fremdverletzendem Verhalten sowie Suizidalität führen können.

Bei einigen Menstruierenden halten die Symptome zehn, bei anderen 20 Tage an. Bei einigen sind sie durchgehend vorhanden, was eine Abgrenzung zu anderen psychischen Erkrankungen schwer macht. Treten die beschriebenen Symptome lediglich in der Zeit ab dem Eisprung auf und hören sie abrupt rund um das Einsetzen der Blutung wieder auf, liegt die Vermutung nahe, dass es sich um PMDS handelt. Um dies zu diagnostizieren, sollte über mindestens drei Monate ein Tagebuch geführt werden, in dem die unterschiedlichen Symptome täglich auf einer Skala bewertet werden.

Ein Progesteronmangel kann, *muss* aber kein Grund für das Auftreten der Prämenstruellen Dysphorischen Störung sein. In meinem Fall konnte durch eine Speichelprobe ein eindeutiger Progesteronmangel festgestellt werden. Unzählige Jahre des Leidens und 150 Euro kostete mich dieser Erkenntnisgewinn, der nicht von Krankenkassen übernommen wird.

Die Ursachen meines Progesteronmangels sind bislang ebenso unklar wie die genaue Entstehung von PMDS. 3–8 % aller Menstruierenden leiden daran. Und niemanden interessiert es! Warum das so ist, liegt auf der Hand: Frauengesundheit ist historisch bedingt kein besonders relevantes Thema. Das wissen wir spätestens seit der Lektüre von Caroline Criado Perez, die in ihrem Buch *Invisible Women. Exposing Data Bias in a World Designed for Men* die geschlechtsspezifischen Unterschiede in der medizinischen Forschung einem breiten Publikum offenlegte.

Die meisten Betroffenen kommen meist erst dann mit ihrem Progesteron-Wert in Berührung, wenn sie nicht schwanger werden können. Wenig überraschend wurde auch ich von den meisten Ärzten gefragt, ob ich Nachwuchs plane – obwohl ich eigentlich nur wissen wollte, was genau nach dem Eisprung in meinem *Gehirn* passiert.

Denn „normal“ fühlte sich in meinem Kopf nach dem zwölften Zyklustag nicht mehr viel an. Monat für Monat stand ich in dieser Zeit neben mir, erkannte mein blasses Gesicht im Spiegel nicht wieder und litt, neben gelegentlichen aggressiven Explosionen, an obsessiven, wiederkehrenden Gedanken, die mich nicht losließen. Fast so, als hätte mir jemand meine schlimmsten Alpträume auf Band gesprochen und die Play-Taste mit Tesa fixiert.

Du bist schuld daran, dass du dich in dieser Lage befindest.

Du bist ein Loser, der es nicht schafft, glücklich zu sein.

Du triffst andauernd schlechte Entscheidungen.

Du hast heute wieder den ganzen Tag darauf gewartet, dass etwas Schlechtes passiert.

Während ich das hier schreibe, ist meine Euphorie über den erkannten Progesteronmangel übrigens wieder ein Stück weit verflogen – denn es gibt keine Studie, die eindeutig beweist, dass PMDS mit einem Progesteronmangel zusammenhängt oder dass die Aufnahme von bioidentischem Progesteron in Form von Kapseln dazu führt, dass die PMDS-Symptome verschwinden. Mehr zum komplexen Verhältnis von Progesteron und PMDS steht übrigens im FAQ ganz am Ende dieses Buches.

Bislang gibt es jedenfalls kein in Deutschland oder Österreich zugelassenes Medikament speziell gegen PMDS. Bis zum Inkrafttreten der neuen Version des in Deutschland und Österreich gängigen medizinischen Klassifikationssystems für Gesundheitsprobleme, ICD-11, im Jahr 2022 war die Krankheit überhaupt nur im amerikanischen DSM-5-Katalog[1] gelistet. Umso schwieriger ist es, auf PMDS spezialisierte Ärztinnen und Gynäkologen zu finden – denn anders als vielfach angenommen, ist PMDS keine psychische, sondern eine gynäkologische Erkrankung.

* * *

Zu meiner Freude war in meinem 150-Euro-Speichelproben-Set auch ein Gespräch mit einer auf Frauengesundheit spezialisierten Heilpraktikerin enthalten. „Why not?", dachte ich mir. „Schaden kann es nicht."

Ich legte meine Vorurteile gegenüber esoterisch angehauchter Unwissenschaftlichkeit beiseite und begann ein Gespräch mit einer Frau, deren Stimme mir ehrlich gesagt sofort unsympathisch war. Das ganze Telefonat über stellte ich mir vor, wie die Frau in Jogginghosen im Home-Office saß und den ganzen Tag die immer selben Fragen von einem Dokument ablas, um den Umsatz des Start-ups, bei dem ich dieses Speichelproben-Set kaufte, zu steigern.

„Sie sollten unbedingt gut auf sich achten!"

„Sie sollten Stress so gut es geht vermeiden!"

„Sie sollten Ihre Ernährung umstellen!"

„Haben Sie es schon mit Frauenmanteltee versucht?"

„Wir haben in unserem Shop einige Tees, die speziell für PMS-Patientinnen geeignet sind!"

„Nehmen Sie Vitamin B?"

„Also von Medikamenten würde ich Ihnen abraten!"

Kurzum: Es war schwer, mich ernst genommen zu fühlen. Wenn ich meine emotionalen Verdauungsprobleme und Meltdowns mit Magnesium und Vitamin B curen könnte, glaubt mir, ich hätte es schon getan. Ich hätte *gerne* darauf verzichtet, die „Drama-Queen", die Übersensible zu sein.

Patientinnen wie mir – egal, ob sie nun an der Prämenstruellen Störung, Depressionen, bipolaren Störungen, Angststörungen, Phobien oder anderen Neurosen leiden – werden in der Regel genügend Ruhe, eine spezielle Ernährung, Entspannung und Sport verordnet. Als ob wir in einer Welt leben würden, die es erlaubt, uns hauptberuflich um unsere Gesundheit zu kümmern. Als ob wir die Zeit hätten, uns neben Vollzeiterwerbsarbeit, Care-

Arbeit und Beziehungspflege um eine richtige Diagnose zu kümmern.

Ich selbst habe etwa fünf Jahre gebraucht, um überhaupt eine Methode der Diagnostik für PMDS zu finden – und noch ein bis zwei weitere Jahre, um mir eine halbwegs effektive Behandlungsmethode zusammenzustellen.

PMDS verdirbt mir 50 % meiner Lebenszeit, seit ... ja, seit wann eigentlich? Seit ich ein unbändiger Teenager war, der seine Familie terrorisierte? Seit ich mit 19 heimlich angefangen habe, mich mit Weed zu self-medicaten, weil keiner so genau wusste, was ich hatte?

Trotzdem: PMDS ist für mich nur ein *Wort*, ein Tropfen auf dem heißen Stein, ein Anhaltspunkt von vielen auf meiner langen Liste an Fragen. Ich möchte mich nicht mit der Krankheit überidentifizieren. Ich könnte auch „ganz gewöhnliche" Depressionen oder eine bipolare Störung haben. Denn im Grunde steht hinter allem, was ich hier schreibe, eine bestimmte Haltung.

Nämlich, dass es keine „einfache" Heilung psychischer Störungen und Erkrankungen in einem Leistungssystem gibt, das uns psychisch krank *macht*.

Für niemanden von uns.

Your therapist can't end capitalism

Wie die meisten Millennials und Gen Xer habe auch ich meinen fair amount of Selbsthilfeliteratur gelesen, um mit meinen Meltdowns „fertigzuwerden". Oder anders gesagt: um es zu schaffen, dass meine Meltdowns für andere weniger furchteinflößend sind. Für Außenstehende waren und sind meine Aussetzer schwer nachzuvollziehen und noch schwieriger zu tolerieren.

Empathie dürfen emotionale Menstruierende nur erwarten, solange sie im vorgesehenen Muster agieren: weinen, traurig in der Ecke sitzen oder still werden. Mit neofeministischen Ratschlägen à la „Trau dich, wütend zu sein!" und „Brich die Regeln!" konnte ich dementsprechend schon früh wenig anfangen, weil ich ja bereits ohnehin diejenige war, die sich nicht an Regeln hielt, aus Schulunterricht und Trainingslagern flog und der eigenen Wut gerne freien Lauf ließ.

Niemand möchte aber *wirklich* wütende Frauen sehen. Wenn wir wütend werden, sollen wir diese Wut gefälligst in konstruktiven Aktivismus oder Journalismus verwandeln und nicht direkt gegen uns selbst oder andere richten. Dann wird unser Verhalten nämlich als „krankhaft" pathologisiert und nicht als Antwort auf ein grundsätzlich krankmachendes System und jahrelangen strukturellen Missbrauch verstanden.

Obwohl ich mich weder als spirituell noch religiös bezeichnen würde, habe ich während meiner letzten und lange überfälligen Auszeit im August 2022 ungefähr jedes Buch in die Hand genommen, das mir dabei helfen könnte, die slawische Volleyballtrainerin in meinem Kopf durch eine liebevolle Pflegemutter zu ersetzen. So schnell ließ mich der zerstörte Mid-century-Tisch nämlich nicht los. I *really* hit rock bottom.

Also las ich Holly Whitakers *Quit Like a Woman*, obwohl Alkohol seit mehreren Jahren keine Rolle in meinem Leben spielte, und fing mit Marianne Williamsons *A Return To Love* an, obwohl ich nicht an Gott glaube. Michael A. Singers Klassiker *The Untethered Soul* brachte mir das Konzept des inneren Mitbewohners bei, den ich mir immer dann vorstellen sollte, wenn ich eine Situation vorschnell bewertete. Ich sollte die Stimme in meinem Kopf objektiv von außen betrachten, um ihr die Macht zu nehmen.

Laut Singer war ich nicht die Stimme, sondern die Person, die die Stimme *wahrnahm*. Aha.

Was mich an der massenhaft verfügbaren Selbsthilfeliteratur störte, war, dass die meisten Anleitungen zur Heilung aus folgenden drei, relativ banalen, Elementen bestanden:

- Abstraktion negativer Gedanken
- Fokus auf Liebe
- Meditation und Yoga

Ja, ich sollte dem Licht folgen, meiner Welt stets mit Liebe begegnen (was mir damals bereits oft gelang) und meine Perspektive wechseln (was mir immer häufiger gelang), ich sollte zum Yoga gehen (was ich tat) und mich spirituellen Weiterbildungsseminaren anschließen, um dort neue Freunde zu finden (was ich nicht tat).

Es war ein wenig paradox: Morgens setzte ich mich mit Hilfe von wissenschaftlicher Literatur mit den biochemischen Prozessen auseinander, die PMDS hervorrufen kann, abends beschallte ich mich mit halb-esoterischen Self-Help-Kapiteln, die die Schuld an meinem Schmerz meiner vermeintlichen Unfähigkeit, „wahrhaftig zu lieben", zuschrieben.

Anders als noch vor ein paar Jahren war ich inzwischen sogar offen für „alternative" Methoden der Heilung. Ich meditierte und schaffte es so immer öfter, mich abends in einen Zustand der Entspannung zu versetzen. Ich las alle Bücher mit einer gewissen Offenheit und Euphorie, etwas von Menschen zu lernen, die „weiter" waren als ich.

Holly Whitaker etwa fokussiert sich in ihrem Buch *Quit Like a Woman* auf das Thema Alkoholsucht und die Frage, warum so viele Menschen negative Gefühle und Stress durch den Gebrauch von Rauschmitteln betäuben. Schließlich wirkt Alkohol bereits in geringen Mengen entspannend, weshalb ihn viele überarbeitete Menschen nutzen, um abends runterzukommen. Whitakers Buch ist nicht nur ein Augenöffner in puncto Lügen der Alkohollobby, sondern auch ein Ratgeber für alle, die sich wieder selbst spüren, Glück empfinden, Grenzen setzen und neue Freunde finden wollen. Ich habe durchaus spannende Zitate mitgenommen, wie zum Beispiel:

„Viele von uns denken, wir bräuchten ein Meer von Menschen, ein Dorf. Oft entspringt dieser Gedanke einer Vorstellung davon, was gesellschaftlich akzeptabel ist. Der soziale Beweis dafür, wie wertvoll oder cool oder normal oder sympathisch man ist, hängt oft damit zusammen, wie beliebt man ist.“

Danke dafür.

Hollys Geschichte hat mich gepackt und begeistert. Bis auf eine Sache: Obwohl Holly ehrlich über ihre Recovery von der drogenabhängigen, selbstzerstörerischen Partygängerin zur abstinenten und besänftigten Yogini spricht, muss sie uns Leserinnen immer wieder mitteilen, wie *erfolgreich* ihre neue Karriere als Bestsellerautorin und Gründerin von *Tempest*, einer „Sobriety School“, läuft, dass sie über 30 Mitarbeiter beschäftigt und jede Menge Verantwortung trägt. Dass ihr Terminkalender rappelvoll ist und sie sich gut überlegt, mit wem sie zum Lunch geht. Ok, verstanden, Girlboss.

Und auch Marianne Williamson (deren Bestseller ich ehrlicherweise nach 30 Seiten gelangweilt abgebrochen habe) wird nicht müde zu betonen, dass ihr Buch seit Jahrzehnten ein absoluter Renner ist, der ihr ein privilegiertes Leben als Missionarin verschafft hat.

Brené Brown, die über Scham und Verletzlichkeit forscht, verkauft es in ihrem Buch *Verletzlichkeit macht stark* als etwas Gutes, wenn Firmen die Produktivität ihrer Mitarbeiter steigern, indem sie eine Kultur der Verletzlichkeit zulassen. Jedes dritte Kapitel beginnt mit der Nacherzählung eines Vortrags, den sie an irgendeiner Elite-Universität, Elite-Einrichtung oder bei einem Ted Talk vor Tausenden von Menschen gehalten hat. Wenn authentisch gelebte Verletzlichkeit letztlich wieder nur zu mehr Kapitalismus führt und in erster Linie *weißen* Frauen in Führungspositionen hilft, dann bin ich raus, sorry!

Wird es bereits deutlich, worauf ich hinauswill?

Die aktuelle Self-Help-Literatur mag uns die richtigen Glaubenssätze, Mindsets und Therapie-Programme vermitteln – aber sie setzt meiner Meinung nach *nicht* dort an, wo das Unglück vieler wirklich anfängt: im Leistungsdruck des Bildungssystems und später in der Arbeit gegen Geld für andere.

Damit meine ich explizit nicht jene Arbeit, die wir *gerne* tun und die uns geistig fliegen lässt (Kapitel 5: „Gute Arbeit"), sondern die ganz normale, stinklangweilige Arbeit, die wir gegen Geld für Consulting-Konzerne, Restaurantbesitzer, kapitalistische Medienunternehmen, Kreativagenturen, Hotels, Versicherungsunternehmen, Alarmanlagenhersteller oder Autoproduzenten verrichten.

Denn – und das sollte mal klar festgehalten werden: Es hilft mir nicht, spirituell für ein paar Momente „bei mir zu sein", wenn mein ausbeuterischer Job mich jeden Tag von Neuem grundsätzlich davon abhält.

* * *

Die Frage, die ich mir 2022 öfters gestellt habe, lautet wie folgt:

„*Wie* bist du eigentlich wieder hier gelandet?"

Für die Antwort muss ich ein wenig ausholen. Wie viele Kinder migrantischer Mütter war ich von klein auf darauf trainiert, gute Noten nach Hause zu bringen. Meine Mutter erzählt mir bis heute, dass ich sehr klug und sehr interessiert am Unterricht war und dass ich zudem auch sehr leicht lernte. Vielleicht stimmte ihre Geschichte. Vielleicht war ich aber auch nur gut darin, die Erwartungen meiner Mutter zu erfüllen.

Meine Mutter machte alles, was sie konnte, um mir mein Aufwachsen in Wien so schön wie möglich zu gestalten. Mit vier lernte ich Lieder mit Ernie und Bert im Englischfrühförderprogramm. Nach dem Kindergarten kam ich auf eine neue Montessori-Ganztagsschule. Morgens malten wir Mandalas, nachmittags spielten wir Fußball. Dazwischen gab es sicherlich auch ein paar Deutsch- und Matheeinheiten, die ich jedoch nicht als solche wahrnahm. Wir hatten nicht nur einen Klassenvorstand, sondern zwei – und konnten die Inhalte gemeinsam mit ihnen in einem freien Rahmen erarbeiten.

Mit neun wechselte ich schließlich aufs Gymnasium, was mir dank der Vorbereitungsarbeit meiner Mutter auch nicht weiter schwerfiel. Sie organisierte mir zuhause einen kindergerechten room for one's own mit Schreibtischlampe, Papierablage und einer großen Palette Jolly-Buntstiften. Ich schrieb – trotz der Umstellung vom freien Lernen ohne Benotungsdruck auf Noten – fast immer Einsen und hatte keine nennenswerten Probleme. Ich war angepasst, gutgelaunt und strebsam. Gute Noten waren etwas, womit ich mir die Zuneigung meiner Mutter – und damit auch die Anerkennung ihrer slowakischen Verwandten – sichern konnte. Wenn ich gute Noten schrieb, war *sie* die gute Mutter, die das Beste aus ihrem Kind drüben im Westen herausholte. Und wenn *ich* das gute Kind war, wurde ich geliebt.

Ich möchte meiner Mamička keine Vorwürfe machen, sie hat mich zu einem verlässlichen Menschen erzogen, der sich in der Welt zurechtfindet. Ich durfte alles an Bildung mitnehmen, was das österreichische System zu bieten hat, und weiß spätestens, seit meine eigenen Freundinnen Kinder haben, was meine Mutter alles geopfert hat (sie würde es übrigens nie so nennen!), um genügend Zeit für mich und meine Hausaufgaben zu haben. Meine Mama hat mich umsorgt, als gäbe es nichts Wertvolleres auf der Welt.

Meine Schulzeit ist mir insgesamt in sehr guter Erinnerung geblieben. Ehrlich gesagt war die Zeit bis zur Pubertät meine bislang liebste Lebenszeit überhaupt. Es war jene Zeit, in der meine Welt noch in Ordnung war. Wie wir wissen, sind Erinnerungen aber trügerisch und werden Jahrzehnte später in einem nostalgischen Licht wiedergegeben, das kaum bis gar nichts mit der eigentlichen Realität von damals zu tun.

Inzwischen glaube ich, dass meine guten Erinnerungen an die Schulzeit bis heute meine Leistungsbereitschaft prägen. Mir Wissen anzueignen und fleißig zu sein, war mein persönlicher Schlüssel zu Glück, Freude, Liebe und Anerkennung.

* * *

Meine erste Therapeutin war eine gutangezogene Frau Mitte 50. Sie war dünn und ernst, trug gerne offene, flache Schuhe (für die ich ihr manchmal Komplimente machte) und hielt sich mit ihrer persönlichen Meinung strikt zurück.

Auf dem Weg in die Praxis in Moabit hoffte ich immer, niemandem zu begegnen. So als ob ich mich dafür schämen müsste, zur Therapie zu gehen. Dabei wäre es doch viel schlimmer, *nicht* zur Therapie zu gehen. Dass aber andere Menschen zur selben Therapeutin gehen wie man selbst, war für mich mental dann doch too much to handle.

Während meiner gesamten Therapie hatte ich das dumpfe Gefühl, dass meine Therapeutin mich nicht besonders mochte, doch es war mir egal. Ich glaube nicht, dass mich eine Therapeutin *mögen* muss, um mir etwas über mich selbst beizubringen. Wichtiger ist, dass ich meine Therapeutin *respektiere*. Und das tat ich.

Die meisten meiner Probleme hatten irgendetwas mit Arbeit und Beziehungen auf der Arbeit oder Beziehungen generell zu tun. Aber meistens redete ich über die Arbeit. Manchmal kam ich mir vor wie bei der Berufsberatung und nicht wie bei einer tiefenpsychologischen Therapie. Hin und wieder lachte meine Therapeutin, wenn ich ihr von meinen Problemen erzählte. Es war kein schallendes Gelächter, aber ein durchaus akustisch und visuell wahrnehmbares Schmunzeln.

Sollte ich wieder zurück in eine Festanstellung gehen? Warum war es so anstrengend, spannende und zuverlässige Auftraggeber zu finden? Sollte ich mich meiner Psyche zuliebe aus dem Insta-Game zurückziehen und etwas ganz anderes machen, kochen zum Beispiel? Warum ist Schreiben für Geld so undankbar? Ich redete und redete und redete und ging jedes mögliche Szenario durch, das beruflich in meiner Zukunft stattfinden könnte.

Was meine Therapeutin nicht konnte, war, Lösungen anzubieten. Sie wollte, dass ich selbst auf eine Antwort kam. Manchmal *bettelte* ich regelrecht um einen Ratschlag, weil ich nicht mehr weiterwusste und weil *sie* doch die kompetente Person in puncto Psyche war.

* * *

Mit der Zeit habe ich herausgefunden, was meinen mentalen Zustand garantiert verschlechterte – und es heute noch tut. Hier eine unvollständige und unsortierte Liste:

- Zu viele Deadlines gleichzeitig
- Mehr als zwei feste Auftraggeber zur gleichen Zeit
- Schlechte Kommunikation
- Top-Down-Kommunikation
- Regeln, die keinen Sinn haben
- Auf Dauer mehr als fünf Stunden pro Tag geistig arbeiten
- Soziale Isolation
- Soziale Überaktivität
- Monologisierende, paternalisierende und verurteilende Freunde
- Druck, abliefern zu müssen
- Druck, posten zu müssen
- Druck, etwas Besonderes erschaffen zu müssen
- Tagesschau zum Abendbrot
- Mir länger als vier Monate keinen Urlaub zu gönnen
- 25 Urlaubstage als Festangestellte
- Familientreffen
- Finanzielle Ängste
- Bürokratie
- Warten auf Genehmigungen

Inzwischen schäme ich mich nicht mehr für diese Liste, obwohl ich weiß, wie die Kommentare lauten würden, würde ich sie in einem Massenmedium veröffentlichen. Vor allem ältere Generationen würden so etwas schreiben wie: „Die jungen Menschen von heute halten aber auch gar nichts mehr aus und sollten erstmal ordentlich arbeiten! Es wurde uns ja auch nichts geschenkt!“ Sie würden schreiben, dass sie sich anno dazumal über einen Urlaub pro Jahr freuten, statt ständig mehr zu fordern. Eine Frechheit sei das!

Die Debatte rund um die Generationsunterschiede zwischen Boomern und Millennials bzw. Zoomern ist alt – und ich habe mehrere Jahre meines Lebens damit verschwendet, an ihr teilzuhaben. Not any more.

Heute denke ich mir: Kein Wunder, dass meine Therapeutin keine Antwort hatte. SHE CAN'T FUCKING END CAPITALISM.

Von den Punkten auf der Liste kann mir eine Therapeutin maximal bei „Familientreffen", „Freunde" und „soziale Kontakte", „Warten (Geduld)" und „Kommunikation" helfen. Realpolitisch kann sie nicht: mir mehr Urlaubstage geben; Regeln und Bürokratie, die keinen Sinn ergeben, abschaffen; das Nachrichtengeschehen beeinflussen oder Social Media ändern. Sie kann mir keine qualitativ wertvollen Auftraggeber herbeizaubern, weil sie überhaupt keinen Einfluss darauf hat, wie meine Akquise in einer schwachen Konjunkturphase läuft. Sie kann nicht meinen Stundensatz erhöhen, sodass ich mich weniger ausgebeutet fühle. Und sie kann mir nicht den Druck nehmen, abliefern zu müssen, um drei Deadlines in einer Woche einhalten zu können.

Meine Therapeutin kann mir *nicht* dabei helfen, das große Über-Problem meiner Lohnabhängigkeit zu lösen, weil sie auch nur einen Kassenplatz in diesem gottverdammten, kaputten System anzubieten hat, in dem Menschen depressiv werden, ihren Nachtisch ins Klo kotzen, ihre Kinder misshandeln und bis zum Burn-out hinter ihrem Schreibtisch sitzen bleiben.

Da kann sie dann auch nicht einfach schnipsen und die Zeit zurückdrehen, einen Urlaub für zwei in der Toskana und Geld vom Staat verschenken – am besten monatlich –, um Menschen das zu geben, was sie eigentlich zusätzlich zur zeitraubenden Therapie brauchen: eine Verschnaufpause. Eine Pause von dem ganzen Wahnsinn aus Bewerbungen schreiben und Absagen bekommen, neue Ideen generieren und keine Förderungen bekommen, beim Amt vorsprechen und den Lebenslauf aktualisieren, doch noch einen Master anfangen und für wenig Kohle in einem prestigeträchtigen Konzern arbeiten, nicht befördert werden, weil man einmal auf eine E-Mail „Nein, dafür stehe ich nicht zur Verfügung" geantwortet hat – obwohl einem *alle* sagen, man solle Grenzen setzen. Doch wenn man sie letztlich durchexekutiert, sitzt man schneller wieder bei seinen Eltern im Kinderzimmer, als man „Ich kündige!" rufen kann.

Don't get me wrong: Therapie ist wichtig. Aber sie ist auch nur *ein* Puzzleteil von vielen, das ich austesten musste, um zu lernen, was mir wirklich hilft. In manchen Wochen hat die Therapie mehr Stress verursacht, als sie behoben hat. Besonders dann, wenn die Termine untertags waren und ich deshalb Schwierigkeiten hatte, genau jene Deadlines einzuhalten, über die ich mich beim Termin dann beschwerte.

Ich frage mich, ob so viele Menschen überhaupt Therapie bräuchten, wenn wir nicht in dieser Gesellschaft leben würden, in der viele Menschen ihre Kinder erziehen wie Hunde und ihre Alten lange vor dem Tod ins Heim stecken. Solange wir als Individuen tagein, tagaus, seit wir geboren wurden, von einer Kultur der Missgunst und des permanenten Vergleichens umgeben sind, von einer Kultur, die von Leistung, Produktivität und Ambition, und nicht von Ruhe, Resilienz und Würde, getrieben wird, werden die verfügbaren Kassenplätze *immer* bestens ausgelastet sein.

Am Ende meiner Therapie bekam ich übrigens keine Diagnose.

Stattdessen entschied ich mich, etwas „Ordentliches" zu studieren, um dem Journalismus den Rücken zu kehren: Jura.

Spielerin des Jahres

Triggerwarnung: Essstörung

Ich bin nicht die Einzige, die von klein auf darauf trainiert wurde, sich durch Leistung zu behaupten. Vielleicht mag ich es deshalb nicht, mich in meiner Freizeit zu messen. Egal, ob es um Basketball, Tischtennis oder Tischfußball geht. Sobald ich um Punkte spielen muss, fangen die Stresshormone an zu kicken.

Sportarten wie diese, und ja, auch Fußball und Badminton, können theoretisch allesamt *ohne* den Druck, gewinnen zu müssen, gespielt werden. Wir könnten Bälle hin und her schießen, uns an der meditativen Geräuschkulisse von quietschenden Schuhen und treffenden Schlägern erfreuen und keinen Gedanken an die *allerbeste* Strategie verschwenden, um den Ball zu versenken. Doch stattdessen hat sich der Leistungsgedanke auch in die menschliche Beziehung zum Sport gefressen.

Als ehemalige Leistungssportlerin bin ich von dieser Prämisse besonders geprägt. Von meinem elften Lebensjahr an verbrachte ich zwei bis fünf Nachmittage pro Woche in einer Halle, um einen Lederball gegen die Wand, Unterarme oder den Boden zu knüppeln.

Mein Leben zwischen zehn und sechzehn drehte sich voll und ganz um Volleyball. *Volleyball, Volleyball, Volleyball.* Ich hatte nichts anderes im Kopf. Während sich meine Mitschülerinnen ihren ersten Freund herbeisehnten, hoffte ich, in die höheren Mannschaften aufzusteigen. Nachts träumte ich von neuen Knieschützern und Staatsmeisterschaften. Ich schlief, aß und lebte in Sporthosen und hatte meine Trainingstasche immer dabei – für den Fall, dass doch noch spontan ein Training anstand. Mit 13 Jahren spielte ich in der U13-, U15- und U17-Mannschaft meines Vereins und konnte zu keinem der anstehenden Spiele am Wochenende „nein" sagen. Ich weiß noch, wie nervös es mich machte, mit den älteren Mädchen zu spielen, und wie ich sie um ihre Fähigkeiten, ihre Grazilität und ihre strammen Oberschenkel bewunderte.

Meine Stärke war der Außenangriff. Wenn ich Anlauf nahm, um den perfekt gespielten Ball der Aufspielerin auf der Drei-Meter-Linie des Gegnerteams zu versenken, fühlte ich mich: gottgleich, stark und mächtig. Der Sport setzte den Leistungsgedanken in der Schule in meine Freizeit fort. Doch hierbei war es nicht meine Mutter, die mich dazu animierte. Im Gegenteil. Sie hätte Tennis präferiert, aber Volleyball war *mein* Sport, *meine* Wahl. *Meine* persönlich gewählte, masochistische Foltermethode.

Härter als die Trainings waren maximal die Trainer. Jede Schwachstelle war ihnen bewusst. Wer zu lasch sprang, zu wenig in die Knie ging, zu langsam lief, nicht oft genug zum Training kam, keine ordentlichen Ausfallschritte machte oder zu viele Aufschläge vermasselte, wurde beim nächsten Match dafür bestraft.

* * *

Jeden Winter und jeden Sommer besuchten wir ein Extra-Trainingslager in Bad Gastein, das uns auf die bevorstehende Saison vorbereiten sollte. Wir schliefen zu viert in muffigen Zimmern der Jugendherberge und trainierten drei Mal pro Tag. Das erste Training bestimmte erfahrungsgemäß den Ton für den Rest der Woche. Hierarchien wurden verhandelt, neue Mädchen vorgestellt, Teams zusammengewürfelt. Abends war ich meist nicht mehr fähig, mich ohne Schmerzen aufs Klo zu setzen. Doch das Schlimmste war das Gruppenwiegen.

Um die Situation für unsere jungen Seelen noch schlimmer zu machen, fand das Gruppenwiegen gemeinsam mit den zwei Jahre älteren Jungs am Korridor der Trainingshallen statt. Eine nach der anderen wurde mit Nachnamen aufgerufen, vor versammelter Mannschaft auf eine dieser altmodischen analogen Waagen gestellt, bei der ein Gewicht auf eine Seite der Waage gelegt wird, bis das Gleichgewicht erreicht ist, und dann für die zugelegten Pfunde geshamed. Ich wusste immer vorher schon, wer wieder gut davonkommen würde und wer nicht. Tage zuvor beäugten wir uns kritisch und suchten den Speck unserer Teamkolleginnen, die zugleich auch Konkurrentinnen waren, unter den dicken Trainingspullovern.

Dass wir im Alter zwischen zehn und zwanzig Jahren selbstverständlich an Gewicht zunahmen und auch zunehmen *mussten*, wenn wir das Ausfallen unserer Periode vermeiden wollten, war dem 50-jährigen Pädo-Chef egal. Er kniff jedem Mädchen, das zugenommen hatte, in den Bauch und verordnete ihr eine Diät. Die in den Bauch gekniffenen Mädchen bekamen bei der Essensausgabe keinen Nachtisch und sie durften im Zimmer keine Süßigkeiten aufbewahren.

Da ich es unbedingt vermeiden wollte, gefatshamed zu werden, trainierte ich vor dem Sommerlager jeden Tag mit meiner Freundin Kathi im Schwimmbad. Wir forderten ältere Jungs auf, 2:2-Beachvolleyball-Matches gegen uns zu spielen, und bekamen am Ende ihre Telefonnummern. Zu Mittag gab es eine Portion Pommes – an guten Tagen.

An anderen Tagen verzichteten wir darauf und aßen nur ein Twinny-Wassereis. Keine von uns hätte sich als „essgestört" bezeichnet. Es war Anfang der 2000er, und es war ganz einfach Gesetz, keinen Speck an den Seiten seiner Miss-Sixty-Jeans hervorquellen zu lassen. Auch wenn das bedeutete, dafür auf das Mittagessen zu verzichten.

* * *

Aus heutiger Perspektive weiß ich nicht, wie ich es jahrelang ausgehalten habe, mich mit einem Haufen von 30 Mädchen im konstanten Konkurrenzkampf zu befinden. Die Top-Plätze waren rar, schließlich konnten immer nur sechs Personen auf dem Spielfeld stehen. Und pro Grundaufstellung gab es nur zwei Außenangreiferinnen.

Ich war eine von ihnen.

Neben den Trainingslagern waren die jährlichen Staatsmeisterschaften ein weiteres Highlight, für das es sich zu kämpfen, zu hungern und zu streiten lohnte. Die ganze Saison über hatten wir Matches, um uns schließlich für Abschlussturniere im Juni zu qualifizieren. Wenn Leistungssport eine Ideologie ist, war ich Hardcore-Anhängerin. Ich hätte eher auf den Geburtstag meiner besten Freundin verzichtet, als nicht zu den Meisterschaften zu fahren. Am großen Tag trafen wir uns bei einer der Trainerinnen in Alterlaa, um vollbepackt mit Make-up und Wechselsportklamotten in Van-Bussen in ein anderes Bundesland zu fahren. Dann hieß es: 48 Stunden lang durchhalten bis zum Finale. Morgens ein Spiel, nachmittags ein Spiel und manchmal noch abends. Bis die Sonne unterging. Alle hatten getapte Finger, getapte Knie und überdehnte Bänder. Keine dachte ans Aufhören.

Das, was mich am professionellen Volleyball faszinierte, war eine perverse Mischung aus Kampfgeist, Freude am Schmerz und Angeberei. Es machte mir unfassbar großen Spaß, andere mit meinem Aufschlag wegzuschmettern, so stark draufzuschlagen, dass mein Gegenüber keine Chance hatte, den Ball zu erwischen. Ich war groß genug, stark genug, aggressiv genug, um der Gegnerin Angst zu machen – was natürlich nicht ohne gewisse Negativa kam.

Wie es meinen Kameradinnen bei einem Spiel ging, war mir völlig egal. Ich war eine Egoistin, eine Einzelgängerin ohne Teamgeist. In der Arena herrschte ein anderer Ton, in der Arena gab es keine Freundinnen. Besonders ärgerlich fand ich es, wenn zwei Spielerinnen zu einem Ball liefen und dann – in letzter Sekunde – gleichzeitig zurückwichen und der Ball auf dem Boden landete. Oder wenn bei einem schlechten Punktestand ein Aufschlag daneben ging. Nicht immer konnte ich mir ein Augenrollen verkneifen, nicht immer gestand ich den anderen ihre Fehler zu. Ich konnte unbarmherziger sein als so mancher Trainer. Bei einer der vielen Staatsmeisterschaften, an denen ich teilnahm, habe ich eine Mitspielerin zum Weinen gebracht. Und auch ich selbst habe immer wieder vor Verzweiflung an meinen eigenen Fehlern die emotionale Kontrolle verloren, musste mich oft in die Garderobe zurückziehen, um dort wie ein geschlagenes Zuchtpferd zusammenzubrechen.

Alle Teenager sind in gewisser Weise grausam. Leistungssport ausübende Teenager haben aber zusätzlich einen Gottkomplex.

Irgendwann war es schließlich wirklich so weit: 2005 wurde ich zur besten Spielerin meines Jahrgangs gekürt. Wir hatten nicht nur die Staatsmeisterschaft gewonnen, ich war zudem Top-Scorer geworden. Als mein Name genannt wurde, rauschte eine Ladung Dopamin durch mein Gehirn, die erst ein paar Tage später wieder nachließ. Ich bekam einen Pokal überreicht und wurde von alten, *weißen* Männern fotografiert. Manche fragten nach meinem Namen, als ob sie diesen für später notieren wollten. Ich rechnete bereits damit, abgeworben zu werden.

Ein Jahr später spielte ich im österreichischen Bundeskader, eine Liga unter dem Nationalteam.

Zu diesem Zeitpunkt veränderte sich etwas in mir. Ich war jetzt 15 Jahre alt und begann, meine Zeit mit anderen Dingen zu verbringen. Zum Beispiel dem Internet, meinen Schulfreundinnen und meinem ersten Freund. Plötzlich war es lästig, jeden Dienstag, Mittwoch und Freitag um 17 Uhr zum Training zu müssen und die Hausaufgaben davor noch zu erledigen. Die Verpflichtung schnürte mir die Kehle zu. Ich wollte mir meine Knie nicht länger ruinieren, weil ich gerne kurze Röcke zu Partys getragen hätte, und schämte mich für meine durchtrainierten Oberschenkel.

Während ich früher alles getan hätte, um im Verein aufzusteigen, wollte ich nun Matches auslassen. Ich wollte raus aus der U19- und Damen2-Mannschaft. *Raus, raus, raus.* Ich wollte nicht mehr in der Grundaufstellung spielen – ich wollte ein *Leben.* Ich wollte in den Urlaub fahren und nicht in eine stinkende Jugendherberge, wo ich mit anderen über die Bodenhaftung meiner Turnschuhe sprach.

Als mich meine Mutter eines Mittwochabends in die weit entfernte Halle am anderen Ende der Stadt brachte, um zum ersten Mal mit dem Bundeskader zu trainieren, lernte ich, was Anxiety war. Ich konnte schon am Tag vorher kaum einschlafen, weil ich bereits Angst davor hatte, was mich bei der fremden Trainerin erwarten würde.

* * *

Die Trainerin war eine 1,85 große, hagere Frau, die mir damals unfassbar alt vorkam. Wahrscheinlich war sie Mitte 40. Ich war es aus meinem Verein gewöhnt, auch mal angeschrien zu werden und Strafübungen verordnet zu bekommen, aber immerhin war es *mein* Verein. Der Verein, dem ich freiwillig beigetreten war und bei dem ich mir über die Jahre eine gewisse Position erarbeitet hatte. Innerhalb dieses Mikrokosmos kam ich mit dem Angeschrien- und Beschämt-Werden, damit, dass mir ungefragt auf den Arsch gegriffen wurde, irgendwie zurecht, aber hier fühlte ich mich nun machtlos. Hier gab es keine Widerrede, von niemandem. Die Trainings waren so hart, dass ich manchmal hinterher im Auto meiner Mutter weinte, wenn ich mich wieder auf dem Rückweg befand. Ich konnte nicht mehr.

Das Volleyballtraining war kein Training.

Es war *abuse*.

Bei den internationalen Turnieren saß ich als Jüngste immer auf der Bank, und ich fragte mich, warum ich meine Wochenenden in Nürnberg, Wels oder Berlin verbrachte, ohne etwas von der Stadt oder von der Spielfeldmitte zu sehen.

Es war eine Zeit, in der ich mich nicht an die Gruppe anpassen konnte und abends, nach den Spielen, lieber alleine im Hotel saß. Bei einem Auswärtsturnier im Winter blieb ich alleine im Zimmer, während die anderen Glühwein trinken gingen. Ich war froh darüber, nicht bei ihnen sein zu müssen. Zwei der Spielerinnen hatten es besonders auf mich abgesehen: Sie machten sich über meine Haare und meine Gestik lustig und gaben mir das Gefühl, hier nicht reinzupassen. Dass mich auch die Trainerin nicht besonders mochte, machte die Situation nicht einfacher. Ich hatte niemanden, dem ich mich anvertrauen konnte.

Als die Trainerin vor einem Match die Grundaufstellung für das Spiel verkündete und mein Name mal wieder *nicht* fiel, reichte es mir. Als sie uns befahl, die Schuhe auszuziehen und unsere Füße kalt abzuduschen – *eiskalt* –, weigerte ich mich, da ich schließlich ohnehin nicht mitspielen würde, und wurde aus der Mannschaft geworfen.

Ich weiß nicht mehr, ob es nur für ein Spiel, das Turnier oder für den Rest meiner Volleyballkarriere sein sollte, aber ich kehrte nie wieder zum Training des Bundeskaders zurück.

Mit 16 Jahren wusste ich, dass ich mich nicht weiter quälen konnte. Für meine andere Mannschaft verfasste ich einen Abschiedsbrief, den ich elf Mal ausdruckte und nach meinem letzten Training austeilte.

Die anderen Mädchen wünschten mir alles Gute und warnten mich davor, nach dem Ende meiner Sportkarriere zuzunehmen.

Kapitel 1: Scham

Scham liegt oft in unseren Wurzeln, unserer Geschichte verborgen. Ich möchte sie hier suchen, sie aufspüren:

Die Scham, die hochkriecht, wenn wir unsere Vulven und unsere Zyklen *lieben* sollen. Die Scham, die sich bemerkbar macht, wenn wir ausgerechnet beim Yoga nicht entspannen.

Die Scham, die uns dazu bringt, uns selbst zu verleugnen und uns davon loszusagen, was anderen Menschen scheinbar selbstverständlich zusteht.

Das hier ist der Beginn meiner Reise und eröffnet den Spielraum für Lösungsansätze und Debatten, die in den darauffolgenden Kapiteln ausführlicher behandelt werden.

Es reicht halt nie

Wenn ich die Namen meiner besten Freunde von damals aus meinem Volleyballverein google, fällt mir auf, dass sie allesamt sehr erfolgreich geworden sind. Von den fünf Menschen, mit denen ich einst verschwitzt nach dem Training auf dem Boden saß und meine Bänder dehnte, sind vier Juristinnen geworden, und eine wurde Ärztin. Zwei Berufsgruppen, die sich durch Elitismus, Strebsamkeit und Dauerstress auszeichnen.

Als ich dem Journalismus 2018 den Rücken kehrte, weil ich es nicht länger einsah, für wenig Geld einer unaufhörlich fordernden Medienöffentlichkeit ausgesetzt zu sein, stand ich vor der vielleicht bis dato größten Herausforderung meines Lebens. Was sollte ich jetzt machen?

Schon während des Studiums war ich mir sehr sicher gewesen, was ich später machen wollte. Mit 19 Jahren fing ich an, für die Unizeitung zu schreiben, mit 21 folgte ein Praktikum bei einer Tageszeitung in der Außenpolitik, und mit 23 bekam ich eine Stelle bei einem großen Medienhaus angeboten. Es war bisher ein geradliniger Lebenslauf.

Nun holte mich regelmäßig die Scham ein, sobald ich einen meiner alten Artikel irgendwo entdeckte oder wenn mich jemand auf eine meiner provokanten Meinungsäußerungen ansprach. Ich fühlte mich schlecht, wenn ich sah, wie andere erfolgreich weitermachten. Neue Positionen und Jobangebote bekamen.

Direkt nach der Entscheidung, den Journalismus zu verlassen, war ich mir nicht sicher, ob es richtig war. Und auch mein Umfeld reagierte sehr unterschiedlich darauf. Einige waren überzeugt, ich hätte die Festanstellung zu früh hingeschmissen, hätte mich einfach ein bisschen länger durchbeißen, mir ein dickeres Fell zulegen müssen.

Ich lernte: Verletzlichkeit zahlt sich nicht aus.

Ich hatte in meinen Texten einige meiner persönlichsten Meinungen und Erlebnisse offenbart und dafür sehr viel Zuspruch, Anerkennung und Follower bekommen – aber auch jede Menge Kritik, Hassnachrichten und Spott.

Anders als meine Volleyballkarriere hatte ich den Journalismus nicht *ganz* freiwillig aufgegeben. Er hatte mich ausgenommen, missbraucht und anschließend leer und traumatisiert zurückgelassen. Niemand war da, um mich gegen die Worte zu verteidigen, die ich im Netz über mich las und die sich in meinem Gehirn festbrannten.

Nicht nur hatte ich das Gefühl, als Journalistin versagt zu haben, ich musste mich völlig neu orientieren. Irgendwann stand meine Entscheidung dann fest: Ich nahm mir fest vor, nie wieder jemandes Produkt zu sein.

Was ich auch nie wieder hören wollte: dass ich „am Markt vorbei" etwas total Unnützes wie Publizistik und

Politikwissenschaft studiert hätte. Also wollte ich es diesmal, mit inzwischen 28 Jahren, „richtig“ machen und entschied mich für einen Master in Immaterialgüterrecht. Am Ende wäre ich Wirtschaftsjuristin.

Niemand stellt dir unangenehme Fragen, wenn du sagst, dass du Wirtschaftsjuristin bist.

Während ich früher mitleidige Blicke bekam, wenn ich sagte, dass ich Medienwissenschaft studiere, und anfing, mich dafür zu schämen, wussten die meisten jetzt nicht einmal genau, was Immaterialgüterrecht überhaupt ist. Die Leute verstanden aber, dass es so etwas Schwieriges wie Jura ist, also blieben die Münder zu, und die Augen wurden so groß wie die plötzlich im Raum stehende Ehrfurcht. Es funktionierte tatsächlich: Indem ich jetzt etwas „Richtiges“ studierte, fingen die Menschen an, mich zu respektieren. Nur: Tat ich das selbst auch?

* * *

Jeden Montag begann meine Hass-Vorlesung mit dem Satz: „Heute wird es noch einmal extrem schwierig.“ Seit Beginn der Patentrechtsvorlesung hatte ich jeden Sonntagabend Bauchweh vor den unlösbaren Aufgaben, die mir zu Beginn der Woche zum gewerblichen Rechtsschutz gestellt wurden. Konzipiert, um zu versagen. Dazu gemacht, um mich aus der Juristerei rauszuekeln.

Während des Studiums stellte ich mir immer wieder dieselben Fragen: Quälen sich Juristen eigentlich *gerne*, macht das irgendwie Spaß? *Muss* das Jura-Studium vielleicht sogar als eine Art masochistische Bestrafung für die eigenen Jugendsüden herhalten? *Was* für eine Sorte Mensch entschließt sich dazu, freiwillig ein Arbeitsgebiet zu wählen, das – so scheint es mir – vorsätzlich so konzipiert ist, dass es so wenige Menschen wie möglich verstehen? Oder liegt vielleicht genau hierin der Kick gegen den gut getarnten Minderwertigkeitskomplex begraben?

„Wundern Sie sich nicht! Ich habe selbst über eine Stunde gebraucht, um den Sachverhalt zu verstehen", sagte der gutgelaunte Prof beschwichtigend, während er die Eckdaten zum Fall im Stakkato runterratterte und durch die Folien klickte. Danach sollten wir uns an der Antwort versuchen. Es ging dabei um ein Verfahren zur Steuerung der Temperatur beim automatischen Schweißen von Kunststoffteilen. Meine Kommilitonen – alle „echte" Juristen – und ich tappten der Reihe nach im Dunkeln, aber auch das machte „überhaupt nichts", so der Prof, denn: „Der Fall ist so schwer, den verstehen selbst gestandene Fachanwälte nicht".

Da bekommt man doch direkt Lust, den Rest der Woche mit der Nase in Gesetzestexten zu bohren!

Während ich in meinem ersten Studium der Politikwissenschaft regelmäßig Erfolgserlebnisse verbuchen konnte, wenn ich Foucault oder Luhmann verstanden hatte (oder zumindest so tun konnte, als ob), kam ich in der Rechtswissenschaft jede Woche an meine Grenzen. Ich hatte immer passable Noten, mein Magisterstudium der Publizistik mit einem „Gut" abgeschlossen, ich dachte, ich könnte alles schaffen. Inzwischen war ich mir da nicht mehr sicher.

Sätze wie „Sie führt unter Aufhebung des angefochtenen Urteils zur Wiederherstellung des die Klage abweisenden Urteils des LG", die mir früher in jeder wissenschaftlichen Arbeit rot angestrichen worden wären, galten jetzt als State of the Art.

Schwurbelsätze und doppelte Verneinungen waren die Königsdisziplin des Klugscheißens. Wenn ich dann doch mal genauer nachfragte, warum dieses oder jenes so und nicht anders begründet werden sollte, wurde gerne auf den lieben Herrgott verwiesen – auch bekannt als BGH, der Bundesgerichtshof. Was der BGH begründet hat, wird zitiert und nicht hinterfragt. Das Urteil wird verteilt wie die Oblaten in der katholischen Kirche: Friss oder stirb.

Statt mich als Quereinsteigerin da abzuholen, wo ich stand (immer öfter am Rande des Nervenzusammenbruchs, um ehrlich zu sein), wurde nicht einmal versucht, so zu tun, als ob meine Position als Außenstehende relevant wäre. Als Nicht-Staatsexamen-Inhaberin würde ich im deutschen Rechtssystem, mit vier Studienabschlüssen, höchstens Sekretärin. Es gibt kaum oder keine Jobs, die mit Menschen ohne Staatsexamen besetzt werden – selbst, wenn es sich um einen rein administrativen Verwaltungsjob handelt. Warum mich dann also noch weiter quälen? Warum dann trotzdem in die Materie des geistigen Eigentums und gewerblichen Rechtsschutzes eintauchen?

Ursprünglich war ich angetreten, um den Access-to-Legal-Justice-Gap zu verkleinern. Weil ich es nicht akzeptieren wollte, dass das Recht – das ja *eigentlich* „für alle" da sein soll – nur von zugeknöpften Akademikern verstanden wird, die Wörter wie „terminieren" zur Vereinbarung eines Treffens im Biergarten verwenden, als ob wir im 19. Jahrhundert lebten.

Noch immer finde ich juristische Themen wahnsinnig spannend und wichtig. Sie tangieren jeden Bereich des Lebens, und ich möchte einfach nicht für jeden Furz bei der Verbraucherzentrale anrufen müssen. Jura emanzipiert mich im besten Falle.

Doch die Motivation, mich damit *hauptberuflich* zu beschäftigen, verabschiedete sich gleich zu Beginn meines Studiums. Weil: nicht auf die Bedürfnisse von Nicht-Juristinnen eingegangen wurde und wir das Gefühl vermittelt bekamen, hier ganz einfach falsch und unerwünscht zu sein. Weil wir störten, mit unserer „unpräzisen" und „flapsigen" Sprache. Weil wir *unsere* Perspektive mitbrachten, einbrachten und auch einforderten. Das juristische System ist zu 90 % auf Leistungsfetischismus, Gehorsam und Prüfungsergebnisse ausgerichtet und nicht auf interdisziplinäre Praxis. Die Juristerei wird so bleiben wie das Wahlprogramm der CDU: starr, elitär und machterhaltend.

Wer sich also wundert, warum Laien „keine Ahnung von Jura haben" ...

Nein, es wundert *niemanden* – nicht einmal die Lehrenden selbst –, dass Laien keine Ahnung von Jura haben.

Mittlerweile bin ich davon überzeugt, dass das so gewollt ist. Sonst hätte man längst angefangen, etwas zu verändern. Sonst gäbe es bereits Gesetzestexte in Leichter Sprache, Blogs zur verständlichen Aufarbeitung komplexer Urteile und Unternehmen, die fachverwandte oder fachergänzende Studienabschlüsse (z. B. Bachelor oder Master of Laws) anerkennen und Menschen, die in unserer Gesellschaft *an* einer besseren Gesellschaft arbeiten wollen, eine Chance geben würden. Menschen, die sich nicht über jene, die sie unterrichten, überheben, sondern rechtliches Wissen so erklären, dass auch die Tante der besten Freundin versteht, wie sie morgen zu ihrem gottverdammten Recht kommt.

Vielleicht liegt das größte Problem der Juristerei darin, dass Juristen selbst nicht zugeben können, wenn sie etwas nicht verstanden haben. Als ob es eine Schande wäre, nicht bloß Jurist, sondern auch Mensch zu sein.

Am 20. August 2022 habe ich meinen LL.M. (Master of Laws) verliehen bekommen. Wobei „verliehen" vielleicht ein zu großes Wort für den Akt der digitalen Zeugnisübersendung ist.

Nun war ich ein vollständiger, respektabler Mensch. *Endlich* hatte ich einen ordentlichen Abschluss in der Tasche – doch es machte: *keinen* Unterschied. Keinen Unterschied für meine Psyche oder meine generelle Zufriedenheit.

Das muss man sich einmal auf der Zunge zergehen lassen: Ich war 30 Jahre alt, hatte vier Studienabschlüsse und wusste: Das war es wieder nicht. Ich spürte absolut *nichts*. Im Gegenteil: Mein Körper musste sich erstmal von den Strapazen erholen. Dabei hatte ich ja nicht mal zuvor das erste Staatsexamen geschrieben, wie die allermeisten meiner Kommilitonen.

Am Ende bestand ich den LL.M. dank einer Mischung aus Tunnelblick, Masochismus und Selbstkasteiung. Nachdem alles vorbei war, hatte ich einen Tinnitus, mehr Minderwertigkeitskomplexe als je zuvor und die schlimmsten PMDS-Symptome meines bisherigen Lebens. Ich schwor mir, mich erstmal um mich selbst zu kümmern, bevor ich wieder mit etwas Neuem anfing, das auch nur im Entferntesten mit Leistung zu tun hatte. Ich hatte aus dem Nervenzusammenbruch und der PMDS-Diagnose aus der Einleitung gelernt. Beides ereignete sich kurz vor dem Studienabschluss.

***

Ich stand vor einer Art Henne-Ei-Frage: Was war zuerst da? Meine Prämenstruelle Dysphorische Störung, die meine Leistungsfähigkeit und Lebenslust schmälerte? Oder der leistungsinhärente Stress, der zu PMDS führte?

Bevor ich wusste, was wirklich mit mir los war und wie die Symptome wieder verschwinden würden, wollte ich beruflich erstmal *nichts* anfangen, das schwor ich mir. Ich musste zuallererst die Zusammenhänge zwischen Zyklus,

Stimmung und Leistungsdruck auf der Arbeit und im Studium besser verstehen.

Dafür brauchte ich vor allem zwei Dinge: Fachliteratur und einen freien Kopf.

Hört mir auf mit dem Perioden-Gedöns

Meine erste Menstruation kam leise und unerwartet. Ich war zwölf Jahre alt und absolut nicht damit einverstanden, was da mit mir passierte. Die Blutung lag außerhalb dessen, was ich kontrollieren konnte. Das Blut floss aus dem Inneren meines Körpers in eine Unterhose und machte mir Angst. Dieser Moment erschien mir wie das Ende einer Ära – das Ende meiner Kindheit. Wie der Anfang eines lästigen Umstands, den ich für lange Zeit nicht wieder loswerden würde. Und so war es auch.

Ich freute mich *nicht*.

Viel eher empfand ich es als ärgerlich, dass jetzt, wo die Kindheit offiziell vorbei war, fortan immer eine meiner Freundinnen Bauchweh oder Durchfall oder Krämpfe hatte. Dass ich mich nicht mehr auf sie verlassen konnte, weil sie sich mit Binde nicht aus dem Haus trauten, und dass wir jetzt immer die Wochen zählten, bis es wieder „so weit war".

Natürlich hatte auch ich Beschwerden. Oft war ich während meiner Periode nicht in der Schule, weil ich so starke Krämpfe hatte, dass ich gekrümmt im Bett meiner Eltern lag und mehrere Schmerztabletten am Tag schluckte, die mir meine Mutter auf den Nachttisch legte. Gleichzeitig kämpfte ich gegen die Tatsache an, dass das nun mein Alltag als Frau sein sollte, dass ich drei bis vier Tage pro Monat ausfallen würde, nur, weil ich eine Vagina und keinen Penis habe.

Als Leistungssportlerin hatte ich andere Prioritäten: laufen, springen, auf den Ball dreschen, gewinnen, zu Turnieren fahren, stark sein, Muskeln aufbauen, konzentriert bleiben, mit einem fokussierten Aufschlag den ersten Punkt machen und meiner Mannschaft einen Vorsprung verschaffen. Meine Periode (das Wort allein schon!) tat vor allem eins: dabei *stören*.

Ich wollte mich nicht damit auseinandersetzen, wie ich einen Tampon tief genug in die Vaginalöffnung schiebe, damit während eines Turniers oder einer Matheklausur nichts herausrinnen konnte. Ich hatte es satt, ständig daran zu denken, einen „Hygieneartikel" mitzunehmen, damit ich *vorbereitet* war. Ich fand mein Blut ekelig, den Periodengeruch entsetzlich, und ich gruselte mich vor meinem Körper.

Zu welchem Anteil mein damaliger Ekel tatsächlich einer negativen Anti-Perioden-Sozialisation zuzuschreiben ist und wie viel davon mein eigenes, reales Unbehagen gegenüber Gerüchen und klebrigen Flüssigkeiten ausmacht, lässt sich auch heute schwer sagen.

Der Punkt, auf den ich hinauswill, ist: Mein Widerwille, mich genauer mit dem Zyklus zu befassen, hat sich früh etabliert. Sehr früh. Später war es nicht mehr der Leistungssport, der mir wichtiger war, sondern es waren dann eben mein Studium, Reisen, Freunde, Urlaube, Partys, Berlin. Meine Periode kam und ging, genauso wie meine Stimmungsschwankungen. Niemand befasste sich mit Menstrual Health. Ging es dir nicht gut, warst du eben pathologisch – so einfach war es.

Als Ende der 2010er Jahre im deutschsprachigen Raum die ersten Blogs und Artikel gegen Perioden-Shaming auftauchten, tat ich vor allem eins: mich *fremdschämen*. Ich fand es peinlich, dass sich erwachsene Frauen dafür einsetzten, die Menstruation zu enttabuisieren, weil ich persönlich damals nicht fand, dass sie in unserer westlichen Gesellschaft ein Tabu darstellte. Diese Artikel, fand ich, hätten zehn oder zwanzig Jahre früher kommen müssen. Damals, als es mir peinlich war, mit einer Binde bei einer Freundin zu übernachten.

Als Erwachsene schämte ich mich nun für andere Dinge als Tampon-Bändchen, die aus meinem Bikini-Höschen hingen.

Ich blutete – wo und wie ich wollte (Stichwort: free bleeding), und kümmerte mich nicht darum, wer meine Flecken auf der Hose sah. Ich hatte gerne Sex, wenn ich meine Tage hatte, und entfernte Tampons an den unmöglichsten Orten. Überhaupt, so dachte ich, war dieser pseudo-politische plötzliche Perioden-Aufstand doch ein bisschen sehr *erzwungen*. Ich fragte mich: Wurde die Periode enttabuisiert oder wurde sie – reichlich spät – von einer bestimmten, in der Regel *weißen* Bubble in Berlin für Klicks instrumentalisiert? Jetzt, wo sie endlich cool war?

* * *

Auf Instagram finden sich unter Hashtags wie #endperiodshame und #periodproud zehntausende Bilder von Blutflecken auf Stühlen, Cartoons von Tampons und ironische Sprüche. Ganz ehrlich? Kein Sujet erschien mir billiger als jene zur Periode. Period-Art war für mich der verzweifelte Versuch von Instagram-Künstlerinnen, Aufmerksamkeit mit etwas so Banalem wie Blut zu erregen. Bitte, fotografiere deine blutigen Muschi-Finger, Helena! *Wie progressiv.*

Beim Scrollen und in Ausstellungen fragte ich mich regelmäßig, *was* Period-Art aussagen sollte, ob sie eine Form der Emanzipation darstellen könnte. Ob Frauen den

Zyklus und damit verbundene Herausforderungen bezwingen würden, indem sie ihre Menstruation malten, besangen und ihr Gedichte widmeten. Gleich danach folgte meine Abneigung gegen Muffins mit klebriger Vulva-Verzierung und „All vulvas are beautiful"-Schamlippenillustrationen.

Hatten wir vielleicht einen falschen Fokus gesetzt?

Ganz oft dachte ich mir, ohne es irgendwo ins Internet zu schreiben: „Hört mir auf mit Glitzer in der Unterhose, bitte!" Denn die Realität hatte für viele Menstruierende, die ich kannte, nichts mit schnörkeligen Eileitern und süßen Leckereien zu tun, sondern mit teils wenig oder kaum erforschten, *unsichtbaren* Schmerzen und Krankheiten wie Endometriose, Myomen, PMS, PMDS, Gebärmutterhalskrebs und dem polyzystischen Ovarialsyndrom. Waren es also *wieder* Oberflächlichkeiten, auf die Frauen mit leicht verdaulicher Period-Art reduziert wurden? In Gestalt von Glitzer in der Unterhose und mit roter Farbe besprenkelten Tampons?

Aus Protest wählte ich den Weg der Perioden-Ignoranz. Die Idee: Solange ich ignorierte, dass ich einen Zyklus habe, konnte er mir nichts anhaben. Solange ich lebte, feierte und Sport trieb wie ein Mann, würde mich nichts von diesem unterscheiden. Ja, überhaupt war mir dieses ganze Perioden-Gedöns viel zu binär und feminin. Ich war zwar eine Cis-Frau, aber kein rosaliebendes girlie-girl. Und ich wollte einfach nicht über meine Periode sprechen.

Vielleicht stieß ich deshalb so spät zum Thema Zyklus. Weil ich Probleme hatte, meine girlhood zu *embracen*. Weil ich nicht die „zimperliche" Frau sein wollte, die sich um nichts anderes Gedanken macht als um ihre Periode; die ihre Urlaube nach der Sternenkonstellation plant und an Horoskope glaubt. Ja, seinen Zyklus mit allerlei Bedeutungen aufzuladen und an ihn zu „glauben", erschien mir fast esoterisch. „Wir sind da doch längst weiter", dachte ich, „die moderne Medizin vollbringt inzwischen Gesichtstransplantationen – aber Menstruierende müssen sich immer noch mit so etwas Lästigem wie Zyklusphasen beschäftigen? No way! Das *muss* eine Erfindung des Patriarchats oder des Kapitalismus oder von beidem sein!"

Also ignorierte ich, schluckte Schmerztabletten, informierte mich *nicht* und boykottierte so ziemlich alle Perioden-Themen der letzten Jahre. Bis ich verstand, dass ich mich vielleicht doch etwas zu heftig gegen etwas sträubte, das mir *eigentlich* helfen sollte: die Auseinandersetzung mit meinem eigenen Körper – nicht nur auf oberflächlicher Ebene, sondern auch auf biologischer. Ich musste mich nicht „weiblich" fühlen, nicht zu „female healing"-Seminaren gehen und mich nicht feminin kleiden, um zu akzeptieren, dass sich mein Körper binnen weniger Wochen mehrmals neu ausrichtet – um dann alle 26–28 Tage von vorne anzufangen. Ich verstand, dass ich mich dem Thema aus medizinisch-biologischer Perspektive widmen, Fachartikel und Bücher von Ärztinnen lesen konnte, wenn mich die weichgewaschenen spirituellen Ratgeber zu sehr abschreckten, und so lernte ich, dass der Menstruationszyklus *mehr* ist als die blutige Periode. Er ist mehr als die Lady-Pads, die wir in der Drogerie kaufen können, mehr als künstlerische Inszenierung. Er ist eine Kette von Aktivitäten im Gehirn, in den Eierstöcken und in der Gebärmutter, die mit Hormonen verknüpft sind. *BÄM*.

Hätte mir mal jemand in der Schule gesagt, dass mein Zyklus mit meinem Gehirn verknüpft ist und zu diversen Krankheitsbildern führen kann, hätte ich mich wahrscheinlich schon früher damit beschäftigt. Hätten wir im Sexualkundeunterricht mehr gelernt als die richtige Bezeichnung von Körperöffnungen, hätte ich früher gewusst, was der Unterschied zwischen Östrogen und Progesteron ist und wie die Hormone meine Stimmung beeinflussen.

Oberflächlicher Periodentalk, Period-Art und komische „Fühle deine Yoni"-Dokumentationen mit Gwyneth Paltrow haben jedenfalls – zumindest bei mir – *nicht* zu einem Interesse am eigenen Zyklus und den Geschlechtsorganen geführt, im Gegenteil. Ich musste erst durch Umwege herausfinden, dass ich eine gynäkologische Krankheit habe, um mich dieses schambehafteten Themas anzunehmen und selbst weiterzuforschen.

Ganz ohne Glitzer, Wärmflaschen-Merch und Perioden-Gedöns.

Gecancelt im Yoga-Studio

Ich leide an einer seltenen Form von Amnesie. Und zwar glaube ich nach einer gewissen Yoga-Studio-freien Zeit automatisch, dass es doch eine gute Idee wäre, mir wieder einmal einen Kurs vor Ort zu buchen. Macht ja auch zusammen mehr Spaß, und außerdem bin ich heimlich scharf darauf, die räucherstäbchengetränkte Luft als Ersatz für meine längst aufgegebene Liebe zu Marihuana einzuatmen. Yoga, so sagt man außerdem, sei gut für jegliche Art von Menstruationsbeschwerden, von Endometriose, PMDS bis hin zu den Wechseljahren. Wem sein Uterus etwas wert ist, der bucht sich also besser pflichtbewusst einen Kurs, bevor es zu spät ist, und lässt die Schmerzen für 60 bis 90 Minuten ganz einfach: hinter sich.

Gesagt, getan. Ich buchte mir nach langer Studio-Abstinenz also eine 60-Minuten-Klasse in einem unbekannten kleinen Studio im Wiener Zentrum und packte meine

Matte zusammen, um dort Viertel vor pünktlich als Neuling aufzukreuzen. Dort angekommen wurde ich von einer sehr fröhlichen Frau in meinem Alter begrüßt. Irrtümlicherweise sprach ich sie auf Deutsch an, aber sie sprach nur Englisch mit einem skandinavischen Akzent und hielt mir ein Formular hin, auf dem ich bestätigen sollte, dass ich fähig bin, an dieser Klasse teilzunehmen. Meine Matte bräuchte ich nicht, es lägen schon zehn Stück ausgebreitet im Raum nebenan, der ungefähr 18 Quadratmeter hatte.

Die Frau sah genauso aus wie alle anderen Yoga-Lehrerinnen, die ich bisher hatte. *Weiß*, lange Haare, superflacher Bauch, keine Brüste, lange und sehnige Beine, knochige Zehen. Die anderen Teilnehmerinnen und ich nahmen langsam auf den Matten Platz und die Yoga-Frau erzählte uns währenddessen mit einem breiten Grinsen, dass sie sich heute wahnsinnig energized fühle. Sie strahlte über das ganze Gesicht, während sie wie eine Fee durch den Raum hüpfte, um die Boxen in den Ecken des Raumes einzuschalten. Wie alle modernen Yoga-Lehrerinnen hatte sie ihr Handy in der Hand, um die Musik einzustellen und die Minuten für die anstehenden Übungen zu tracken.

Beim Blick in unsere Gesichter schien sie zu merken, dass wir nicht *ganz* so energetisiert waren wie sie, aber das machte nichts, schließlich hätten wir ein anstrengendes Work-out vor uns, das uns schon noch auf das richtige Energy-Level bringen würde. Ich versuchte herauszuhören, woher sie stammte. Die Art, wie sie das „S" aussprach, deutete stark auf Dänemark hin.

Ich konnte ihr nicht zuhören, musste stattdessen darüber nachdenken, warum es *immer* dieselben dänischen, schwedischen, englischen oder amerikanischen Yoga-Lehrerinnen sind, die mir in städtischen Yoga-Zentren begegnen, und warum es nie dialektsprechende Randbezirklerinnen sind. Selten zeigt sich das Privilegierten-Gefälle so deutlich wie im Wiener Zentrum. Die yogalehrenden Expats wohnen in den Bezirken eins bis neun, der Rest kann sich in die Randbezirke vertschüssen, dorthin, wo ich herkomme, um dann in die energetisierte Welt irgendeiner hergezogenen Dänin einzutauchen, die wahrscheinlich noch nie außerhalb des Rings war und sich heute etwas *Besonderes* für die müden, lohnarbeitenden Frauen überlegt hat.

Während die Dänin durch den Raum lief, dachte ich an ein seltsames „Female Business"-Meet-up in Berlin Prenzlauer Berg, bei dem ich eine Yoga-Lehrerin traf, die ebenfalls aus Dänemark kam – aber eigentlich Tochter zweier US-amerikanischer Eltern war. Aus unbekannten Gründen lebte sie seit drei Jahren in Berlin, wo es ihr aber so gar nicht gefiel. Sie wollte lieber nach Südafrika und dort Breathwork-Retreats organisieren und ihre Berliner Wohnung währenddessen an jemanden untervermieten. Sie fragte mich, ob ich jemanden kenne, der ihre Wohnung mit Respekt behandeln würde – das Interior sei nämlich ganz neu und teuer gewesen.

Aus irgendeinem Grund drängt sich bei solchen Konversationen für mich sofort die Frage nach der Herkunft auf. Besonders dann, wenn mein Gegenüber auch noch völlig selbstverständlich im teuersten Bezirk der Stadt wohnt und keinen Hehl daraus macht. Nein, diese Leute denken nicht einmal darüber nach, wie diese Aussage nach außen *wirken* könnte, schließlich ist man ja auf solchen Events unter „seinesgleichen".

Moment, Moment! Natürlich sind nicht *alle* Yoga-Lehrerinnen superprivilegiert aufgewachsen, nicht *alle* haben einen normschönen Body und nicht *alle* sprechen Englisch auf Native-Niveau. Aber seien wir mal ehrlich: Das trifft schon auf die überwiegende Mehrheit, die in den gängigen Studios im Stadtzentrum unterrichtet, zu. Diese Leute *können* ihre Privilegien auch gar nicht verstecken. Ihre perfekte englische Aussprache der einzelnen Körperteile und Übungen, ihre gebleachten Zähne und trainierten Bauchmuskeln, ihre harte Arbeit, die sie als mühelose Vollkommenheit auf ihren Webseiten verkaufen. Manche geben auch Life-Coachings, und ich frage mich, was ich von den normschönen, reichen Frauen lernen soll, die in ihrem Leben noch nie zu kämpfen hatten, die wirklich *alles* werden konnten, sich aber letztlich dafür entschieden haben, in kleinen, stickigen Räumen wie Kaninchen auf Ecstasy Aufwärmübungen vorzutanzen.

Wie wenig sich die grinsende Dänin auf mich und meinen Körper einstellen konnte, merkte ich, als sie mir zum zweiten Mal sagte, ich solle meine Hände bei den (für eine Yoga-Class *sehr* untypischen) High-Knees seitlich am Körper mitbewegen. Stattdessen hielten sie meine Brüste, denn ich habe sehr große Brüste, die beim Sport in der Lutealphase besonders wehtun, auch mit Sport-BH. Ich zeigte also auf meine Brüste, und sie nickte. Nicht verständnisvoll, eher *erstaunt, überrascht*. Es musste für sie eine gewaltige gedankliche Umstellung bedeuten, weg vom eigenen, kleinen, durchtrainierten Körper hin zu meinem, der deutlich größer war als ihrer. Voluminöser und weicher.

Nach zehn Minuten fing es an, im Raum zu stinken. Natürlich dachte ich als Erstes: It's me! Habe ich heute vergessen, mich zu duschen oder frische Socken anzuziehen? Unauffällig bewegte ich meine Nase Richtung Füße, konnte aber nicht mit Sicherheit bestätigen, dass der Geruch von dort kam. Doch dann dämmerte es mir: „Ach! Wir nutzen ja gar nicht unsere eigenen Matten!“

Handtücher hatte auch keiner daruntergelegt, weil die Dänin zu Beginn der Session meinte, die bräuchten wir nicht. „Warum“, frage ich mich, „habe ich dieses Studio nicht vorher gegoogelt?!“

Statt mich auf die Übungen zu konzentrieren, sah ich nun die angelaufenen Fenster, ich sah die nahende Fußpilzinfektion, ich hatte Durst und hörte den Atem meiner Sitznachbarin, die sich keinen halben Meter neben mir bewegte. Sie wirkte unentspannt. *Keiner* außer der dauerlächelnden Dänin lächelte. Jedem außer ihr fiel auf, dass die Klasse für einen Raum dieser Größe viel zu voll war. Statt mich auf die Heilung meines Innersten zu konzentrieren, war ich dabei, eine Inspektion der Wandbeschaffenheit vorzunehmen, und ich fragte mich ehrlich, wie jemand ernsthaft denken konnte: „Ja, auf diesen muffigen 18 Quadratmetern mache ich ein Yoga-Studio auf! Das ist total die gute Idee!“

Die Gesamtsituation erinnerte mich sofort an eine sehr unangenehme Erfahrung an einem Sonntag in einem ähnlich kleinen Erdgeschoss-Yoga-Studio im Wedding, direkt an der Hauptstraße.

* * *

Ich war wieder 15 Minuten vorher da, um mich auf die Situation und den Raum einzustellen. 15 Minuten vor Klassenbeginn zählte ich acht Personen, die darauf warteten, dass der Vinyasa-Flow losging. Zehn Minuten vor Beginn waren wir 13, dann 15 Leute. Zwei Minuten vor Stundenbeginn waren es um die 18 Personen. Zum Vergleich: Unter der Woche waren wir acht Personen in genau diesem Raum, was einer Auslastung entsprach, bei der jeder genug Platz hatte und genügend indirekten Kontakt zur Lehrerin aufnehmen konnte.

Ich wartete darauf, dass die Lehrerin die Tür abschloss und uns willkommen hieß. Es musste jeden Moment so weit sein. Doch stattdessen winkte sie immer mehr und mehr Menschen in den Raum, bis wir Matte an Matte lagen. Ja, der Typ hinter mir musste seine Matte an mein Mattenende *dranlegen*, um Platz zu finden. Er würde mir also sehr direkt ins Arschloch schauen können, sobald wir den herabschauenden Hund machten.

Ich wartete. Darauf, dass die Lehrerin die eintrudelnden Schüler abwies, dass sie etwas sagte wie: „Es tut mir leid, aber die heutige Klasse ist bereits voll. Wir möchten darauf achten, dass sich alle wohlfühlen und genug Platz haben und frei atmen können. Komm doch ein anderes Mal wieder vorbei!" Aber stattdessen begrüßte sie fahrlässig weiter Neuankommende und sagte Sachen wie: „Och, wir haben noch genug Platz!" Obwohl dem eindeutig *nicht* so war. Ich schaute mich im Raum nach Gleichdenkenden um, aber fand in der Anonymität der Lage keine eindeutigen Komplizinnen.

Als der Kurs schließlich anfing, traute ich mich, nachzufragen, ob es ein Personenoberlimit für diesen Kurs gäbe. Daraufhin kam die Yoga-Lehrerin namens Ann-Kathrin (oder so) ganz nah an mich ran und sagte, dass ich frei wäre, zu gehen, wenn mir die Umstände nicht passen würden. Ich war so perplex, dass ich mich erstmal wieder brav in die Child Pose setzte. Meine Gedanken hämmerten gegen meine Schädeldecke. Irgendetwas lief hier falsch, sehr sogar.

Ich fühlte mich unwohl, bekam einen Kloß im Hals, wollte hier weg. Das hier war *das Gegenteil von Yoga*. Ich nahm also all meinen Mut zusammen und sagte offen und für alle hörbar, dass ich mich bei so vielen Teilnehmern unwohl fühlte und dass mir der Raum für die Anzahl an Personen ungeeignet erschien. Ann-Kathrin kam wieder auf mich zu, schaute mir in die Augen und wiederholte sich kalt. Ich könne, wie bereits erwähnt, SEHR GERNE gehen, es würden noch genug Menschen auf meinen Platz warten. Und das tat ich dann auch – energisch, weniger wohlgesonnen. Ganz sicher konnte man mir die Anspannung im Gesicht ablesen. Ich packte meine Matte vor den anderen 25, oder wie viele es auch immer nun waren, Teilnehmern und schämte mich. Es war fast so, wie wieder vor den Augen aller anderen aus dem Schulunterricht zu fliegen.

Peinlich berührt holte ich meinen Mantel, zog mir eilig meine Sneaker an, die sich mit den anderen Schuhen zu einem Berg bei der Eingangstüre stapelten, und verließ das Studio. Als ich bereits einige Meter vom Eingang entfernt war, öffnete die Lehrerin die Tür – scheinbar war es ihr doch unangenehm gewesen, mich zu verlieren – und schrie mir nach, dass ich doch gerne eine E-Mail schreiben könne. Ich lehnte dankend ab und sagte, dass ich keinen Bock auf durchkapitalisierte Klassen habe, weil das für mich nichts mit dem Grundgedanken von Yoga zu tun hat.

Scheinbar hatte meine Aussage gesessen, denn am nächsten Tag bekam ich sowohl mein Geld für die Klasse zurück – als auch eine giftige Mail mit lebenslangem Hausverbot für das Studio. Meine negative Energie sei hier nicht erwünscht, aber man wünsche mir noch alles Gute. Ihr Grußwort am Ende war: *Namaste*.

Ich wurde also offiziell von einem Yoga-Studio gecancelt.

* * *

Ob nun Wien oder Berlin, macht letzten Endes gar keinen Unterschied. Die Frage, die sich mir bei meinen Yoga-Stunden regelmäßig stellte, ist auf einen Grundgedanken herunterzubrechen: Ist es okay, wenn Frauen ihr eigenes Yoga-Studio, komme, was wolle, kapitalisieren, um über die Runden zu kommen – weil sie *Frauen* sind? Oder sind sie mit der Umsetzung der eigenen Business-Idee spätestens dann gescheitert, wenn die Umstände keinen angemessenen Unterricht erlauben?

Ich habe die Geschichte von meinem Gecancelt-Werden im Yoga-Studio damals auf Instagram geteilt. Und obwohl es mir ein bisschen unangenehm war, habe ich in meiner Community genau das Feedback bekommen, das ich in dem vollen Raum *nicht* bekam. Etablierte Yoga-Lehrerinnen versicherten mir, dass es nicht okay sei, Klassen so vollzustopfen, dass man sich nicht bewegen kann. Es sei auch nicht okay, Teilnehmerinnen so zu behandeln und hinterher per Mail anzugreifen. Und nein, die finanziell schwierige Lage eines Studios ist keine Ausrede für weniger Qualität.

Viele Frauen haben mir geschrieben, dass sie meine Erfahrungen kennen und teilen würden – aber nicht den Mut hätten, die Probleme vor Ort anzusprechen. Sie ließen die Stunde lieber über sich ergehen. Ich frage mich: Ist das die Lösung? Dass Frauen wieder den Mund halten – an einem angeblich so offenen, so woken Ort wie dem Yoga-Studio ihres Vertrauens?

Eine Userin empfahl mir den Podcast *Yoga is Dead.*[1] Dort sprechen die ausgebildeten POC-Yogalehrerinnen Tejal und Jesal über spirituelles Bypassing, *White* Fragility und die Machtdynamiken innerhalb der Yoga-Community.

* * *

Ich leide also an einer seltenen Form von Amnesie. Dabei vergesse ich regelmäßig, dass ich mich mit jedem Besuch einer Klasse auch gewissen Machtverhältnissen aussetzen muss. Dass ich mich den Spielregeln *weißer*, privilegierter Frauen beugen muss, die für mich entscheiden, was heute richtig für mich ist. Die mir sagen, wie ich mich bewegen soll oder dass ich keine eigene Matte bräuchte, die mir sagen, dass ich meine Hände von meinen Brüsten nehmen solle oder dass ich doch auch mal dankbar sein müsse, die mir sagen, dass hier noch genug Platz vorhanden sei. Schau, direkt hier neben dir!

Als ich vor drei Jahren mit Yoga begann, glaubte ich *alles*, was mir die unantastbaren, glücklichen Yogalehrerinnen sagten. Sie wussten es besser, sie hatten mehr Erfahrung, eine Ausbildung, eine Vision. Ich ahmte sie nach. Blind, in ihrem Tempo, selbst, wenn es mir viel zu schnell ging. Ich versuchte besser zu stretchen, höher zu greifen und mich noch stärker zu verbiegen, um in den Klassen mithalten zu können. Bis ich irgendwann merkte: So funktioniert Yoga für mich und meine Beschwerden überhaupt nicht. Ich fing an, Yoga für mich selbst zu entdecken, indem ich mich zuhause auf meine Matte legte und erstmal spürte, was mein Körper heute wirklich brauchte. Ich spielte die immer selbe Playlist ab und fing an, mich nach Gefühl zu bewegen. Manchmal begann ich vorne stehend auf der Matte mit Warrior-Variationen, manchmal begann ich mit Happy Baby und lag erstmal 15 Minuten auf dem Rücken. Ich machte dabei so viele Wiederholungen, wie es sich für *mich* richtig anfühlte, und nicht, wie es vorgeschrieben war. Ich hörte auf, mir vorzustellen, wie ich dabei aussah. Ich emanzipierte mich von der Idee, „richtig" Yoga zu machen. Alleine und zuhause schaffte ich es, in den meditativen Flow zu kommen, der mir in so vielen Yoga-Stunden voller Höchstleistungsanforderungen, Ablenkungen, dänischer Lehrerinnen, stinkender Füße und nervtötender Musik abging.

Wenn ich heute ein bisschen Risiko in meinem Leben möchte und doch mal eine Klasse buche, dann nur noch in Studios, die nicht an halbrenovierte Einzimmerkellerwohnungen erinnern. Ich informiere mich vorab darüber, ob es eine Höchstteilnehmerzahl und Duschmöglichkeiten gibt, und entscheide dann je nach Beschreibung der Klasse, ob ich es ausnahmsweise doch wage, mich auf eine Yoga-Stunde mit Becky einzulassen. Für das Gefühl, das Haus verlassen zu haben.

So what? I can't hold a job

Triggerwarnung: Selbsthass

Die Scham, aus einem Yoga-Studio verbannt zu werden, ist nichts im Vergleich zu dem Gefühl, seinen Job hinschmeißen zu wollen.

Das Seltsame am Kündigen ist, dass das dazugehörige Schriftstück nie an dem Tag verschickt wird, an dem sich der Kopf dafür entscheidet. Es sind viele ausweglose Momente mit den Fingern auf der Tastatur, die sich zu einem großen „Nein" zusammenbrauen. Es ist das komische Gefühl nach einem unproduktiven halben Tag im Sesselkreis. Es ist die Belanglosigkeit des Smalltalks und manchmal auch einfach die schiere Unlust an einem Briefing. Es ist das Warten auf das Tagesende, die Abwesenheit einer Kollegin oder der bevorstehende Termin.

Wochen meines Lebens habe ich in Gedanken verbracht, wie es wäre, zu kündigen.

Wie ich es tun würde.

Wann ich es tun würde.

Wie mein Gegenüber reagieren und *was* es sagen würde.

Ob es heimlich froh wäre, mich los zu sein.

Wie es wäre, weg zu sein, nicht mehr kommen zu müssen.

Zu verschwinden.

Diese Gedanken hielten mich wie eine wütende Faust über Wasser, wenn mich wichtige Menschen in wichtigen Positionen meine Machtlosigkeit spüren ließen.

Bis heute habe ich zwei Mal gekündigt, wurde drei Mal gekündigt, und drei Mal beruhte die Beendigung auf Gegenseitigkeit. Um ehrlich zu sein, gibt es nicht einen einzigen Job, den ich gerne behalten hätte, dem ich nachtrauere, von dem ich angetrunken stolz Anekdoten leiere.

Seit meinem ersten Tag als Angestellte wollte ich immer nur kündigen. Es war ein starkes Gefühl, wie ein Brechreiz, das ich nicht zurückhalten konnte. Dieses Grundgefühl änderte sich nicht. Auch nicht mit 23, 27 oder 30 Jahren Lebenserfahrung. Obwohl ich bis dahin jedes Jahr darauf hoffte.

Früher schämte ich mich wahnsinnig dafür, gekündigt worden zu sein.

Meine erste Kündigung verheimlichte ich in meinem Bekanntenkreis. Ich verstand sie als Angriff auf meine Persönlichkeit, als einen schriftlichen Beweis meiner Unzulänglichkeiten. Jedes Mal, wenn es beruflich für mich mal wieder nicht klappte, dachte ich, ich sei ein schlechter Mensch.

Nicht liebenswürdig.

Nicht tolerierbar.

Nicht gut genug.

Wann immer ich einen neuen Job annahm, machten sich meine Freunde darüber lustig, dass ich sowieso in zwei Monaten nicht mehr dort arbeiten würde. Sie hatten immer wieder recht.

Trotzdem konnte ich lange Zeit genau darüber *nicht* lachen.

* * *

Keinen Job behalten zu können, ist gesellschaftlich nicht anerkannt. Auch nicht unter den coolen Kids. Über Chefs zu meckern gehört zum guten Ton, solange man morgens doch wieder brav zur Arbeit geht. Gekündigt zu werden hingegen ist für viele ein Zeichen von Schwäche, ein Indikator von „Asozialität".

Hinzu kommt das Stigma der Arbeitslosigkeit, das jeder kennt, der schon einmal gefeuert wurde. Meist geht die Kündigung mit einem mitleidigen Blick einher, dem stillen Vorwurf, sein Leben nicht „unter Kontrolle zu haben" und sich nicht selbst versorgen zu können. Unsere menschliche Daseinsberechtigung, unser Platz in der Gesellschaft wird durch diese *eine* Fähigkeit bestimmt, die über allen anderen steht: einen Job zu behalten.

Ich will nicht lügen. Ungewollt und ohne Vorwarnung gekündigt zu werden ist eine ehrenlose Angelegenheit, weil es *trotz* innerer Ablehnung gegenüber einer bestimmten Arbeit oder einer bestimmten Firma oder einer bestimmten Person doch ein entwürdigender Akt bleibt. Gekündigt zu werden bedeutet, Anforderungen *nicht* zu genügen. *Nicht* über Differenzen hinwegzukommen. Sich *falsch* entschieden zu haben. Etwas erhofft, aber das Gewünschte *nicht* erhalten zu haben.

Gekündigt zu werden, heißt in der Sprache des Kapitalismus als Mensch zweiter Klasse beschämt zu werden. Es ist die antizipierte Beschämung eines Untergeordneten, die Chefitäten nicht schlafen lässt, nicht der Akt der Bürokratie selbst. Es ist das Wissen, einer anderen Person etwas mitteilen zu müssen, das sie nicht gerne hören wird – und dafür persönlich verantwortlich gemacht zu werden, der Buhmann zu sein. Es ist die verfahrene Situation, die nicht mehr aufgeklärt, verbessert, durchoptimiert werden kann. Es ist die Anerkennung der Tatsache, diesen Menschen vor sich vielleicht nicht zu mögen. Oder auch nicht alles aus ihm rausgequetscht zu haben.

* * *

Vor meiner letzten Kündigung arbeitete ich im Change-Management und habe vier Monate lang als Schauspielerin durchgehalten. Ich habe Tasks abgearbeitet und an Meetings teilgenommen, die mir egal waren, ich habe freundliche Mails mit angemessenem Nachdruck verschickt, als ob ich auch noch in einem Jahr an meinem Platz sitzen würde. Ja, in meiner letzten Festanstellung hatte ich geglaubt, sie getäuscht und das Spiel verstanden zu haben. Endlich war ich ein normaler, ein funktionierender Mensch. Bis mir doch eines Montagmorgens um 9 Uhr mit der Kündigung gedroht wurde – noch bevor ich einen Bissen gegessen oder auf die Wochenagenda geschaut hatte. Da wusste ich, dass ich noch immer ein Mensch mit Regungen war, ein Mensch mit Haltung, der selbst durch größtmögliches Luftanhalten und gelecktes Mailverschicken und nach oben getackerte Mundwinkel nicht zu einem korrumpierten Roboter geworden war.

Vier Wochen später kündigte mir meine 38-jährige Managerchefin. Es war mein erster Termin nach einer längeren Krankheit. Ich war nicht überrascht über das Timing. Es war nicht einmal das erste Mal, dass ich nach einer krankheitsbedingten Abwesenheit aussortiert wurde. Anders als früher ärgerte ich mich nun nicht mehr darüber. Ich hinterfragte nicht, was sie die letzten Wochen über wirklich von mir dachte, ich stellte mir keine Fragen zu ihrer Vergangenheit und stocherte nicht in ihren LinkedIn-Postings nach Antworten.

Das Erwerbsleben hatte mir beigebracht, mich emotional nicht in Arbeitssituationen zu involvieren, nicht zu viel von meinen dauergrinsenden Kollegen zu erwarten, ihnen trotz einer gewissen Sympathie nicht zu viel von mir zu erzählen, zumindest nichts, das sie hinterher gegen mich verwenden könnten.

Inzwischen wusste ich meist schon nach dem zweiten Gespräch mit einer „Vertrauensperson“, wie egal ihr das Aussprechen einer Kündigung sein würde. Und trotzdem taten sie immer sehr bedrückt und gefühlvoll, sagten Sätze wie: „Ich habe auch ganz schlecht geschlafen deswegen“ oder „Es ist mir wirklich nicht leichtgefallen“ und retteten am Ende doch nur ihren eigenen Geldbeutel.

Alles Lügen.

Jemandem zu kündigen ist für die meisten Kapitalisten reine Formalität. Ein vorgefertigtes Schreiben aus der Personalabteilung, ein Copy-Paste plus Nameneinsetzen. Genauso wie sich Bewerbungsgespräche nicht um die Person hinter dem Namen drehen, drehen sich Kündigungen nicht um die Gefühle der Betroffenen, sondern maximal um die Gefühle derjenigen, die diese Nachricht überbringen müssen.

* * *

Seit ich verstanden habe, dass Kündigungen meistens eine Antwort auf einen inneren, manifestierten Widerstand sind, versuche ich sie als einen natürlichen Bestandteil des Erwachsenenlebens zu begreifen und mich nicht mehr für sie zu schämen.

Die negativen Energien zwischen den Präsentationen, E-Mails, Anrufen und Gesprächen sind genauso echt wie die unnatürlichen Gegenfragen von Lena beim Bi-Weekly-Female-Business-Lunch. Genauso echt wie meine Gefühle, die ich vor oder nach dem Kündigen habe. Das Drücken in der Brust, wenn der Zoom-Call endet. Die unangenehmen Worte, die in den Ohren nachklingen wie Tinnitus.

Die Wahrheit ist: Jede meiner unfreiwilligen Kündigungen war verdient. Ich war nicht präsent, ich war nicht engagiert, ich war kein wertvolles Mitglied des Teams. Ich habe *nicht* an die Unternehmenswerte geglaubt oder an den Impact des feministischen Corporate-Panels, das zweimal pro Jahr stattfand. Ich wollte nicht dazugehören, ich habe mich nicht eingebracht, ich wollte nicht bleiben. Ich wollte Geld, aber was ich noch mehr wollte, war: *gehen.*

Jede meiner Kündigungen hat mich befreit. Meine ersten beiden befreiten mich von dominanten Männern in Machtpositionen und Tätigkeiten, die mich fachlich kein Stück weiterbrachten. Meine dritte brachte mich dazu, den Journalismus in Deutschland zu hinterfragen und mich von ihm abzuwenden – was im Nachhinein betrachtet eine meiner allerbesten Entscheidungen war. In der Woche meiner vierten Kündigung bekam ich meinen ersten Buchvertrag. Meine fünfte Kündigung zwang mich dazu, mich mit dem auseinanderzusetzen, was ich künftig machen wollte und heute mache. Meine sechste Kündigung erlaubte es mir, für längere Zeit nach Schweden zu gehen, weil ich nicht länger in Berlin-Mitte in einem Laden ohne Licht sitzen musste. Doch die vielleicht wichtigste Kündigung war die im Frühjahr 2022. Sie erlaubte mir, mich wieder komplett auf meine Selbstständigkeit als Autorin und Mentorin zu konzentrieren und mich ein für alle Mal vom Gedanken an eine Festanstellung zu verabschieden. Und meine allerletzte Vertragsauflösung? Die zeigte mir, dass ich nicht für Perfektionistinnen arbeiten möchte, die sich selbst und ihre Außenwahrnehmung viel zu ernst nehmen (Kapitel 2: „Perfectionist Polly"). Passenderweise kam ebenfalls in der Woche, in der diese Zusammenarbeit frühzeitig beendet wurde, der Vertrag für dieses Buch hier zustande.

Ich habe nie an Fügungen des Schicksals geglaubt. Statt darauf zu vertrauen, dass die guten Dinge zu mir kommen, habe ich – egal ob Festanstellung oder nicht – immer für die Projekte gebrannt, die mir wirklich etwas bedeuteten. Seien es Schreibgruppen, Buchclubs, Mentorings mit Journalismus-Aussteigerinnen oder mein Podcast. Nicht zu vergessen: Instagram und *Groschenphilosophin.at*, mein Blog, der seit bald seit zehn Jahren besteht und mich (und auch andere) inhaltlich immer noch begeistert.

Kurz gesagt: Ich habe nie aufgehört, das zu tun, was ich liebe: schreiben – für mich und nicht für andere – und mit Gleichgesinnten zu connecten, die dieselben Ziele verfolgen wie ich.

* * *

Ich kann also keinen Job behalten. Ja, das mag stimmen. Dafür behalte ich andere Dinge.

Meine Gesundheit. Meine Passion. Meine Freiheit. Meine freie Zeiteinteilung. Meinen Seelenfrieden. Die Option, aufzustehen und schlafenzugehen, wann ich möchte. Um 10 Uhr beim Sport zu sein. Meetings nur dann anzunehmen, wenn sie einen konkreten Zweck verfolgen und mit Personen stattfinden, die ich wirklich gerne sehe. Würde. Hoffnung. Ein gutes Gefühl in der Magengegend. Flexibilität. Authentizität. Platz für neue Bücher. Zeit für eigene Gedanken.

Dass jeder Mensch in unserer Gesellschaft einen Job braucht und halten muss, ist unserer kapitalistischen Wirtschaftsordnung zu verdanken. Darin gibt es wenig Platz für Künstlerinnen, Musiker und Autorinnen, die ihre Kreativität und Autonomie an die erste Stelle setzen.

Dabei sind auch *wir* hier und dienen. Wir dienen zur Provokation. Zur Unterhaltung und auch zur Reflexion dessen, was uns als Individuen in diesem System kollektiv angetan wird. Wir sind da. Um *genau* die Verhältnisse neu zu denken, die den Managern, die uns via Zoom kündigen, Burn-outs und Depressionen schenken.

Krankenbett in Šibenik

Ich hätte es als erwachsene Frau mit 19 Jahren Blutungserfahrung eigentlich besser wissen sollen, aber.

2021 gab es da diese Situation an der Raststätte nach acht Stunden Fahrt von Wien nach Kroatien. Vielleicht wart ihr auch schonmal in der Situation, keinen Tampon dabeizuhaben. Ziemlich dumm ja, aber das passiert. Every day.

Ich hockte also blutend auf diesem Klo bei der Raststätte, natürlich waren weit und breit keine Menstruationsartikel verfügbar. Und was machte ich, statt nochmal zurück zum Auto zu laufen und den Tampon im Kofferraum zu suchen? Ich steckte mir – ohne groß darüber nachzudenken – schnell ein Stück zusammengefaltetes Klopapier in den Eingang. „Wird schon nichts passieren. Kann ich ja in einer Stunde wieder rausholen. Ich bin halt einfach *unkompliziert*. Ein *echter* Pro-Traveller. Bei mir muss niemand eine Viertelstunde extra im Auto warten." Wir fuhren also weiter – zwei Stunden –, fanden das Hotel, checkten ein. Der Urlaub konnte beginnen: Sommer, Sonne, Ćevapčići. Zwei Tage später fiel mir dann auf, dass das inzwischen vergessene Stück Papier irgendwie ... weg war. „Na ja", dachte ich mir, „dann ist es halt wieder auf natürlichem Weg rausgekommen." Spoiler: Ist. Es. *Nicht.*

An Tag drei spürte ich ein leichtes Stechen in der Vagina, an Tag fünf des Urlaubs konnte ich kaum noch gehen, ohne mir ständig im Schritt rumzufummeln. Und das alles nur, weil ich keinen Tampon in Griffnähe hatte. Breitbeinig lief ich durch die Innenstadt Zagrebs und presste die Zähne zusammen. Es sollte ja trotz allem eine schöne Zeit werden. Abends saß ich in der Hotel-Badewanne und versuchte, mit meinen bloßen Händen aufgeweichte Klopapierstücke von meinem Cervix zu kratzen. Ja, das hat sich genauso angefühlt, wie es klingt: verdammt, verdammt schmerzhaft. Zwischendurch meinte ich vor Schmerz am Gebären zu sein. „Was wird's denn? Ach so, eine Klopapier-Wassergeburt." Ganz tolle Sache. Genau so hatte ich mir den Urlaub vorgestellt.

Ich lag also in der Badewanne und zog mir Stück für Stück aufgeweichte, weiße Fetzen aus meiner Muschi, die ich ins Badewannenwasser entließ wie Kaulquappen. Wenn ich meine Finger einführte, hoffte ich, dass es das letzte Mal sein würde. Aber ich kramte immer weiter Fetzen hervor. Irgendwann wusste ich nicht mehr, ob es sich dabei noch um das Klopapier handelte oder um die abgestorbene Haut einer Kobra oder vielleicht um etwas ganz anderes.

Tag sechs: der Tag, an dem wir die Location wechseln mussten. Meine Vagina war zu diesem Zeitpunkt ein aufgedunsenes Monster. Es waren zwei Stunden Fahrt nach Omiš, das sollte ich schon noch aushalten. Na ja, und dann? Die Schmerzen wurden langsam unerträglich. 20 Minuten nach Abfahrt blieben wir bei einem McDonald's stehen. Ich biss mir vor Schmerzen die Unterlippe auf und überlegte: „Vielleicht wäre es gut, mal kurz im Krankenhaus von Šibenik vorbeizuschauen, wenn wir schon da sind?“ Statt zu McDonald’s eben mal kurz in die ambulante Gynäkologie. Da stand ich also: völlig verschwitzt und mit verheultem Gesicht zwischen fünf schwangeren Kroatinnen, die mir mit einer gewaltigen Portion Mitgefühl halfen, mich am Schalter anzumelden. „Is it because of the baby?“, fragten sie mich besorgt. Ich schüttelte nur den Kopf. I *wish*. Ein bisschen schämte ich mich schon, dass ich seit sechs Tagen mit Klopapier schwanger war, dass ich nicht besser auf mich aufgepasst hatte, dass ich meine Gesundheit mal wieder an die letzte Stelle gesetzt hatte. Doch sehr viel Zeit für Selbstvorwürfe blieb nicht. Auf Anweisung des Personals ging ich den watschelnden Soon-to-be-Mamičkas hinterher und bei knallender Sonne rüber in ein anderes Gebäude. Wir winkten auf dem Weg zum Arzt ein paar Neugeborenen zu, dann tastete ich mich auf den vielen Gängen (die auf sehr charmante Weise an die HBO-Serie *Tschernobyl* erinnerten) langsam zum richtigen Zimmer vor. Dort musste ich keine 15 Minuten warten, bis mich der Arzt mit den Worten „It’s Croatia, not Afghanistan“ begrüßte, nachdem er das Schlamassel in meiner Vagina erblickte und, in weiterer Folge, ausspülte.

So muss Urlaub sein: Mit hardcore entzündeter Muschi auf einem Krankenbett in Šibenik liegen und sich von einem zwei Meter großen kroatischen Hünen Papierfetzen aus der Vagina spülen lassen – as if it was wellness. Selten war ich so dankbar, einen Metallstab in meiner Vagina zu spüren. Anschließend bekam ich Antibiotika und hilfreiche Tipps für mein weiteres Leben als Frau. Zum Beispiel: mir nie wieder Klopapier in die Vagina zu stecken.

* * *

Wer jetzt denkt: „Haha, lustige Geschichte, danach hatte sie bestimmt einen guten Urlaub“ – *nein*. Die Antibiotika-Tabletten mussten örtlich eingeführt werden, sodass mich jede Nacht ein Chemie-Cocktail in meiner Vajayjay auf Trab hielt. Ohne Schmerztabletten konnte ich nicht schlafen und an Sex war sowieso nicht zu denken. Ein sexloser, dreiwöchiger Urlaub ist an sich schlimm genug, aber ein sexloser, vaginal infizierter Urlaub grenzt an ein Verbrechen. Meine Highlights bestanden darin, meiner V eine Abkühlung im Adriatischen Meer zu gönnen. Danach ließ ich sie an der Frischluft trocknen wie Fischfang.

Die Entzündung war erst vier Wochen später, nach meiner Rückkehr nach Berlin, komplett weg. Dazwischen musste ich noch einmal in Wien ins Krankenhaus, wo mich die Guten nicht drannahmen, weil sie meine deutsche Versichertenkarte nicht auslesen konnten (sagt einer noch ein schlechtes Wort über den Balkan!). Immerhin bekam ich einen Tag später von meiner ehemaligen Gynäkologin in Stadlau weitere Pillen zum Einnehmen, für weitere sieben Tage.

Während dieser ganzen Odyssee dachte ich mir wieder einmal: *Was* soll eigentlich dieser ganze Scheiß mit den Vulva-Cupcakes und „Yeah, Vaginas are awesome, let us all celebrate our female genitals“, wenn in reality Vaginas sehr viel anfälliger für ernstzunehmende Entzündungen und sexuell übertragbare Krankheiten sind als Penisse? Warum weiß ich gefühlt mehr über Schamlippenoperationen als über nachhaltige Möglichkeiten, mein Menstruationsblut aufzufangen? Warum hatte ich bei der Fahrt nach Kroatien keine Unterhose an, mit der ich frei bluten hätte können? Warum bekommen junge Menstruierende das nicht zum Geburtstag geschenkt, am besten vom Staat? Ein kleines Perioden-Starter-Pack, mit unterschiedlichen Menstruationsprodukten, Periodenunterwäsche,

Info-Material? Wie wär's mit ein bisschen Wertschätzung für all den Schmerz? Ist ja nicht so, als ob man als Vagina-Owner die nächsten 30 bis 40 Jahre nicht sowieso noch Unmengen vom eigenen Geld für die adäquate und unauffällige Entsorgung seines eigenen Bluts zahlen müsste. Wenn ich es mir hätte aussuchen können: Ich wäre auf jeden Fall ein Cis-Mann geworden. So viele Blasenentzündungen, tausende von Euros für Menstruationsartikel, hunderte Wochen PMDS-durchtränkter Wahnsinn im Kopf, hunderte bakterielle Infekte und Pilzinfektionen wären mir erspart geblieben. Ich könnte einfach meinen Pimmel rausnehmen, wann immer es mir passte, und an die Außenfassade einer Raststätte pinkeln. *Niemand* würde etwas sagen.

Seit Šibenik habe ich nie wieder einen Tampon verwendet. Die Vorstellung, irgendetwas Faseriges in meine Vagina einzuführen, lässt meine Schamhaare zu Berge stehen. Stattdessen habe ich mir Menstruationscups zugelegt, diese kleinen, weichen Trichter aus Silikon, Gummi oder Latex, die eingeführt werden und das Menstruationsblut auffangen. Ich trage sie zwischen fünf und zwölf Stunden, leere sie danach aus und koche sie nach jeder Menstruation aus, um die Operation so hygienisch wie möglich zu halten. Ich schätze meinen Menstrual-Cup und frage mich bis heute, warum ich davor 15 Jahre lang Tampons verwendet habe. Die Antwort liegt irgendwo zwischen Unwissenheit, Scham, Vorurteilen, Sicherheitsbedenken und der Angst, etwas Neues auszuprobieren. Schließlich haben Tampons die Jahre zuvor auch funktioniert. Der Mensch ist eben ein Gewohnheitstier.

In einer idealen Welt würde dieses Kapitel damit enden, dass ich eine Studie zitiere, die besagt, dass Menstruationscups medizinisch betrachtet besser sind als alle anderen Menstruationsprodukte und noch nie bei irgendjemandem zu vaginalen Wunden oder Allergien geführt haben. Problem gelöst. Doch das stimmt nicht. So einfach ist die Welt eben nicht. Davon abgesehen bin ich keine Ärztin und werde hier keine pauschalen Empfehlungen darüber abgeben, was ihr mit eurer Vagina und eurem Menstruationsblut macht. Abgesehen von dieser: *Bitte* verwendet kein Klopapier – auch nicht im Notfall – und sucht nach einem Menstruationsprodukt, das *wirklich* zu eurer Vagina passt.

Kapitel 2: Schuld

Es mag seltsam anmuten, das Kapitel über Schuld ausgerechnet mit einer Geschichte über Familie zu beginnen. Aber ich wüsste nicht, wo ich sonst beginnen sollte, wenn nicht bei meinem Vater.

Familie

„Ihr habt mein Leben ruiniert!“, schrie der Mann, der mich gezeugt hatte. „Für euch habe ich mich jede Woche deppert gehackelt! Alles hab ich für euch gemacht, und was hab ich jetzt davon?!“

* * *

Mein Vater ist aufgebracht, und das nicht erst seit gestern. Er ist 62 Jahre alt, behindert, seit wenigen Wochen in Pension und blickt zum ersten Mal auf sein Leben zurück. Es scheint, als merkte er jetzt zum ersten Mal, was er die letzten 40 Jahre verpasst hat, während er in der Arbeit war. Er sieht seine Frau neben ihm am Küchentisch, die er nicht wiedererkennt. Er sieht seine erwachsene Tochter, mit der er nichts gemeinsam hat, die er vermutlich noch sehr viel weniger kennt, als er denkt.

Er sieht sein Leben hinter sich. Und das alles – es gefällt ihm nicht.

Er sitzt in einem großen Haus mit Garten, das er mit seinen eigenen Händen erbaut hat. Ohne finanzielle Sorgen befindet er sich in seinem eigenen kleinen Paradies aus Keller, Garage, drei Stockwerken, zwei Autos, Veranda mit Hollywood-Schaukel und Rasenmäher und könnte auch ganz anders über das alles denken. Zum Beispiel so:

„Ich habe es geschafft. Ich habe mir mit den begrenzten Mitteln, die ich als Arbeiterkind zur Verfügung hatte, eine völlig neue Welt erschaffen. Ich bin von der Gemeindebauwohnung meiner Eltern im 16. Bezirk direkt in ein Einfamilienhaus gezogen, habe eine schöne Frau aus Osteuropa geheiratet und eine wunderbare Tochter bekommen, die jetzt als Autorin in Berlin lebt und sich selbst verwirklicht. Ich bin stolz auf das, was ich geschaffen habe."

Er könnte sagen: „Ich habe alles geschafft, was ich mir vorgenommen habe."

Stattdessen steht er hier, unzufrieden, dickbäuchig, schlecht rasiert, mit kaputtem Rücken, kaputten Beinen und kaputten Füßen, mit einem großporigen roten Gesicht und diesem gehässigen Gesichtsausdruck, den ich seit einigen Jahren erblicke, wenn ich ihm zuhause in Wien morgens auf dem Weg in die Küche über den Weg laufe. In gewisser Weise ist er nicht mehr mein Vater, denn der Mann, den ich kannte; der immer auf meiner Seite war, ist *tot*.

Mein lustiger, gutmütiger Papa, der immer auf meiner Seite war, ist weg – für immer. Und diese Erkenntnis bricht mir das Herz.

* * *

Als Kind war es mir nicht bewusst, aber meine Mutter hat mich im Grunde alleine erzogen. Mein Vater kam nie vor 19 Uhr und meist erst nach 20 Uhr nach Hause und leistete dazwischen das bare Minimum für sein Familienleben. Das war zur damaligen Zeit vermutlich immer noch mehr, als andere Väter leisteten – außerdem hat er mich oder meine Mutter weder missbraucht noch verlassen –, doch das ändert nichts an dem Fakt, dass er wenig bis gar nichts zu dem Menschen beitrug, der ich heute bin.

Allein meine Mutter war es, die mit mir Hausaufgaben machte, mich morgens weckte, mir den Kakao hinstellte und meine Schuljause in die Tasche packte, bevor sie zur Arbeit ging. Mein Vater hat entweder geschlafen oder gearbeitet.

Als ich klein war, habe ich immer geschlafen, als er nach Hause kam. Als ich älter wurde, hatte ich dann bessere Dinge zu tun, als mit meinem Vater und seinem Ottakringer vor dem Fernseher zu sitzen.

Wie so oft gibt es keine Möglichkeit, eine Beziehung in Retrospektive darzustellen, ohne dabei ambivalent zu wirken. Ich kann lediglich das Bild von ihm zeichnen, das ich abrufen kann.

Manchmal roch ich seine Fahne und sagte ihm, dass er zu viel getrunken hatte, woraufhin er in der Regel aggressiv reagierte und sich durch das bloße Abstreiten von Tatsachen verteidigte, woraufhin ich immer das Zimmer verließ.

Meine Babka hat immer gesagt, meine Mutter hätte einen *fleißigen* Mann geheiratet. Er wäre: šikovný, ein šikovný Mann! Im klassisch neoliberalen Sinn hatte sie damit natürlich recht, denn in seinem Leben war mein Vater kein einziges Mal arbeitslos. Er war der Inbegriff des zuverlässigen Arbeiters, der seinen Arbeitgeber an erste Stelle setzte. Nie war er im Krankenstand. Seinen ersten Bandscheibenvorfall hatte er nicht einmal *bemerkt*.

An Weihnachten musste er oft arbeiten, also besuchten meine Mutter und ich ihn in seinem zweiten Zuhause. Er selbst wirkte dort wie das Inventar des Gebäudes. Auf seinem Schreibtisch stapelten sich Zigarettenpackungen, Zeichnungen und alte Magazine. Es gab eine Kantine, wo er jeden Tag zu Mittag, und manchmal auch zu Abend, aß. Er hatte dort seine besten Freunde um sich und war mehrere Jahre sogar im Betriebsrat tätig. Kurz: Er hatte Ansehen, Status, Privilegien, Geld – also alles, was dem patriarchalen Mann gefällt. Und vermutlich gefiel das auch meiner Mutter.

Ich dachte früher nie darüber nach, welche Opfer mein Vater für unseren Wohlstand, meine Ferienlager, meine Klamotten, unsere Urlaube, die Autos, den Gartenzaun und das neue Badezimmer brachte. Ich weiß nicht einmal, ob er selbst so viel darüber nachdachte, zumindest tat er das sehr wahrscheinlich nicht bis zu diesem einen Tag in der Pension, als es über ihn kam und er uns für sein Leben verdammte.

* * *

„*Die Familie ist der Grund für das Gefühl, zur Arbeit gehen zu wollen, der Grund, warum wir zur Arbeit gehen müssen, und der Grund, warum wir zur Arbeit gehen können. Im Kern ist sie unsere Bezeichnung für die Tatsache, dass Pflegearbeit in unserer Gesellschaft privatisiert ist*", schreibt die Autorin und unabhängige Wissenschaftlerin Sophie Lewis, deren Buch, *Die Familie abschaffen,* mich während der Zeit meiner Recherchen für dieses Buch wie kein anderes prägen sollte.

Weil „Familie" in unserer Gesellschaft ein Synonym für Pflegearbeit zu sein scheint, so Lewis, ist sie für pflichtbewusste Bürger die Raison d'Être, also die Existenzberechtigung schlechthin. Ein vermeintlich nichtindividualistisches Credo und ein selbstloses Prinzip, dem man sich freiwillig unterwirft, ohne darüber nachzudenken. Genau so, wie mein Vater es getan hatte: Er hat schlicht nie darüber nachgedacht, ob „Familienvater" überhaupt die Rolle war, die er wollte. Alle Männer in seinem Umfeld waren Familienväter – ob gute oder schlechte, sei dahingestellt.

Die ökonomische Annahme, hinter jedem „Brotverdiener" müsse es eine oder mehrere Personen geben, deretwegen es sich lohne, ausgebeutet zu werden – diese Vorstellung klingt laut Lewis für viele wie eine Beschreibung der „menschlichen Natur", ja, wie das Natürlichste der Welt.[1]

Wie ein Mikrokosmos des Nationalstaats brütet die Familie Chauvinismus und Konkurrenzdenken aus. Wie eine Fabrik mit einer Milliarde Zweigstellen stellt sie „Individuen" her, die eine kulturelle und ethnische Identität haben, eine Geschlechtsidentität, eine Klassenzugehörigkeit und eine racial consciousness. Wie eine unendlich erneuerbare Energiequelle leistet die Familie: unbezahlte Arbeit für den Markt.[2]

Doch wie kam es überhaupt so weit?

Neoliberale und Neokonservative haben ab den späten 70er Jahren die Sozialhilfe nach den Prinzipien des elisabethanischen „Armenrechts"[3] neu erfunden: Für die Armen wurden statt der Gesellschaft nun die Verwandten verantwortlich gemacht. Vor 400 Jahren wurden in der amerikanischen Gesetzgebung Konzepte wie „Marktfreiheit", „das liberale Individuum" und „Schulden" allmählich auf den Grundlagen von Verwandtschaftsverpflichtungen und Familienbanden errichtet.[4] Auch im deutschen Bürgerlichen Gesetzbuch (BGB) gibt es gleich mehrere Stellen, an denen die Haftung von Familienmitgliedern füreinander geregelt ist. Zum Beispiel sind Ehepartner in bestimmten Fällen gemäß § 1357 BGB dazu verpflichtet, füreinander einzustehen und gemeinsam für Verbindlichkeiten zu haften, die während der Ehezeit entstanden sind. In § 1601 BGB ist die Unterhaltspflicht von Verwandten geregelt. Dort heißt es: „Verwandte in gerader Linie sind verpflichtet, einander Unterhalt zu gewähren." Das bedeutet, dass Eltern ihre Kinder und umgekehrt auch

Kinder ihre Eltern unter bestimmten Umständen finanziell unterstützen müssen. Ganz egal, wie diese Beziehungen aussehen.

So spielt die Familie seit Langem eine entscheidende Rolle bei der Schaffung eines bürgerlichen Staates, indem sie die Funktion der Sozialhilfe übernimmt und für die Schulden von Familienmitgliedern bürgt. Obwohl sie gerne als Wahl, Werk und Wunsch von Individuen getarnt wird, hilft sie, die Arbeitskräfte des Landes kostengünstig zu erneuern und sicherzustellen, dass Schulden zurückgezahlt werden.[5]

Gar nicht mal mehr *so* romantisch, diese Vorstellung des eigenen Familienlebens im Reihenhaus am Stadtrand, oder? Wer denkt, sich durch Familie Freiheit weit weg vom Kapitalismus freischaufeln zu können, hat nicht bemerkt, dass er sich mit der eigenen Reproduktionsarbeit unmittelbar an ihm beteiligt. Oder wie es Lewis beschreibt: Hinter jeder Haustür verbirgt sich eine Sammlung individueller, selbstverwalteter Konsumenten-Unternehmer.[6] Denn die Familie gilt heutzutage nicht nur in kitschigen Reise-Werbesujets als fundamentale Einheit des Kapitalismus.

Es mag einfacher sein, sich das Ende des Kapitalismus vorzustellen als das Ende der Familie. Dabei ist die Abschaffung der Familie und der damit verbundenen Abhängig- und Grausamkeiten gar kein radikal neuer Gedanke. Platon verfasste bereits um 375 v. Christus sein Werk *Politeia*, in dem er die Züge einer utopischen, von Grund auf gerechten Gemeinschaft und eines Staatswesens, das auf den strengen Prinzipien politisch-philosophischer Bildung beruht, skizzierte. Der Franzose Charles Fourier entwickelte vor rund 200 Jahren nicht nur das Konzept des Feminismus, sondern auch der Phalanstère – eine erdachte landwirtschaftliche oder industrielle Produktions- und Wohngenossenschaft für eine Gemeinschaft von, im Idealfall, exakt 1620 Mitgliedern. Fourier entwickelte schon viele Jahre vor Marx und Freud neuartige Theorien zur menschlichen Verfremdung und Verdrängung. Indem er die Familie als Eckpfeiler der „Marktherrschaft" und der „Zivilisation" angriff, half er zahllosen Menschen, „die Widersprüche, die verkannten Chancen und die versteckten Möglichkeiten in unserem eigenen Leben" anzuerkennen, wie es einer der wohl bekanntesten Fourier-Biographen, Jonathan Beecher, beschreibt.[7] Bevor Fourier im Alter von 65 Jahren starb, hatte er mehrere Schriften veröffentlicht. Zu den wichtigsten zählen *Die neue Liebeswelt* und *Die Theorie der vier Bewegungen*. In diesen Schriften arbeitete er bis ins letzte Detail ausgefeilte Entwürfe für eine postkapitalistische Gesellschaft aus, deren Grundideen vielen Menschen heute noch ziemlich überzeugend erscheinen.[8]

Was genau schlug Fourier vor?

Unter anderem ging es Fourier darum, ein universelles Grundeinkommen einzuführen und den Märkten so zu entkommen. Das Ethos der Fourier-Bewegung versprach, das Leben der Frauen zu verbessern, indem die mühsame Hausarbeit erleichtert und gemeinsame Kindererziehung ermöglicht würde. Dafür wohnten alle Menschen zusammen in den bereits anfangs erwähnten, riesigen Gebäuden, „Phalanxen" oder „Phalanstères" genannt, die je 1620 Menschen beherbergten.[9] Es gäbe ausgezeichnetes Essen und abwechslungsreiche Freizeitbeschäftigungen für alle Generationen. Jegliche Arbeit wäre völlig entprivatisiert, Aufgaben würden unter allen Kindern und Erwachsenen aufgeteilt und nach den etablierten „Gesetzen der leidenschaftlichen Anziehung" entsprechend der menschlichen Persönlichkeit organisiert. Die

Arbeit verwandelte sich also auf wundersame Weise in eine „lustvolle Kunst oder ein freudiges Spiel".[10] Darüber hinaus veröffentlichte Charles Fourier höchst umstrittene Theorien zur sexuellen Befreiung und zur Reform der Ehe.[11]

Vor allem aber identifizierte Fourier das Einfamilienhaus als zentrales Hindernis für die Verbesserung der Stellung der Frau in der Welt. Diese grundlegende Einsicht inspirierte, so Lewis, eine weltweite Bewegung utopischer Wohnprojekte. Einige von ihnen wollten die Frauen zermürbende Norm der privaten Küche zugunsten sogenannter „küchenloser" Städte abschaffen. Die Idee waren Nachbarschaften, die über offene gemeinschaftliche Küchen und Gratiskantinen verfügten.[12]

Ab den 1840er Jahren wurden durch die Fourier'sche Bewegung gemeinschaftliche Wohnprojekte in ganz Amerika und Europa gegründet, die auf Fouriers polyamorösen Anti-Arbeitsvisionen basierten. Da diese Kommunen alle entweder von selbst verschwanden, staatlicher Repression erlagen oder auf üble Art implodierten, könnten wir nach manchen Maßstäben heute sagen, dass der Fourierismus scheiterte. An dieser Stelle soll nicht unerwähnt bleiben, dass Fourier ein rassistischer Kolonialist war – aber welcher *weiße* Mann war das damals nicht? Nach anderen Maßstäben, so Lewis, ließe sich aber auch formulieren, dass es noch zu früh sei, um den Erfolg oder Misserfolg dieses Gesellschaftskonzeptes festzustellen.[13] Denn: Der auf Fouriers Tod folgende erneute Aufschwung des Fourierismus regte eine Debatte über Geschlecht, Ehe und Religion an, die weit über Ländergrenzen hinaus geführt wurde. Fouriers obsessive Notizen stellten dabei den ersten bekannten, detaillierten Entwurf einer europäischen Utopie dar. Oder, wie die Wissenschaftlerin Megan Perle Bowman schreibt:

„It is a story of connectivity among individuals who believed they possessed a new moral framework for remaking the world.“[14]

***

Lewis hält ohne Zweifel fest, dass eine Welt, in der die *meisten* Mitglieder der *meisten* Haushalte die meiste *Zeit* wirklich von Grund auf glücklich sind, größtenteils in der Zukunft liegt. Denn für die liberaldemokratische Politik ist es weiterhin undenkbar, die negativen Aspekte am Konstrukt der Familie anzugreifen. Oder, um etwas konkreter zu werden: Im gesamten zentraleuropäischen, parteipolitischen Spektrum finden sich keine Ideen, um die Familie im Sinne des den *Kapitalismus* stützenden Konzeptes zu entthronen, ihren Stellenwert oder ihre Zentralität in der Politik zu hinterfragen. Dennoch, es gibt sie: alltägliche utopische Experimente.[15] Mikrokulturen und Bewegungen, die das Potenzial haben, zu wachsen. Man müsste sich nur vorstellen, wie wir leben könnten, wäre es politisch gewollt, dass sich Haushalte frei formen und demokratisch organisieren. Wenn niemandem Nahrung, Unterkunft oder Pflege vorenthalten werden dürften, nur, weil er oder sie nicht arbeitet.[16]

Wie alle Utopien schlummert auch die Bewegung hin zu einer klassenlosen Gesellschaft in der Gegenwart. *„Ihre dünnen Triebe wachsen in allen Ecken und Winkeln, in denen sich Menschen trotz geringer Aussichten bemühen, emanzipatorische und queere Modelle der Sorgearbeit – das heißt Modelle, die den heutigen Eigentumsbegriff bekämpfen – zu erfinden.“*[17]

Wie hätte also das Leben meines Vaters ausgesehen, hätte er es nicht mit einem 8- bis 12-Stunden-Arbeitstag zugebracht, um das Leben seiner Familie und sein eigenes zu finanzieren? Wie wäre dieses Leben verlaufen, hätte es ein universelles Grundeinkommen gegeben? Wie wäre es meiner Mutter ergangen, hätte sie die Leistungen von Gemeinschaftsküchen in Anspruch nehmen können, statt sich jeden Tag Gedanken darum zu machen, wer wann wo was isst? Wäre sie noch mit meinem Vater zusammen, wenn sie hinsichtlich ihrer materiellen, sexuellen, emotionalen und häuslichen Verhältnisse nicht von ihm alleine abhängig gewesen wäre? Oder hätte sie sich einfach ein anderes Zimmer im Phalanstère genommen? Hätte sie die Widersprüche, die verkannten Chancen und die versteckten Möglichkeiten in ihrem eigenen Leben erkannt? Welche Arbeit hätte mein Vater freiwillig gemäß den Fourier'schen Gesetzen der leidenschaftlichen Anziehung verrichtet? Und welche meine Mutter? Wäre sie Malerin geworden? Hätte er Oldtimer repariert? Hätte ich mich wohler gefühlt, wäre ich statt in einem freistehenden Einfamilienhaus in einer Gemeinschaft mit vielen Kindern aufgewachsen, die von unterschiedlichen Bezugspersonen betreut worden wären? Was wäre ich für ein Mensch geworden in der Gewissheit, dass ich später auf ein universelles Grundeinkommen zurückgreifen könnte? Wie würde mein Vater heute aussehen? Wären die Furchen der totalen Verantwortung aus seinem Gesicht verschwunden, ja, würde er vielleicht sogar lächeln, in einem Schaukelstuhl sitzen und sich seiner bevorstehenden Lebensjahrzehnte in bester Gesundheit erfreuen? In dem Wissen, dass er in einer Gemeinschaft lebt, die sich auch außerhalb eines Altersheims Freizeitaktivitäten für alle Generationen überlegt?

Ich habe dieses Kapitel mit zwei der wohl komplexesten Themengebiete begonnen, die es essayistisch zu ergründen gibt: die Familie und die Utopie. Und doch denke ich, dass genau dieser Einstieg notwendig ist, um einen Vorgeschmack auf die Themen zu liefern, die im Anschluss folgen. Um das Fass erstmal: aufzumachen.

Ich muss, ich muss

Ich bin gerade mit meiner Freundin T. am Tegeler See spazieren, als uns zwei Jogger entgegenkommen. Es ist kalt draußen, die Temperatur beträgt ungefähr zwei Grad, aber das stört die beiden so gar nicht. Sie sind fest entschlossen, ihr Training an diesem Sonntagnachmittag erfolgreich vor Sonnenuntergang abzuschließen.

Während die beiden in ihrer professionellen Winter-Laufbekleidung an uns vorbeiziehen, fällt es mir wieder ein: „Ich war auch mal so – obwohl ich Joggen noch nie mochte." Zwischen 26 und 30 Jahren zwang ich mich jede Woche drei Mal laufen zu gehen, weil ich eben Sport machen ... *musste*. Ich hätte auch einen anderen Sport wählen können, aber ich blieb beim Laufen, weil ich dachte, dass es meinen Kopf besser entlasten würde als das Fitnessstudio.

Ich blieb beim Laufen, weil ich neue Laufschuhe gekauft hatte.

Ich blieb beim Laufen, weil ich es kannte.

Ich blieb beim Laufen, weil ich das eben nachmittags so machte.

Das Ding ist, ich war leider immer schon ziemlich schlecht darin. Es fiel mir nicht leicht. Jeder Abend, an dem ich mal wieder laufen „musste", weil es als Programmpunkt in meinem Bürostuhlalltag anstand, war ein schlechter. Ich hasste jede Minute davon, vom ersten Schritt am Beton vor der Haustür bis zur Cool-down-Phase auf den Kieselsteinen in den Rehbergen. Ich hasste es, wie mein

Gesicht dabei ganz rot wurde, wie eine Tomate. Ich bekam Seitenstechen, schluckte Fliegen, spuckte sie wieder aus, musste stehen bleiben. Ganz oft musste ich bei meinen Runden zwischendurch einen halben Kilometer gehen, während ich mir den Schweiß mit ausgewaschenen Polyester-T-Shirts von der Stirn wischte. Es war nicht schön anzusehen. „Egal", sagte ich mir. „Hauptsache, du gehst *raus*, hast etwas für deinen Körper gemacht, hast brav ein *To-Do* abgehakt."

Nach ein paar Jahren spürte ich immer mal wieder einen stechenden Schmerz an der linken Fußsohle. Die ersten zwei Monate brachte ich das gar nicht mit meinem Laufprogramm in Verbindung. Ich ging trotzdem weiter joggen, weil ich weiterjoggen *musste*.

Musste, musste, musste.

Nach einiger Zeit wurde der Schmerz so stark, dass ich kaum noch auftreten konnte. Es gab diesen einen Tag, da humpelte ich morgens zum Klo und wusste: „So geht es nicht weiter." Es war der Tag, an dem ich mir erstmals klar machte, dass ich zum Arzt sollte. Es stellte sich heraus, dass ich eine Plantarfasziitis hatte. Das dicke Band aus Bindegewebe, das sich entlang der Unterseite des Fußes befindet und die Fußsohle stützt, hatte sich heftig entzündet.

Die Plantarfasziitis kam vom Laufen. Ausgerechnet vom lieben Laufen, das ich doch seit Jahren mit so einer Vehemenz verfolgte. Obwohl ich es hasste, schlecht darin war, keinen Spaß daran hatte.

Gewissenhaftigkeit ist ein Fluch. Sie erschwerte es mir immer schon, aufzuhören, wenn ich eigentlich sollte.

* * *

Mein Problem, Tätigkeiten oder Hobbies oder Beziehungen zu Personen, die mir und meinem Körper schadeten, ein Ende zu setzen, bestand damals nicht erst seit gestern: Ich habe einen abgeschlossenen Bachelor in Politikwissenschaft, obwohl ich bereits im ersten Semester wusste, dass es das falsche Studium für mich ist. Ich habe mir ein Tattoo stechen lassen, das mir schon als Zeichnung nicht gefiel. Ich habe einen Podcast mit einer Freundin weitergeführt, den ich schon längst beenden wollte.

Aber ich hatte mich ja inskribiert.

Aber ich hatte ja den Termin ausgemacht.

Aber ich wollte doch eine gute Freundin sein.

Da war ich, predigte irgendwas von Leistungsdenken *depriorisieren* und war in Wahrheit das schlimmste Arbeitstier von allen. Mein Mindset war ein Muss-Muss-Muss-Mindset, getrieben von einem „Du darfst erst fernschauen, wenn du diese Episode geschnitten hast"-Motto und einem „Du kannst erst damit aufhören, wenn du krank bist"-Glaubenssatz. Ich war das Gegenteil der Person, die alles abbrach. Ich nahm *alles* mit, führte *alles* weiter. Kein Aufwand war mir groß genug, es gab immer noch eine nächste Eskalationsstufe, die ich meistern würde.

Kein Ding, kein Problem, keine Sorge.

Als mir das bewusst wurde, erkannte ich auch, von wem ich das hatte. Mein Vater war in 47 Berufsjahren nicht mehr als fünf Tage krankgeschrieben. Selbst mit einer Grippe schleppte er sich zur Arbeit, und erst recht mit kaputten Bandscheiben. Mein Vater trank jeden Abend mindestens zwei Flaschen Bier, damit er schlafen, unsere Familie ertragen und am nächsten Tag zur Arbeit gehen konnte.

„Ein Arbeiter kennt keinen Schmerz." Gefehlt hat er nie. „Stopp" gesagt hat er nie, wenn er doch noch einmal ins Büro gerufen wurde um 23 Uhr, weil irgendjemand ausgefallen oder ein Unfall passiert war. Nie hat er „Nein" gesagt, immer „Ja" – weil das Leben, eine Frau und eine Tochter viel Geld kosten. Vielleicht hätte mein Vater „Nein“ sagen können, doch dann hätten wir vielleicht das Haus nicht abbezahlen können und das hätte wahrscheinlich meiner Mutter nicht gefallen ... Und was wäre dann gewesen?

Wenn ich eines von meinem Vater gelernt habe, dann das: meine Bedürfnisse zu ignorieren. Durchzuhalten, für *was* auch immer.

Ich bin mir sicher, Kinder können noch so viel eigene Persönlichkeit mitbringen, wenn sie in einem Bedürfnisse ignorierenden Umfeld aufwachsen, werden sie ihre eigenen Bedürfnisse zu einem gewissen Grad ignorieren.

Was mir mein Vater außerdem mitgegeben hat: Freude nicht als Messlatte für Vorhaben zu nehmen und schlechte Tage zu normalisieren. Außerdem: mein Gehalt als Schmerzensgeld zu betrachten und Urlaub als Ausnahme. Das alles passte zur roten Wiener Arbeiterklasse, aus der er und seine Eltern stammten – sein eigener Vater war Bäcker, seine Mutter Putzfrau und Kindermädchen. Ich kenne aus der Kindheit meines Vaters nur die wenigen Fotos, die mir meine Oma gezeigt hat, aber ich weiß, dass sie selbst unfassbar hart arbeitete und gemeinsam mit ihren sechs Geschwistern ab dem zwölften Lebensjahr täglich auf dem Feld stand. Niemand hat sich je dafür interessiert, welche *Bedürfnisse* sie hatte. Und vermutlich hat sie sich auch nicht sonderlich dafür interessiert, welche Bedürfnisse mein Vater hatte. Es war eben am wichtigsten, fleißig zu sein und Geld zu verdienen, einen sicheren Job zu finden und für seine Familie sorgen zu können.

Die Sorgen meiner Großmutter und meines Vaters waren ganz andere, als ich sie heute habe. Sie beide sind in Armut aufgewachsen und mussten durchhalten, mussten malochen, durften nicht widersprechen. Sie fürchteten, ihre Arbeit zu verlieren und nichts anderes mehr zu finden. Für sie stand mit jeder drohenden Kündigung eine ganze Existenz auf der Kippe. Für mich nicht.

Obwohl oder gerade *weil* ich das weiß, glaube ich manchmal, dass mir meine Vorfahren diese Angst quasi genetisch weitergegeben haben, gemeinsam mit meinen Sommersprossen und den biegsamen Fingern. Sie haben Angst, wenn ich mal wieder gekündigt wurde, sie haben Angst, dass ich nie wieder eine Arbeit finde, und sie machen sich Sorgen wegen meiner Selbstständigkeit. Sobald ich daran denke, etwas aufzugeben, das mir keine Freude mehr bringt oder, noch schlimmer, mich sogar psychisch oder physisch krank macht, kickt sofort die altbekannte Angst, arm zu werden. Dabei war ich selbst nie arm. Doch mein Vater war es (als Kind und Jugendlicher), meine Mutter war es (als Kind, Jugendliche und Erwachsene), meine Großeltern waren es – auf beiden Seiten – bis zum Tod. Ich bin die Erste in meiner Familie, die theoretisch nicht ständig *mehr* machen, die eigenen Bedürfnisse ignorieren, die unrealistisch hoch gesteckten sportlichen oder beruflichen Ziele verfolgen müsste. Doch nur, weil ich ein paar Jahre durch die Gänge der Universität spaziert bin, habe ich nicht automatisch die gesamten Working-Class-Traumata und die Migrationsgeschichte meiner Familie ausgelöscht.

Ich denke an die positiven Stereotype, die den Angehörigen der Arbeiterklasse gerne zugeschrieben werden. Dass sie fleißig sind, hart im Nehmen, loyal. Dass sie wenige Ansprüche haben und dankbar sind, solange sie nach der Arbeit ihr 16er Blech trinken dürfen.

Auch ich bin fleißig, aber ich bin nicht mehr ganz so hart im Nehmen wie Papa.

Was er nicht sieht, ist, dass ich manchmal vergesse, rechtzeitig zum Arzt zu gehen. Dass ich laufe, bis meine Fußsohlen kaputt sind. Dass ich meine Bedürfnisse ignoriere, bis mich etwas trifft und k. o. schlägt. Dass ich immer alles fertig mache.

Weil ich muss, muss, muss.

Perfectionist Polly

> *„Perfectionists [...] are those whose standards are high beyond reach or reason, people who strain compulsively and unremittingly toward impossible goals and who measure their own worth entirely in terms of productivity and accomplishment."*[18] David D. Burns

Kurze Frage: Was passiert eigentlich, wenn man *endlich* seinen eigenen krankhaften Perfektionismus ablegt, aber trotzdem für andere High Achiever arbeiten muss? Und was passiert, wenn das, was man selbst als „gut genug" erachtet, für den Auftraggeber *nicht* gut genug ist?

Die Antworten darauf fand ich im vergangenen Jahr, als ich anfing für eine sehr erfolgreiche Person des öffentlichen Lebens zu schreiben. Wir hatten ähnliche Werte und setzten uns damals beide für eine progressive Gesellschaft ein. Ich durfte also für eine *krasse* Frau, eine *gebildete* Frau, eine *erfolgreiche* Frau schreiben, die genau wusste, was sie wollte. An sich ist das ja etwas Gutes – schließlich gibt es immer noch zu wenige Frauen, die sich trauen, klare Ansagen zu machen und zu ihren Anforderungen zu stehen. Nur war ich nicht *sie* und so gab es von der ersten Woche der Zusammenarbeit an gewisse Unstimmigkeiten, was die Ansprüche und letztlich das Ergebnis meiner Arbeit anging. Da, wo ich liebend gerne mit Humor, Pfeffer und Meinung arbeitete, wollte meine Auftraggeberin jede Aussage mit einer Doktorarbeit aus Oxford gestützt haben. Uff. Internetclown trifft sachliche Perfektionistin. Wie sollte das gutgehen?

Am liebsten mochte ich ihre Mails, in denen sie mir ein „Buch der Woche" vorschlug. Wann hätte ich das in den zehn Stunden, die ich pro Woche für sie arbeitete, lesen sollen? Es war gut gemeint, klar, aber vom Umfang her: unmöglich. Außer natürlich, ich hätte unbezahlte Extraschichten geschoben. Obwohl ich in dieser Zeit mehr recherchierte als jemals für irgendein journalistisches Format zuvor, bekam ich Word-Dokumente mit Anmerkungen zurück, die mich an meine Schulzeit erinnerten.

„Stimmt diese Zahl so?"

„Kannst du das nochmal nachprüfen?"

„Hast du das selbst nachrecherchiert?"

Die Korrekturschleifen zogen sich teilweise über mehrere Wochen hinweg. Jedes Mal, wenn ich glaubte, fertig zu sein, kamen neue Kommentare hinzu. Sisyphos lässt grüßen! Egal, wie lange ich an etwas saß, ich hatte am Ende trotzdem immer wieder das Gefühl, nicht genug geleistet, nicht genug gelesen, nicht genug recherchiert zu haben. Für *sie*. Dabei gab ich mir wirklich Mühe. Im Ernst. Ich suchte Originalquellen aus den 50er Jahren heraus, las unzählige wissenschaftliche Artikel und Fachbücher auf Deutsch und Englisch, zitierte so gründlich, wie ich es an der Universität gelernt hatte.

Die Konsequenz daraus war, dass ich schon an den Tagen *vor* der eigentlichen Arbeit Bauchschmerzen bekam, weil ich Angst davor hatte, was ich wieder nicht gut genug machen würde. Was meine Auftraggeberin *eventuell* finden könnte.

Ich bin kein unsicherer Mensch, aber diese Zusammenarbeit triggerte mich. Mein eigener Perfektionismus war vielleicht abgelegt, aber was brachte mir das in dieser Situation?

Nachts im Bett ging ich nochmal die Passagen durch, die ich abgegeben hatte – als ob meine Auftraggeberin die Bundeskanzlerin wäre oder Ursula von der Leyen. Als ob wir uns im Krieg befänden.

Und irgendwann habe ich dann tatsächlich einen Fehler gemacht. Bei einem Jour fixe teilte sie mir casual mit, dass ich bei einem Text nicht sorgfältig genug gewesen wäre. Ich hatte in einem Auftragspaper einen Absatz über ein Forschungsergebnis einer Institution verfasst, die nur indirekt am Zustandekommen dieses Ergebnisses beteiligt war. Es war – in meinen Augen – wirklich nur ein kleiner Fehler. Ungefähr so, als ob man ZDF mit ARD verwechselt. Es änderte nichts am Inhalt. Es wäre, wenn wir ganz ehrlich sind, vermutlich niemandem aufgefallen. Auch wenn man das natürlich nicht öffentlich sagen darf, denn der Journalismus ist *ehrwürdig* und *fehlerfrei*.

Ich aber nicht, ich bin ein Mensch und ich mache Fehler und so hatte ich mich eben einmal verschaut, nicht zum zweiten Mal in einer dritten Quelle nachgesehen, um mich zu vergewissern, dass es Institution X und nicht Institution XY war.

Meine Auftraggeberin sah das ein bisschen anders. An der Art, wie sie mir meinen Fehler mitteilte, konnte ich spüren, dass sie ein wenig enttäuscht, ja, wenn nicht gar sauer war. Schließlich hätte sie daraufhin selbst noch einmal 13 Stunden Zeit investiert, um den Text von Grund auf zu verifizieren.

13 Stunden.

Ich übertreibe nicht für die Story.

Das waren ihre Worte.

Sie sagte das mit einer Selbstverständlichkeit, mit der andere über ihren letzten Netflix-Binge-Abend berichten: „Ja, ich habe gestern Abend auch noch *Love Is Blind* in 13 Stunden durchgeschaut; völlig verrückt, diese Sache mit Cole und Zanab, wer war eigentlich die problematische Person in der Konstellation?“

Die Art, wie meine Auftraggeberin von ihren Rechercheambitionen berichtete, ließ mich erschaudern. Bis tief in die Nacht arbeiten, nur, damit dir später niemand etwas vorwerfen kann? Nichts mal „gut sein lassen“ können, nur um sich jedes Mal selbst zu übertreffen?

Nein, merkte ich, ich fand das nicht gut. Vor allem fand ich es nicht gut, dass meine Auftraggeberin ihre eigenen Overachiever-Ansprüche auf mich übertrug und (wenn auch unbewusst) verlangte, dass ich mich für sie ins Burnout arbeitete. Ein dunkler Ort, der ihr selbst nicht fremd war.

Dieser Fehler markierte den Zeitpunkt, an dem wir vermutlich beide bemerkten, dass die Zusammenarbeit für uns keine Zukunft hatte.

Ich mochte meine Auftraggeberin wirklich und ich schätze die Arbeit, die sie tut, immer noch. Ich habe ihr ehrlich und offen gesagt, dass ich die Ansprüche, wie und wie viel sie arbeitet, nicht in meinem Leben unterbringen kann und möchte, und dass das okay ist. Sie wollte sich genauso wenig auf einen Kompromiss einlassen wie ich, also wünschten wir uns alles Gute und gingen wieder getrennte Wege.

* * *

Jeden Tag sehen wir Sprüche wie „You are enough“ oder „Done is better than perfect“. Und trotzdem verlieren wir Jobs und vergraulen Auftraggebende, wenn wir mit dieser Haltung an unsere eigene Arbeit herangehen. Die überzogene Anspruchshaltung vieler Arbeitgebender ist streng an das neoliberale Leistungsstreben gekoppelt, das uns alle verunsichert. Es verunsichert uns beim Schreiben, Abarbeiten, Absenden. Denn das „Du bist nicht gut genug"-Damoklesschwert schwebt ständig über uns. Dabei frage ich mich, ob ein Text wirklich automatisch besser wird, nur, weil man ihn sieben Mal umschreibt. Ob es wirklich nötig ist, die Farben der Website noch einmal zu verändern, weil andere Farben besser passen *könnten*. Ob man wirklich *nochmal* ein Brainstorming für dieses eine Design braucht.

Natürlich hat der Agenturleiter Angst vor den Kunden und der Kunde hat Angst vor seinem eigenen Chef und der Chef hat Angst vor den Investoren und die Investoren haben Angst vor den Zahlen und so haben alle Angst. Angst davor, nicht gut genug, nicht perfekt gewesen zu sein. Und so fängt der Kreislauf immer wieder von vorne an, vom höchstrangigen Mitarbeiter eines Unternehmens bis hinunter zum kleinen Trainee, der zum dritten Mal an einer PowerPoint-Vorlage bastelt, weil die Font in H2 nicht gefällt.

* * *

Als ein zentrales Merkmal von klinischem Perfektionismus gilt die Erwartung gravierender Folgen, sollte es zu einem Fehler kommen. Eingefangen in Glaubenssätzen wie: „Wenn ich das nicht wirklich perfekt erledige, dann wird man mich nicht respektieren" oder „Nur wenn du fehlerfrei arbeitest, kannst du bestehen". Ich finde es erstaunlich, wozu Menschen bereit sind, um *befürchtete* negative Konsequenzen zu vermeiden.

Vor allem die Folgen für den eigenen Selbstwert werden in der Forschung oft hervorgehoben. Klinische Perfektionisten sind „people who set extremely high standards for performance" – also Menschen, die außerordentlich hohe Leistungsstandards setzen. Sie sind typischerweise besorgt über Fehler und messen ihren Selbstwert daran, wie gut sie diese Standards erfüllen können.[19] Solche Überlegungen rücken den Perfektionismus in die Nähe der Versagensangst („fear of failure"), also die große Sorge, aufgrund der eigenen Handlungen zu scheitern und daraufhin unterschiedliche negative Konsequenzen aushalten zu müssen.[20] Ja, am Ende sogar selbst schuld daran zu sein.

Es ist ja auch gruselig, *nicht* an oder über seine Grenzen zu gehen, sich *nicht* zu übernehmen, den Kalender *nicht* zu voll zu packen, *nicht* noch das eine Buch zu lesen. Es ist schwer, sich zu sagen: „Hey, ich werde nie alles wissen, was es über dieses Thema zu wissen gibt, und das ist in Ordnung. Ich habe trotzdem Autorität, Kompetenz und bin ein gebildeter Mensch."

Auf unterschwellige Weise habe ich natürlich auch versucht, meine Auftraggeberin zu bekehren. Ich versuchte ihr zu vermitteln, dass sie sich als Expertin auf diesem Gebiet nicht für jede kleinste Eventualität extra vorbereiten muss. Ich habe ihr gesagt, dass sie gut genug ist, mehr als gut genug sogar, aber sie wollte das selbst entscheiden, sie wollte den Absatz nochmal selbst überprüfen, sie wollte das Skript nochmal selbst überarbeiten und sie wollte um 4 Uhr morgens aufstehen, um nochmal zwei Stunden extra Recherchezeit zu haben.

Sie hielt – wie viele andere – an ihrem Perfektionismus fest, weil er sie vermeintlich vor Fehlern und vor Kritik schützte. Er schützte sie vor der eigenen Angst, unzulänglich zu sein, *menschlich*. Wovor der Perfektionismus sie nicht schützte: kompetente Mitarbeiter mit ihren internalisierten Ängsten, Ansprüchen und Sorgen zu belasten und in letzter Konsequenz: zu verlieren.

Perfektionisten streben nicht nur nach Vollkommenheit – sie leiden auch unter jeder Unvollkommenheit des eigenen Schaffens. Und ebenso oft bestrafen sie die Mängel, die andere produzieren. Perfektionismus geht zudem oft mit einem ständigen Konkurrenz-Denken einher: *„Der Anspruch, immer an erster Stelle stehen zu wollen, oft verbunden mit dem Empfinden, sich schon als Zweite minderwertig zu fühlen, sorgt für eine bleibende Anspannung.“*[21]

Was passiert nun also, wenn man *endlich* seinen eigenen krankhaften Perfektionismus ablegt, aber trotzdem für andere High Achiever arbeiten muss? Was passiert, wenn das, was man selbst als „gut genug“ erachtet, für den Auftraggeber *nicht* gut genug ist?

Ich muss mich wiederholen, denn es passiert in der Regel: nichts Gutes. Ich habe gelernt, dass für Perfektionisten zu arbeiten für meine Psyche äußerst schlecht ist. Überall sehen sie Faulheit und Makel, Störenfriedas, Bummler und Schludriane. Nur sie, sie *alleine* sind des Meisterwerks fähig, während *wir* ihre Exzellenz höchstens aus der Ferne bewundern dürfen.

Mit Perfektionisten zu arbeiten ist das Gegenteil von Anti-Work, es ist *Pro*-Work, es ist wieder zurück gehen in diese alte Welt, in der Selbstoptimierung etwas Gutes ist und Überstunden zum guten Ton gehören. Und *excuse me*, da bin ich sowas von drüber hinweg.

Reiche Eltern umverteilen

„If the math don't fit, Mom and Dad it is." Unknown

Wir waren um 20 Uhr in Kreuzberg verabredet. Ich hatte meinen Bekannten schon seit einem halben Jahr nicht gesehen, mindestens. Er wollte mir seine neue, deutsche Freundin vorstellen, ein gemeinsamer Freund aus unserer Schulzeit in Wien war außerdem mit seinem besten Kumpel dabei. Zu fünft saßen wir an diesem lauen Sommerabend draußen auf kaputten Stühlen und stellten unsere Drinks auf viel zu kleinen Tischen vom Sperrmüll ab. „Einen Moscow Mule, Gin Tonic, Kamillentee und zwei Weißweinschorlen bitte."

Das Gespräch in der Runde fing zäh an. So wie das immer ist, wenn sich eine Gruppe mit unterschiedlichen Leveln an Vertrautheit zusammensetzt und versucht, einen gemeinsamen Nenner zu finden. Der Kumpel, den ich nicht kannte, erzählte von seiner Hochzeit in Kolumbien und zeigte uns ein paar Fotos. Ich wurde auch nach meinem Liebesleben gefragt. Ich sagte, dass alles in Ordnung wäre, weil ich gerade keine Lust hatte, Details aus meinem Privatleben vor einer Gruppe Quasi-Fremder zum Gesprächsthema zu machen.

Die neue Freundin war Ende 20. Sie hatte dunkelbraune, glänzende Haare, einen ausgefallenen, trendigen Style und war mir nicht völlig unsympathisch. Wir sprachen über die neue Staffel von *And Just Like That*, ein recht unverfängliches Thema, und wie langweilig wir die Hauptdarstellerinnen enttäuschenderweise fanden. Ich wusste nicht genau, was sie arbeitete. Irgendetwas mit Kunst; ich glaubte, mein Bekannter hätte erzählt, dass sie Musik machte. Er wollte mir noch den Link zu ihrer SoundCloud schicken. Sie wäre sehr gut. *Upcoming.*

Nach ein paar Drinks fragte mich die neue Freundin, wie mir ihre Jacke gefalle. Ich wusste nicht, warum sie das tat, vielleicht war es unsere Unterhaltung über *And Just Like That*, vielleicht war sie ganz einfach daran interessiert, dass wir als Frauen bondeten – und wie ginge das besser als über Mode, oder etwa nicht?! Ich sagte ihr, dass mir Fashion ehrlicherweise nicht so wichtig sei und dass ich seit Jahren diesen grauen Trenchcoat trage, den ich gerade anhatte. Dieser Trenchcoat, von dem ich nicht einmal mehr weiß, *woher* ich ihn habe. Sie lächelte und sagte, ihre Jacke habe über 700 Euro gekostet.

Mein Gesicht entglitt mir. Das hatte ich nicht erwartet.

Sie sagte, Mode sei ihr Guilty Pleasure, etwas, das sie sich eben hin und wieder gönne. Jeden Tag, wenn sie das Haus verlässt, würde sie über diese Jacke streicheln, und wenn das nicht die kleinen Freuden des Lebens wären, *was dann*?

Ich überlegte, dass sie wohl *sehr viel* mehr verdienen müsste als ich. Wahrscheinlich war sie nebenher eine erfolgreiche Investment-Bankerin und mein Freund hatte es mir aus Schuldgefühlen gegenüber meiner prekären Situation als Autorin einfach nicht gesagt, dass sie sich über solche Dinge wie Geld keine Gedanken machen musste. Ich wollte nicht direkt nachfragen, dafür kannten wir uns zu wenig, und wie seltsam käme das, wenn ich sie ernsthaft danach gefragt hätte, wie sie sich ihr *Guilty Pleasure* als Künstlerin finanziert?

Als der Abend mit voranschreitender Uhrzeit kälter wurde, verzogen wir uns ins Innere der Bar. Noch einmal Moscow Mule, Gin Basil Smash statt Kamillentee, drei Weißweinschorlen. Jeder zahlte die eigenen Drinks, außer das Pärchen. Irgendwann bekam ich endlich ein bisschen Private Time mit meinem alten Bekannten und versuchte, die verlorene Zeit, die wir seit unserer Schulzeit nie wieder miteinander gehabt hatten, durch interessante Gespräche zu kompensieren. Doch es fiel mir nichts ein, das ich gerne erzählt hätte. Also landeten wir, wie alle Anfang 30-Jährigen früher oder später, beim Thema Wohnraum. Ein langweiliges und oftmals heikles Thema, definitiv heikler jedenfalls als *And Just Like That*.

Mein Bekannter erzählte mir, dass er mit seiner Freundin gerade in eine renovierte Vier-Zimmer-Altbauwohnung im 4. Wiener Bezirk gezogen wäre. Aber das wäre nur so „zum Übergang“. „Zum Übergang?“, fragte ich leicht angetrunken. „Wo wollt ihr denn sonst hin, ist ja sowieso schon alles zu teuer in den inneren Bezirken.“ „Na ja“, sagte er. „Maries Vater hat ihr gerade eine Eigentumswohnung in Friedrichshain geschenkt. Aber die ist noch nicht ganz fertig.“ „Wie viel?“, fragte ich, während ich in mein sich leerendes Glas blickte. „Bisschen was über 600 000.“

***

„Komm schon, Bixe, streng dich an! Dir muss bitte schön irgendetwas Innovatives zum Thema Erben einfallen für dieses Anti-Work-Buch“, sage ich mir seit *Wochen*. Und seit Wochen fällt mir: *nichts* ein. Außer diese Begegnung. Nichts Neues, das ich zum Diskurs beitragen könnte.

Als mir mein Bekannter vom reichen Vater seiner neuen Freundin erzählte, war ich nicht schockiert. Ich bin nicht vom Sessel gefallen. Ich habe ihm nicht meinen Drink ins Gesicht geschüttet und ihm dann seine SPÖ-Mitgliedschaft entzogen. Diese Information beantwortete schlichtweg die Frage zu ihrem Konsumverhalten. Sie war das „Aaaah, sie kann sich die Jacke also deshalb leisten, weil ihr Geld nicht seit Jahren in überteuerte Mieten fließt“, was mir im Dialog fehlte.

Ich war nicht scharf darauf, Details zur Immobilie zu erfragen. Auch das, was der Vater beruflich verbrach, war mir absolut egal. Es machte im Endeffekt keinen Unterschied. Denn: Wissen wir nicht ohnehin alle, dass Reichtum in Deutschland und Österreich großteils durchs Erben weitergegeben wird? Marie ist nicht die erste Person, die ich kennengelernt habe, mit einem sehr reichen Vater – und sie wird nicht die letzte bleiben. Marie ist auch nicht die einzige hauptberufliche Tochter Berlins, die so erfolgreich oder erfolglos Kunst machen oder studieren kann, wie sie will, weil es am Ende des Tages für sie *kein* Risiko, *keinen* Lohnarbeitszwang und *keine* Zukunftsängste gibt. Ich denke an Emilia Roig, an ihr Buch *Das Ende der Ehe* und den großartigen Satz: „Die Verschränkung von Kapitalismus, Patriarchat und Klassismus vergrößert die Kluft zwischen verarmten und reichen Frauen." „Ja", denke ich, „das tut sie."

Auch ich selbst befinde mich irgendwo dazwischen.

* * *

Ich muss mich von diesem Abend lossagen, Maries Jacke und ihren lüsternen Blick auf meinen alten Freund erstmal beiseiteschieben, um die Statistiken hinter der Geburtenlotterie besser kennenzulernen. Dafür lese ich ein paar Tage später das Buch *Enterbt uns doch endlich!* des deutschen Autors Yannick Haan. Ich lese es in einem Zuge durch.

Haan fragt darin, warum die Talkmasterin Anne Will nicht jeden Sonntag über das Thema Erben debattiert, warum wir nicht jedes Wochenende Massenproteste auf den Straßen erleben und Erben nicht *das* Hauptthema der sozialen Verbände in Deutschland ist. Natürlich hat Haan bei seiner umfassenden Analyse auch genau recherchiert, was die Statistiken, Fakten und Zahlen zum Thema Erbschaft hergeben. Danke, Yannick, so muss ich es nämlich nicht machen. Die Zahlen und Statistiken, die jetzt kommen, beziehen sich also ausschließlich auf Deutschland. Sorry! Aber keine Sorge: Strukturell haben wir das gleiche Problem mit dem Erben natürlich auch in der Schnitzelrepublik. Dafür braucht es keine weiteren 20 Seiten Fakten.

Ein paar Hardfacts gefällig?

- 67 % der Hochvermögenden (meint: mindestens eine Million Euro Geldvermögen) in Deutschland gaben im Rahmen einer Studie an, ihr Vermögen durch Erbschaften und Schenkungen erlangt zu haben.[22] In kaum einem anderen Land ist der Faktor Erbschaft so entscheidend für die eigene ökonomische Situation wie in Deutschland und in kaum einem anderen Land ist die eigene familiäre Vergangenheit so zentral für die eigene Entwicklung.
- Deutschland ist derzeit auf dem weltweit dritten Platz als Standort für Superreiche.[23]
- Eine Umfrage des britischen Meinungsforschungsinstituts YouGov hat ergeben, dass 70 % der Deutschen die Besteuerung von Erbschaften unfair finden. Nur jeder Fünfte befürwortet grundsätzlich eine Besteuerung von Erbschaften.[24]
- Seit den 90er Jahren wurden die Erbschaftssteuern in vielen westlichen Ländern gesenkt oder zum Teil sogar vollständig abgeschafft. So wurde die Erbschaftssteuer in Neuseeland im Jahr 1993 abgeschafft und bis heute nicht wieder eingeführt. In Österreich wurde sie 2008 abgeschafft.[25] Aber, hier habe ich als Ösi nochmal genauer hingesehen, Yannick: Bei Erbschaften oder bei

unentgeltlichen Übertragungen (Schenkungen) von Grundstücken ist in Österreich weiterhin die Grunderwerbssteuer zu entrichten.[26]

- Im Jahr 2021 gab es in Deutschland insgesamt rund 833 Milliarden Euro Steuereinnahmen. Im Jahr 2021 nahm der Staat 11 Milliarden Euro aus der Erbschaftssteuer ein. Das ist also nur ein kleiner Bruchteil der gesamten Steuereinnahmen.[27]
- Anders als oft angenommen gibt es bei der Erbschaftssteuer in Deutschland hohe Freibeträge, die nur die wenigsten Erbschaften überschreiten. Bei Ehegatten und Lebenspartnern beträgt dieser steuerliche Freibetrag ganze 500 000 Euro. Bei Kindern reduziert sich dieser dann auf 400 000 Euro.[28]
- Die Steuerbehörden haben im Jahr 2020 in Deutschland 602 Erbschaften oder Schenkungen von mehr als zehn Millionen Euro registriert – insgesamt 14,2 Milliarden Euro.[29]
- Die 127 größten Schenkungen in Deutschland mit einem Volumen von insgesamt 12 Milliarden Euro wurden im Jahr 2019 mit weniger als einem % besteuert.[30]
- Die Mehrheit in der Gesellschaft erbt nichts oder nur sehr wenig. Dagegen profitiert vor allem das reichste % der Bevölkerung von immer größeren Erbschaften. Sie können ihre Vermögen von Generation zu Generation immer stärker erweitern. Andere Bevölkerungsgruppen dagegen werden durch das Erben an den Rand der Gesellschaft gedrängt.[31]
- Rund 10 % der erwachsenen Deutschen geben an, in den zurückliegenden 15 Jahren geerbt oder eine Schenkung erhalten zu haben. Besonders oft haben die 55- bis 64-Jährigen dabei geerbt. Die durchschnittliche Höhe der Erbschaften beläuft sich auf ca. 85 000 Euro, bei Schenkungen sind es 89 000 Euro.[32]

Vielleicht ein kontroverser Gedanke, aber müssten wir uns angesichts dieser Fakten nicht eigentlich auch ein bisschen für Marie freuen? Sie ist jung und weiblich. Sie weiß, was sie will. Sie bekommt das Erbe zu einer Zeit in ihrem Leben, die im Pop-Jargon auch als „Panic Years“ oder „Rush Hour des Lebens“ bezeichnet wird. Die Zeit zwischen Ende 20 und 40, in der Frauen Karriere machen, den Traummann finden und ein bis drei Nachkommen austragen sollten.

„Frauen aus reichen Familien werden oft benachteiligt, doch sie erhalten immerhin ein Erbe und große Summen, wodurch sie finanziell unabhängig werden“, schreibt Emilia Roig. *„Frauen unterschiedlicher sozialer Klassen werden nicht gleichermaßen der Gewalt des patriarchalen Kapitalismus ausgesetzt.“*[33] Exakt. Frauen, die Vermögen erben, müssen sich nicht auf dem Heiratsmarkt nach einem passenden Ehemann umsehen, sie können auf die Karriere als Tradwife (mehr zu ihnen im Kapitel 2 „Und was arbeitet eigentlich dein Mann?“) verzichten und ein Leben führen, das in vielerlei Hinsicht ihren Interessen, und nicht jenen irgendeines externen Kapitalgebers oder Arbeitgebers, entspricht. Marie kann also Kunst machen, ihre Musik weiterentwickeln und unter den Bedingungen releasen, die für sie in Ordnung sind. Damit erspart sie sich ein dickes Stück Gewalt in der Musikindustrie. Sie hat durch die vorgezogene Erbschaft in gewisser Weise Macht über sich selbst und ihre eigene Existenz erlangt. Marie hat die patrilineale Erbschaftsfolge, bei der das Kapital historisch bedingt in männlichen Händen bleibt, umgangen.

Damit unterscheidet sie sich auch von den deutschen Erbenden, die, wie in der Statistik aufgezeigt, erst in ihrem letzten Lebensdrittel erben und dann auch „nur“ eine Summe von circa 85 000 Euro. Also, falls sie bis dahin überhaupt leben und nicht an den Folgen von Armut, psychischen Erkrankungen oder Alkoholismus gestorben sind. No offense, aber wer heute kurz vor der Pension 85 000 Euro erbt, ist für mich nicht übermäßig privilegiert – denn das *gute* Leben in einem gesundheitlich einwandfreien Zustand ist dann für die meisten Arbeitenden passé. Wer heute kurz vor der Rente erbt, kann sich damit im Alter außerdem auch keine Wohnung mehr kaufen. Klar, es ist besser, 85 000 Euro zu erben, als mit leerem Konto in die Altersarmut zu schlittern, aber es hilft dem polarisierenden Diskurs auch nicht, alle Menschen, die jemals *irgendeine* Summe Geld – und wenn es 8000 Euro sind – erben werden, pauschalisierend, homogenisierend und reduzierend als „Erben“ zu bezeichnen. Ganz einfach deshalb, weil dieses Wort mit *sehr* großem Reichtum, Privilegien und Luxusansprüchen assoziiert wird.

Ist Paris Hilton eine Erbin oder „self-made woman“? Ist deine Nachbarin Gertrude, 77, genauso eine Erbin, weil ihr die Mutter ein funktionierendes Auto von VW hinterlassen hat? Bin ich eine Erbin, weil ich vielleicht irgendwann in meinen 60ern ein Haus erben werde, außer mein Vater heiratet in naher Zukunft eine 40 Jahre jüngere Frau, was im Patriarchat ja nicht ganz ungewöhnlich wäre, oder verkauft die ganze Hütte doch noch, um seinen Lebensabend in Thailand zu verbringen? Ich habe kurz überlegt, mein eventuelles Erbe überhaupt zu offenbaren, weil das kaum jemand aus der Kunst- und Literaturbranche macht. Es ist ein absolutes Tabu. Doch wie soll ich über dieses Thema schreiben und dann ausgerechnet diesen Fakt verschweigen? Trotzdem fühle ich mich verpflichtet, etwas zu meiner „Verteidigung“ zu sagen, bevor die Kommentare auf mich einschlagen: Mein Vater kommt aus der Arbeiterklasse und hat nicht auf vererbtes Vermögen zurückgegriffen. Meine Mutter ist in der ČSSR (Československá

Socialistická Republika) aufgewachsen und hatte ebenfalls nie Zugriff auf ein Erbe, geschweige denn auf Vermögen. Ich bin also die Erste meiner Familie, die das haben wird.

Es hat mich ehrlich gesagt ein wenig gewundert, wie hart Yannick Haan mit sich selbst ins Gericht geht, als ob er persönlich schuld sei an der Existenz der Arm-Reich-Schere. Er lebt in Berlin-Kreuzberg in seiner Eigentumswohnung und vermietet zusätzlich eine kleine Wohnung.[34] Don't get me wrong, aber eine Eigentumswohnung kostet im Monat auch – je nach Größe – zwischen 400 und 1000 Euro an Betriebs- und Verwaltungskosten, die erstmal wieder im Kapitalismus verdient werden müssen. Und eine kleine Wohnung, die regulär, unmöbliert und legal vermietet wird, bringt in der Regel sicherlich nicht den Ertrag, von dem man sich ein Leben in Saus und Braus ohne Lohnarbeit gönnen könnte. Von den Verwaltungskosten und Mieterstreitigkeiten mal ganz abgesehen. Also: nichts da mit Entspannen und Zurücklehnen für die sogenannte Mittelschicht. Tatsächlich bleibt sogar beim Bezug des Bürgergelds während der Karenzzeit in den ersten sechs Monaten selbst genutztes Wohneigentum bei der Ermittlung des erheblichen Vermögens unberücksichtigt. Und auch nach Ablauf der Karenzzeit ist das selbst genutzte Wohneigentum nicht als Vermögen zu berücksichtigen, wenn die Fläche bei einem Hausgrundstück 140 m^2 und bei einer Wohnung 130 m^2 nicht übersteigt.[35] Schließlich kann man *von* der Wohnung, in der man selbst lebt, nicht leben – man besitzt also kein verwertbares Vermögen.

Ich weiß nicht mehr, ob es Marx war oder jemand anderes, aber irgendwo in meinem Studium ist mir der Satz untergekommen, dass man erst dann so richtig zu den Kapitalisten zählt, wenn man wie bei Monopoly eine ganze *Straße* besitzt, und nicht ein kleines Häuslein, das man selbst bewohnt. So sehe ich das auch: Ein Kapitalist ist erst ein Kapitalist, wenn er sein Vermögen für sich arbeiten lässt. Und so ähnlich sieht es scheinbar auch der deutsche Rechtsstaat: Erben ist eben nicht gleich erben.

* * *

Ich kann mir gut vorstellen, dass die allgemein fehlende Differenzierung beim Thema Erben auch dazu führte, dass sich Marie mir gegenüber nicht sofort geöffnet hat. Sie wollte nicht als Schmarotzerin, Nutznießerin oder Erbin *gesehen* werden. *„Wer von der eigenen Armut oder dem eigenen Reichtum spricht, dem wird meist kein großer gesellschaftlicher Beifall zuteil“*, schreibt Haan. *„Im Gegenteil: Oft wird die Offenheit in der politischen Debatte als Angriffsfläche gegen die entsprechenden Personen genutzt. Der Armut hängt der Loser-Stempel an und wer den eigenen Reichtum thematisiert, gewinnt damit eher keine Sympathie.“*[36]

Wer zugibt, geerbt zu haben, muss sich laut Teresa Bücker zudem *„auf einer Landkarte der ökonomischen Ungleichheit und Ungerechtigkeit verorten und der eigenen Position auf dieser Karte und den Distanzen zu anderen ins Auge sehen“*.[37] Wer erbt, muss sich eingestehen, einen ungerechtfertigten Vorteil erlangt zu haben. Er wird sich fast zwangsläufig von den meisten unterscheiden. Mehr Freizeit – und weniger Lohnarbeitszwang. Niemand möchte die verwöhnte „Prinzessin“ sein, die nur deshalb Kunst macht, weil sie nicht arbeiten *muss*. Niemand möchte das Gefühl haben, sich ausgerechnet durch so etwas Ekliges wie Geld von seinem engsten Umfeld abzuheben.

Es reicht nicht, dass wir uns nur darüber *aufregen*, dass niemand #ausgründen über seinen Gewinn in der Geburtenlotterie spricht. Wir brauchen konkrete Lösungen, nicht nur dafür, was das tatsächliche, rechtliche Erben, sondern auch das *Reden* darüber angeht.

Vielleicht sollten Arbeitnehmende neben ihrem Jobtitel auf LinkedIn verpflichtend Papas Beruf und jährliches Income angeben müssen, bevor sie sich als *self-made-(wo) men* inszenieren. Vielleicht sollte es auf Universitätszeugnissen ein Feld neben der „Gesamtnote" geben, in dem die Person, die das Studium finanzierte, eingetragen werden muss. Bei mir waren das (zum Großteil) meine Eltern. Ich habe auch die gesamte Zeit über kostenlos bei ihnen gewohnt. Vielleicht sollte jede Person, die sich um ein Kunststipendium bewirbt, erstmal ein Familienfoto beifügen. Nur für den Fall, dass es sich bei den Eltern um Laurie Simmons, Kevin Bacon oder André Heller handelt.

Vielleicht wäre das fair, um den eigenen Vorteil zumindest für andere *sichtbar* und somit eine gerechtere Beurteilung der eigenen Startposition möglich zu machen. Es gäbe weniger Heimlichtuerei, weniger Lügen und stattdessen: Transparenz für alle. Schön, oder? Das hieße dann zwar immer noch nicht, dass automatisch mehr Kinder aus armutsbetroffenen Verhältnissen an Kunsthochschulen aufgenommen werden würden, aber es könnte theoretisch eine Quote geben, die sich an den transparent gemachten Parametern orientierte. Denn genau diese Parameter indizieren in der Regel auch, *wer* später einmal erben wird.

Was aus meiner Sicht auch fair wäre, ist eine Reichtums-Obergrenze, wie sie bereits von vielen Aktivistinnen gefordert wird. *Kein* Mensch braucht mehr als – sagen wir konservativ gesprochen – fünf Millionen Euro Nettovermögen. Niemand sollte mehr als zwei Häuser oder Wohnungen besitzen dürfen. Wie viele Probleme würden sich erledigen, von Kinderarmut bis Wohnungsknappheit, wenn der vorhandene Reichtum schlichtweg fairer verteilt würde? Es *ist* verdammt nochmal genug für alle da.

* * *

Da das Enteignen rechtlich betrachtet bekanntlich eher schwierig ist, braucht es weitere Möglichkeiten, um reiche Eltern umzuverteilen – ohne sich von einem Prinzen adoptieren zu lassen. Und die gibt es.

Erstens: die vielverlangte Reform der Erbschaftssteuer. Fakt ist: Das deutsche Bundesverfassungsgericht hat das derzeitige System bereits teilweise als verfassungswidrig eingestuft, weil es den Anforderungen des Gleichheitssatzes aus Art. 3 Abs. 1 GG (Alle Menschen sind vor dem Gesetz gleich.) nicht genügt.[38] Allerdings hat sich die Besteuerung von Erbschaften seither trotz allem nicht grundlegend verändert, im Gegenteil. Die deutschen Bundestagsparteien konnten sich selbst nach dem Urteil des Gerichts zu keiner grundlegenden Erbreform durchringen. Privilegien für Superreiche ohne Konsequenzen? Ja, leider schon.

Dabei sollte es eigentlich nicht so sein, dass Vermögen im Vergleich zu Arbeit in Deutschland und Österreich derart niedrig besteuert wird. Dass die Einkommenssteuer einer Pflegerin um ein Vielfaches höher ist als die Steuern, die die Geissens für ihr Vermögen zahlen. Denn, Funfact: Es wird aktuell weder in Deutschland noch in Österreich eine Vermögenssteuer erhoben.

Ich wiederhole hier auch nur, was andere sagen, aber: Wir können es uns als Gesellschaft, die auf eine Klimakatastrophe zusteuert, schlichtweg nicht *leisten*, weiterhin ausgerechnet die Reichen und Vermögenden beim Steuerzahlen auszuklammern, während sie mit ihren Privatjets nach Sylt fliegen und sich über Geringverdiener lustig machen.

Yannick Haan findet deshalb – und hiermit wären wir bei zweitens: Wir brauchen ein Grunderbe, und zwar dringend. Die Idee ist einfach: Mit 18 Jahren erbt jeder 20 000 Euro vom Staat. Das staatliche Erbe kann dann für ein Studium, eine Ausbildung, Investitionen oder Ähnliches ausgegeben werden. Das Geld steht jedem, unabhängig von der finanziellen Situation der Eltern, zur Verfügung. Mein Ergänzungsvorschlag: Trans und nonbinäre Personen sowie behinderte Menschen sollten zu ihrem 18. Geburtstag jeweils 30 000 erben, cis-Frauen 20 000 Euro und cis-Männer 10 000 Euro. BIPoC sollten geschlechtsunabhängig einen weiteren angemessenen finanziellen Zuschlag erhalten, der zum Ausgleich vom Konto eines nicht-behinderten cis-Mannes mit glücklich verheirateten Eltern abgezogen wird. Natürlich ist das nur ein Vorschlag, eine Idee, die außerhalb dieses Buchs weiterdiskutiert und auf ihre Schwächen untersucht werden sollte. Denn was Haan *nicht* bedenkt, ist, dass es neben der klassistischen und kapitalistischen Komponente auch noch die race-, ability- und gender-Ebene gibt, die zu Diskriminierung führt. Sprich: Wir starten auch mit 20 000 Euro für alle *nicht* mit denselben Bedingungen. Menstruierende verlieren im Laufe ihres Lebens viele wertvolle Jahre, weil sie sich mit gynäkologischen und psychischen Krankheiten, Schwangerschaften, Geburten, Abtreibungen oder postnatalen Depressionen beschäftigen müssen. Nach wie vor gibt es den Gender-Pay-Gap, die Motherhood Penalty und Sexismus. Laut dem Global-Gender-Gap-Bericht des Weltwirtschaftsforums (WEF) werden wir erst in circa 130 Jahren gleichberechtigt leben. Schwarze Menschen müssen trotz täglicher rassistischer Angriffe doppelt so viel leisten wie ihre *weißen* Kolleginnen, um irgendwo hinzukommen, und sich ihre Kritik an diskriminierenden Strukturen dabei oft auch noch verkneifen. Von den Hindernissen, denen behinderte Menschen online wie offline begegnen, gar nicht erst angefangen. Ich habe schließlich wenig oder höchstens angelesene Ahnung davon. Was ich aber weiß: All das *muss* ausgeglichen werden. Wie? Ein Grunderbe in einer Höhe von im Schnitt 20 000 Euro würde die Bundesrepublik jährlich etwa 15 Milliarden Euro kosten. Parallel werden jährlich etwa 400 Milliarden Euro vererbt oder verschenkt, die derzeitig rund acht Milliarden Euro Steuereinnahmen bringen.[39] Also her mit dem verdammten Erbe!

Wir brauchen also Maries Daddy für alle Menstruierenden, damit es endlich auch für Schwarze Frauen aus der Arbeiterklasse eine Rettung aus der patriarchalen, rassistischen, kapitalistischen Hölle gibt, die sich Alltag nennt. Wir brauchen Maries Daddy für armutsgefährdete Kinder, Alleinerziehende, alte Menschen, Wohnungslose, Immigranten und all jene Menschen, die mehrfach von den genannten Strukturen negativ betroffen sind.

Mit 30 000 Euro könnten Betroffene ihre dysfunktionalen Familien früher verlassen und sich in Therapie begeben, sie müssten nicht erst warten, bis sie sich in der Corporate-Welt für ein bisschen Geld kaputtgemacht haben, um dieses dann mit Anfang 30 in ihr längst überfälliges „Self-Care-Programm" zu investieren.

Die Welt wäre verschoben, zugunsten der Marginalisierten, Kolonialisierten und Ausgebeuteten – kurz: zugunsten derjenigen, die am stärksten unter unserem derzeitigen Wirtschaftssystem leiden und malochen müssen. Eben die, die es am meisten verdient hätten, Cash zur Geburt zu erhalten.

***

Es war 2 Uhr nachts. Marie und mein Freund machten sich auf den Heimweg. Sie riefen ein Taxi, sie wollten um diese Uhrzeit nicht mehr U-Bahn fahren. Ich fragte mich, ob sich Marie über das Thema Erben Gedanken macht oder ob sie sich vollkommen *selbstverständlich* in dieser privilegierten Position befindet, die ihr als Frau im Kapitalismus so viel Spielraum wie nur möglich zur Verfügung stellt. Ich überlegte kurz, ihr zur Wohnung zu gratulieren, verkniff es mir dann aber doch. Ich wusste nicht, wie das Verhältnis zu ihrem Vater ist und war. Wie viel sie weinen, versprechen oder psychisch über sich ergehen lassen musste, um diese Wohnung zu bekommen. Vielleicht fühlte sie sich schuldig. Verpflichtet, ihm zu beweisen, dass sie es auch ohne sein Geld geschafft hätte, nur, dass Marie für dieses Experiment kein zweites Leben zur Verfügung gestellt wird.

Wir werden nie wissen, was ohne die Schenkung aus Marie geworden wäre. Ob sie mit meinem Freund zusammengekommen wäre oder sich bei der Partnerwahl weiter nach oben orientiert hätte. Ob sie darüber nachdenken würde, Kinder zu bekommen, ohne sich eine Nanny leisten zu können. Ob sie auch so unbeschwert und glücklich dagesessen hätte, an diesem lauen Sommerabend, in ihrer 700-Euro-Jacke, wenn sie gewusst hätte, dass sie am Montag wieder ranmuss, mit Regelschmerzen und Geldsorgen, um einen Job zu machen, den sie hasst. Ohne Aussicht auf echte Erholung in den kommenden 50 Jahren. Ich weiß nicht, ob sie mich gefragt hätte, wie ich ihre Jacke finde, wenn sie 40 Euro gekostet hätte.

Vielleicht wären wir Freundinnen geworden.

Und was arbeitet eigentlich dein Mann?

Jeden Januar gibt es diese Phase, in der ich anfange alte Folgen von *Sex and the City* zu rewatchen. Wie schon so viele Autorinnen vor mir feststellen mussten, bin jetzt auch ich genau in dem Alter der Protagonistinnen. Die Männer, die Carrie, Charlotte, Samantha und Miranda daten, sind jetzt nicht mehr alle steinalt. Die meisten von ihnen haben sogar Jobs, etwas, das ich früher glatt übersehen hatte, denn bei meiner eigenen Männerauswahl achtete ich ganz offensichtlich nicht darauf.

Mir waren andere Dinge wichtiger. Zum Beispiel, ob er eine Gitarre hatte, mit der er mir seine rudimentären Kompositionen vorspielen konnte. Schöne Haare zählten mehr als Schulabschlüsse. Ein Gästelistenplatz im Flex? Marry me! Ich lebte das Klischee des Indie-Girls, für das Gefühle alles und Geld nichts bedeutete. Ich fühlte mich sehr rebellisch, wenn ich mit Kiffern in ihren Kinderzimmern Weed rauchte. Für meine innere Hermione Granger stellte dieses Parallelleben eine gewollte Abwechslung zu meinem ständigen Streben nach mehr dar. Einen Ort, an dem ich loslassen, frei sein, ja, ich *selbst* sein konnte.

Die Männer, die ich liebte, wollten nie viel und ich fand das sehr erfrischend. Sie kellnerten in Pizzerien, arbeiteten in Supermärkten, fuhren Autos von A nach B, bauten an oder dealten. Ich fand das romantisch, diese Liebe, frei von materialistischen Zwängen. Es hatte was von Lana Del Rey, aber in Wien-Donaustadt. Da hätte keiner gedacht: „Die bleibt nur in dieser Beziehung wegen dem Geld." Mit Ende 20 machte es mir nichts aus, mehr zu verdienen als er – und ihm auch nicht. Dieser vermeintlich hochkontroverse, feministische Diskurs hatte *uns* auf wundersame Weise nicht erreicht.

Der Mann möchte oder kann gerade nicht arbeiten? Okay, kein Problem für mich. Ich bin eine verantwortungsbewusste, selbstständige Akademikerin, die ihre Bedürfnisse allein befriedigen, ihre Miete zahlen, ihre Rechnungen begleichen kann. Ich habe genügend Jobs für uns beide!

Die Sache mit der Emanzipation ist doch genau dafür da, oder nicht? Um frei lieben zu können. Um meine Männer *nicht* danach auszusortieren, was sie studiert haben, wie viel sie verdienen und in welcher Position sie arbeiten. So zu entscheiden, ist etwas für Opportunistinnen. Kapitalistinnen. *Hausfrauen*.

Ich fand mich *sehr* feministisch.

Nicht jeder Mann möchte schließlich die Rolle des Versorgers einnehmen, nicht jeder Mann ist dafür gemacht, hinauszugehen in die große weite Welt der seelenlosen Unternehmensflure. Manche Männer möchten Hausmann werden, Vollzeit-Vater sein und sich „hinter den Kulissen" um den Mental Load der Familie kümmern. In der Theorie. In der Praxis gab es genau dabei ein Problem: Die Männer, die ich kennenlernte – und es waren mehr als drei –, wollten weder das eine noch das andere. Sie wollten weder Karriere machen noch den Haushalt, weder Präsentationen halten noch Babys.

Sie wollten nicht viel und genau das war es doch, das mir so gefiel – oder etwa doch nicht?

Mit Anfang 30 bemerkte ich, dass es in meinem Umfeld nur noch zwei Arten von Beziehungen gab: die mit Double Income und die ohne. Die Paare, die sich gemeinsam die erste Eigentumswohnung leisteten – und die anderen. Ich war gewohnheitsbedingt in der zweiten Kategorie gelandet. Und obwohl ich dachte, dass mir das nichts ausmachte, dass ich emanzipiert genug wäre, meine Existenz im Spätkapitalismus auch alleine zu stemmen und mein Ego beiseiteschieben zu können, fühlte ich mehr und mehr dieses unangenehme Gefühl in meiner Brust, wenn andere Frauen von „ihrem“ Mann sprachen oder mir Nachrichten wie diese auf Telegram schickten:

„Ich bin 32, verheiratet und hab einen Chihuahua, er wird bald zehn. Ich bin vor wenigen Monaten nach Sizilien gezogen und mache nichts außer Italienisch lernen und die Gegend fotografieren. Manchmal habe ich Angst, in die Schublade ‚Tradwife‘ gesteckt zu werden.“

Einfach mal ein Jahr Italienisch lernen und sonst nichts tun? Meine Güte, packte mich der Neid! Und er packte mich immer häufiger. Wo kamen plötzlich all die „unabsichtlich da reingerutschten“ Hausfrauen her, die sich nach einem Burn-out in der Festanstellung auf ihrem Ehemann ausruhen konnten? Ich kannte das nur von den Vorstadtmüttern aus meiner Kindheit, die gar nicht oder in Teilzeit lohnarbeiteten und sich hauptsächlich darum kümmerten, Elisabeth und Johannes zum Sportunterricht zu fahren.

Ja, alle hatten Burn-outs. Aber nicht alle hatten gutverdienende Ehemänner. Da war plötzlich ein *Gap*.

Dass diese traditionelle Rollenverteilung *ausgerechnet* in meiner ach so aufgeklärten Generation ein Revival feiert, war zunächst ein Schlag ins Gesicht für mich. Ich wunderte mich sehr. Andererseits konnte ich die Entscheidung, eine Weile einfach mal nichts zu machen, nach meinen eigenen Erfahrungen im Erwerbsleben sehr gut nachvollziehen.

* * *

Die Renaissance des traditionellen Hausfrauenlebens hat inzwischen ihren eigenen Hashtag.

Unter #Tradwife – die Abkürzung für „traditional wife" – findet man auf TikTok jede Menge Videos, in denen sich junge Frauen als ergebene Mütter und hörige Hausfrauen inszenieren und ihren Followern erklären, warum sie den Feminismus für gescheitert halten. Er sei letztlich daran schuld, dass dem Mann die Rolle des Alleinverdieners streitig gemacht und Frauen in stumpfsinnige Bürojobs gedrängt würden.

Auf TikTok gehört die 25-jährige Estee Williams[40] aktuell zu den bekanntesten Tradwife-Influencerinnen. In einem Clip erklärt sie, was der Begriff für sie bedeutet: „Eine Tradwife ist eine Frau, die sich dafür entschieden hat, ein traditionelles Leben mit ultratraditionellen Geschlechterrollen zu führen. Der Mann geht raus, arbeitet und versorgt die Familie. Die Frau bleibt zuhause und kümmert sich dort."

Während sich Tradwives mitunter im Stil der 1950er Jahre kleiden und – wie der Name schon sagt – verheiratet leben, sind Frauen des *moderneren* Ablegers „nur" die Girlfriends reicher Dudes. Optisch erinnern Stay-at-home-Girlfriends oft an Kylie Jenner, inklusive Lip-Fillern und schulterfreien Crop-Tops. Doch: Tradwives und Stay-at-home-GFs verfolgen dieselbe Ideologie, nur halt in unterschiedlichen Outfits.

Trotz meiner an-sozialisierten Abneigung gegen diesen Lebensstil wundert es mich nicht, dass der Tradwife-Trend ausgerechnet jetzt aufkommt. Der Boden, der die rückwärtsgewandte Sehnsucht nach einem „einfachen Leben" als Hausfrau nährt, sind Beschäftigungsunsicherheit und Überlastung. Was sich am Ende vieler Tradwife-Videos zeigt, ist eine grundlegende Skepsis gegenüber weiblichem Empowerment und die Haltung, dass Frauen dadurch – anders als versprochen – nicht selbstbestimmt und befreit, sondern unterbezahlt und überarbeitet zurückgelassen wurden.

„Frauen verdienen weniger, übernehmen gleichzeitig den Großteil unbezahlter Sorgearbeit, sind im unteren Lohnsegment überrepräsentiert und geraten in Zeiten wirtschaftlicher Krisen härter unter die Räder“[41], schreibt Astrid Zimmermann im *Jacobin Magazin*. Und: Das Armutsrisiko für Frauen ist höher, weil sie sich um Kinder und pflegebedürftige Angehörige kümmern. So arbeiten in Deutschland etwa 66 % aller erwerbstätigen Mütter in Teilzeit, unter erwerbstätigen Vätern sind es gerade einmal 6,4 %.[42]

Fakt ist: Die politischen Schlussfolgerungen, die Frauen aus dieser geteilten Leiderfahrung ziehen, fallen offenbar verschieden aus. Für manche gewinnt das reaktionäre Ideal von Heim und Herd dann eben neuen Glanz, wie Astrid Zimmermann treffend schreibt. Andere landen wider ihre ursprünglichen Ideale in der Nähe der Tradwife-Schublade – und schämen sich dafür.

Wenn *ich* mich also schuldig fühlte, Männer ohne Einkommen zu daten, und sich Frauen schuldig fühlten, von Männern mit Einkommen abhängig zu sein – was war dann unser Middle Ground? Genau: die Schuld. Egal, wie wir Frauen es machen, es ist falsch. Sind wir Alleinverdienerinnen, haben wir in den Augen unserer Freunde und Familie einen „Loser“ gewählt, der nicht genug zu bieten hat. Selbst schuld! Heiraten wir einen Mann, der mehr verdient als wir und uns ein schönes Leben ermöglicht, sind wir abhängig, devot. Tradwife!

* * *

Wieso war es so anstrengend, emanzipiert zu sein? Warum musste ich alles immer *selbst* schaffen, *selbst* machen, *alleine* gebacken kriegen – während Frauen um mich herum sehr wohl fähig waren, Hilfe anzunehmen? Frauen wie jene in meiner Telegram-Community-Gruppe gaben mir subtil das Gefühl, mich falsch entschieden zu haben. Als ob ordentliche Provider-Husbands auf Vorrat im Supermarkt verfügbar wären: Du musst sie nur in deinen Einkaufswagen für ein perfektes Leben legen. Wenn nicht, bist du selbst schuld.

Haben wir denn wirklich eine Wahl, wenn es darum geht, sich zu verlieben? Sollte ich nur noch Kandidaten nach rechts swipen, die ihren Jobtitel offenbarten? Sollte ich mehr zu Charlotte aus *Sex and the City* werden, die vor dem zweiten Date den Kontostand und Adelstitel ihres Zukünftigen abcheckte? Die aspiring Vorstadthausfrau? Oder sollte ich mir langsam eingestehen, eine Frau zu sein, die sich gelegentlich fallen lassen wollte? Die es *satt*hatte, für alles allein verantwortlich zu sein?

Die Antwort überraschte mich zunächst selbst, denn sie stand im krassen Gegensatz zu meinen Idealen. Ja, tatsächlich: Ich wollte einen Mann, der Geld verdiente. Denn jetzt müssen wir ehrlich sein und das Gelernte wiederholen: Frauen verdienen weniger[43], übernehmen gleichzeitig den Großteil unbezahlter Sorgearbeit[44] und sind im unteren Lohnsegment[45] überrepräsentiert.

Laut dem österreichischen Gender-Gesundheitsbericht 2019[46] erkranken Frauen außerdem doppelt so häufig an Depressionen wie Männer. Aus der Genderperspektive sind Frauen aufgrund der stärkeren Armuts- und Ausgrenzungsgefährdung und ihrem gesellschaftlich niedrigeren Status zudem grundsätzlich einem höheren Erkrankungsrisiko ausgesetzt als Männer. Einflüsse auf ein erhöhtes Depressionsrisiko ergeben sich auch durch geringe soziale

Unterstützung (Frauen häufiger als Männer), belastende Partnerschaften (Frauen häufiger als Männer) sowie durch (Mehrfach-)Belastungen für Alleinerziehende (Frauen häufiger als Männer).[47]

Truth be told: Männer machen Dreck. *Viel* Dreck. Mit oder auch ohne Job. Wir haben also die Wahl zwischen Dreck mit Karriere und Dreck ohne Karriere, und wenn ich ehrlich bin, würde ich mich heute, mit Anfang 30, lieber für den Dreck mit Karriere entscheiden, der wenigstens ohne mit den Wimpern zu zucken den TÜV fürs Auto bezahlen kann.

Will ich jetzt deswegen zur Tradwife werden? Nein, ganz sicher nicht.

Denn Tradwives arbeiten nicht *nicht*. Sie verrichten unbezahlte Haus- und Carearbeit, während sie einem Mann den Rücken freihalten. Sie arbeiten außerhalb eines Arbeitnehmerverhältnisses und haben somit auch keinen Anspruch auf jene Benefits, die eine sozialversicherungspflichtige Beschäftigung mit sich bringt.

Die Lohnarbeitsfreiheit der Tradwives beruht im Worst-Case-Szenario auf dem guten Willen ihres Ehemanns – und kann theoretisch jederzeit enden. Unter diesen Voraussetzungen sind sie de facto: weder frei noch klassisch arbeits-los. Ich habe auf Insta und TikTok selten etwas gesehen, das weniger mit Anti-Work zu tun hat als ein Stay-at-home-Girlfriend. Sie ist unpolitisch und hat keinerlei Gespür für die faktische Arbeit, die sie für einen Mann und ihre Familie verrichtet. Sie macht sich für die nächsten 60 Jahre abhängig – zwar nicht von einer Arbeitgeberin, dafür von einem Mann. Fragt sich, was schlimmer ist.

Obwohl sich die beiden Abhängigkeiten meiner Meinung nach schwer vergleichen lassen, würde ich persönlich trotzdem sagen: Die Abhängigkeit von einem Mann ist schlimmer als die Abhängigkeit von einem Job, denn sie betrifft nicht nur die finanzielle Abhängigkeit.

Anti-Work bedeutet hingegen, nicht abhängig sein zu wollen. Weder von der Gütigkeit eines Mannes noch eines Arbeitgebers. Doch was tun, solange Lohnungleichheiten bestehen und das staatliche Sicherheitsnetz eben nicht ausreicht? Solange es weder ein bedingungsloses Grundeinkommen noch ein Grunderbe gibt?

Ich wollte vielleicht keine Tradwife, aber doch ziemlich sicher etwas anderes als eine alleinerziehende Mutter eines 26-jährigen Kindes werden. Einmal „double income, no kids“ bitte! So sah für mich Gleichberechtigung aus. Ich hatte genug von den selbst bezahlten Restaurantrechnungen und dem ständigen Sparen. Ich hatte genug von der Liebe im Prekariat gesehen, um sagen zu können: „Ich will das nicht mehr.“

Ich will mir nicht für den Rest meines Lebens Gedanken machen, was passiert, wenn die Waschmaschine kaputtgeht, wenn ich krank werde und die Miete nicht mehr zahlen kann. Was passiert, wenn ich Krebs oder Kinder bekomme. Klar weiß ich, dass mir kein Mann mit Geld Sicherheit fürs Leben garantieren kann. Aber das kann der Mann ohne Geld ja auch nicht.

Da war ich also, die schlechte Feministin, die ihre Ideale für Urlaube, schöne Restaurants und Möbel von HAY verscherbelte. Da war ich: *meine Mutter*. Die Vorstadtfrau, die sich nachmittags mit einem Buch auf der Veranda sonnen möchte, ohne ein schlechtes Gewissen zu haben.

Da war aber auch: die Frau, die ihre Vorstellungen von Gleichberechtigung noch einmal hinterfragte. Eine Frau, die sich erlaubte, nicht mehr die komplette Verantwortung auf ihren Schultern zu parken, bis sie nachts mit Panikattacken aufwacht. Eine Frau, die weiß, dass Männer mit

Job genauso liebenswert sind wie die ohne. Dass es mehr Spaß macht, die Rechnung auch mal von jemand anderem begleichen zu lassen, statt die feministische Märtyrerin zu spielen.

Die Sache mit der Emanzipation war sicher nicht dafür da, am Ende finanziell, emotional und spirituell draufzuzahlen. Denn dann kann ich gleich allein bleiben.

* * *

Während die Anti-Work-Bewegung nach dem Third-wave-Feminismus stattfindet und von ihm geprägt ist, orientieren sich Tradwives weiter in der Vergangenheit, was sich auch an deren antifeministischen Weltanschauungen zeigt. Deshalb ist es umso verwunderlicher, dass Feministinnen mit Anti-Work-Haltung häufig in die Nähe von Tradwifes gerückt werden. Dabei ist der offensichtlichste Unterschied der: Frauen mit Anti-Work-Haltung wollen nicht *nicht* lohnarbeiten, damit sie dann anderswo unbezahlt arbeiten.

Es wäre also absolut nicht im Sinne der Anti-Work-Bewegung, Frauen unbezahlt zurück an den Herd zu schicken, nur weil sie ohne klassische Lohnarbeit plötzlich mehr Kapazitäten haben. Viel mehr möchte die Anti-Work-Bewegung unabhängig vom Geschlecht die Ideologie der Karriereleiter aufbrechen, gegen Lohnungleichheiten ankämpfen und die staatlichen Sozialleistungen ausbauen, um Arbeitenden und Arbeitnehmenden Optionen fernab eines Lebens von Paycheck zu Paycheck zu bieten. Ein *richtiges* Leben eben.

Italienisch lernen, malen, schreiben, Kunst und manchmal auch nichts machen. Und genau das ist *nicht* möglich, wenn wir weiterhin für alles selbst aufkommen müssen. Die volle Miete, den ganzen Tank, sämtliche Versicherungen, jedes Möbelstück, den gesamten Supermarkteinkauf.

Ich will mich nicht darüber definieren, was „mein Mann" arbeitet. Ich will aber auch keinen Nachteil gegenüber anderen haben, die bei der Kalkulation ihrer Lebensentscheidung auf ihre Ingenieurs- und Anwalts- und CEO-Ehemänner zählen. Jene, die unbeschwert Bücher schreiben, Kunst machen und Wohnzimmer renovieren, weil sie sich die Rechnungen mit einer zweiten Person teilen. Jene, die keinen ekeligen Corporate-Job annehmen müssen, um neue Autoreifen kaufen zu können.

Wäre *das* Feminismus: auf Privilegien zu verzichten, für den gesellschaftlichen Fortschritt? Für ein Statement? Für den eigenen Stolz? Für das Wissen, dass man es allein auch geschafft hätte?

Das habe ich. Das würde ich. Wenn es darauf ankommt: Immer.

Nicht der Feminismus ist gescheitert, sondern der Kapitalismus. Solange strukturelle Ungleichheit besteht und Frauen auf dem Arbeitsmarkt diskriminiert werden, können wir noch so sehr danach streben, unabhängig, machtvoll und reich zu sein. Wir können es versuchen, ja. Ohne die Unterstützung eines Partners auf Augenhöhe ziehen Menstruierende aber dauerhaft den Kürzeren – und an jenen Genossinnen vorbei, die diese Stütze nicht haben. Und das ist das eigentliche Problem.

Nicht die Wahl, die wir treffen. Sondern die Wahl, die wir vermeintlich *haben*.

Kapitel 3: Wut

> *„Im Gegensatz zu Unterdrückten, die so viel wie möglich über ihre Unterdrücker*innen wissen müssen, damit sie ihnen entkommen können, hat die dominante Gruppe kein Bedürfnis, die minorisierte Gruppe besser zu kennen. Die Dominanten können es sich sparen, andere zu ‚sehen', sich um sie zu kümmern, sie zu kennen, sie zu berücksichtigen."* Emilia Roig

Mein Zyklus ist nicht meine Superpower

Inzwischen bin ich eine Zyklusexpertin. Aber ganz ehrlich: So will ich mich öffentlich nicht bezeichnen, weil dann müsste ich vermutlich Seminare mit Titeln wie „Gestalte dein Leben mit der Power deines Zyklus" halten.

Don't get me wrong: Ich will unbedingt, dass mehr Menstruierende über die Prozesse ihres Körpers Bescheid wissen. Doch statt sich einfach daran zu erfreuen, die vier Zyklusphasen auseinanderhalten zu können und zu wissen, in welcher Phase der eigene Körper was braucht (und was nicht), kommen weltweit immer neue Coaches auf die glorreiche Idee, dieses Wissen zu kapitalisieren. Und mir sofort ein schlechtes Gewissen zu machen, wenn ich in Phase zwei nicht das BESTE aus mir heraushole.

Kurz zur Auffrischung: Der Menstruationszyklus wird in vier aufeinanderfolgende Phasen unterteilt. Die erste Phase ist die Menstruation, in der der Körper die Gebärmutterschleimhaut abstößt. Obwohl viele Betroffene in dieser Phase über starke Regelschmerzen und andere Beschwerden berichten, wird diese Phase im Coaching-Sprech auch als eine Zeit der „Erneuerung" und des „Loslassens" geframed. Man solle sich während dieser Phase auf die eigene Intuition und emotionale Stärke konzentrieren, während sich der Körper selbst „reinige". Die zweite Phase ist die Follikelphase, in der der Körper Östrogen produziert und ein Follikel heranreift. Diese Phase wird im Zyklus-Coaching oft als „stärkste" Phase angesehen. Menstruierende fühlten sich energetischer, kreativer und hätten ein erhöhtes sexuelles Verlangen. Es sei die Zeit, in der wir unsere Ziele verfolgen, durchpowern und neue Projekte angehen sollten. Die dritte Phase ist die Ovulationsphase, in der der reife Follikel platzt und ein Ei freisetzt. Dies ist die fruchtbarste Phase. Betroffene sollen sich in dieser Zeit attraktiv, sexuell und voller Energie fühlen. Es sei eine Zeit, so besagt es zumindest die geballte Zyklus-Weisheit im Internet, in der die Kommunikation und das soziale Leben „aufblühten". Die vierte Phase ist die Lutealphase, die von vielen als die „schwächste" Phase empfunden wird. Der Körper bereitet sich auf eine mögliche Schwangerschaft vor und produziert Progesteron – außer natürlich, man leidet an einem Progesteronmangel oder anderen (gynäkologischen) Krankheiten, die dies unterbinden. Während dieser Zeit sei man anfälliger für Stimmungsschwankungen, Müdigkeit und körperliche Beschwerden. Es sei jedoch auch – Achtung, hier kommt wieder das gezwungen Positive – eine „Zeit der Reflexion" und des „Zurückziehens", in der man „Bedürfnisse und Grenzen" klar erkennen könne.

Okay, so weit, so gut. Ist doch schön zu wissen, dass ich in der Follikelphase aktiver bin als in der Lutealphase. Und wenn ich etwas schaffen möchte, dann lege ich mir diese Termine besser in die erste Zyklushälfte als in die zweite. Wo ist das Problem? Schließlich ist es doch besser, *mit* seinem Körper zu arbeiten als *gegen* ihn. Und solange ich nur jeden Tag des Monats weiß, wann meine Power wieder um die Ecke kommt, nachdem ich 14 Tage heulend im Eck gesessen habe, ist das doch alles gut. Oder? Oder? *Nein.*

„Es wird fast ausnahmslos so dargestellt, dass die Follikelphase die Phase ist, in der die (Arbeits-)Produktivität am höchsten ist. Immer. Für jede von uns“, schreibt Autorin Katharina Eggert in ihrem Newsletter *Work That Period. „Klar, wer voller Energie und Motivation ist, kann sich bei der Arbeit austoben, aber wenn es aus dem Gefühl heraus geschieht, etwas ‚schaffen zu müssen‘, um weniger produktive Zeiten im Zyklus auszugleichen, wird es schwierig. Dann sind wir schon mitten in der Selbst-Objektifizierung und sehen unseren Zyklus und Körper als Tool, aus dem wir so viel wie möglich herausholen müssen.“*

Der Körper als *Tool*: Ich muss mich übergeben.

Eggert ist, wie ich, Betroffene einer Prämenstruellen Störung und findet es problematisch, dass die Follikelphase in vielen Beiträgen zum Thema derart verallgemeinert wird. Denn: Wo es den einen Motivation und vielleicht auch ein Aha-Erlebnis beschert, weil sie sich schon lange gefragt haben, warum sie sich bei der Arbeit oder beim Sport mal mehr oder weniger energiegeladen fühlen, macht das anderen erst einmal ein schlechtes Gewissen und bringt sie um ihre wohlverdiente Pause und Erholung.

Als PMDS-Betroffene brauchen wir ohnehin mehr Ruhezeiten als „gesunde“ Menstruierende – fühlen aber natürlich auch den gesellschaftlichen Druck, jene Arbeit, die in einer schlechten Phase liegengeblieben ist, in einer besseren Phase wieder aufzuholen. Falls die denn so bald kommt. Deshalb sind für uns Coaching-Angebote à la „Wie du MIT statt GEGEN deinen Körper arbeiten kannst“ oder „Die 4 Zyklusphasen als Kompass für deine Arbeit“ einfach nur: Bullshit. Denn ja, es kann durchaus sein, dass die Menstruation UND die Follikelphase auch mal „ins Wasser fallen" – sich also: *auch* schlecht anfühlen. Dazu kommen mit Angst verbundene Fragen wie: „Wie erkläre ich meinen Leistungseinbruch meinem Arbeitgeber?", „Warum schaffe ich nicht so viel wie andere?" und so weiter und so fort.

Meine menstruelle Gesundheit ist zum Beispiel nicht so linear und vorhersehbar, dass ich meine wichtigsten Termine in jedem Zyklus auf die richtige Phase verlegen könnte. Es gibt einige Tage in der Follikelphase, an denen gar nichts geht, genauso wie ich Lutealphasen hatte, in denen ich intensiv an diesem Buch gearbeitet habe.

Außerdem gibt es neben PMDS auch eine Reihe anderer psychischer Erkrankungen und Diagnosen, die parallel auftreten können. Von ADHS, Autismus bis hin zu posttraumatischen Belastungsstörungen und Panikattacken, die keinen F*ck auf deine Ovulationsphase geben.

Nur, um das mal klarzustellen: Niemand arbeitet *freiwillig* gegen seinen Körper. Doch genau das suggeriert die Phrase „ARBEITE MIT DEINEM KÖRPER, NICHT GEGEN DEINEN KÖRPER". Mir vermittelt das passivaggressiv, dass ich mir meine Krankheit oder Diagnose irgendwie ausgesucht hätte, dass ich als Menstruierende einfach nicht organisiert und stark genug sei, um meinen Körper ENDLICH. RICHTIG. ZU. NUTZEN. Statt: *falsch.* Dass ich nicht mithalten könne, meine Ressourcen und meine Energie verschwenden würde. Und das macht mich richtig wütend.

Kommen wir auch noch kurz zu den vermeintlichen *Bedeutungen* der Zyklusphasen: Nehmen wir zum Beispiel die Menstruation, die angebliche Phase der „Erneuerung" und des „Loslassens". Bin ich die Einzige, der das etwas esoterisch vorkommt? Immer wieder habe ich in Zyklus-Foren und Zyklus-Büchern den Tipp gelesen, über eine bestimmte Entscheidung zu menstruieren, also zu bluten. Selbst wenn ich das als originelle Idee durchaus annehmen kann, weiß ich nicht, ob ich meine Entscheidung für oder gegen eine Beziehung, eine Freundschaft, einen Job oder einen Umzug davon abhängig machen würde, wie ich mich nach der nächsten Menstruation fühle. Klar, das schiere Verstreichen von Zeit kann natürlich dazu führen, dass ich mir in meiner Entscheidung sicherer werde. Aber das heißt nicht, dass mein „Ja" oder „Nein" zu einer Sache irgendwie mit dem Darüberbluten zu tun hätte. Vielleicht hat mir ja ein Buch geholfen oder eine Sitzung bei meiner Psychotherapeutin? Vielleicht hatte ich aber auch solche Schmerzen, dass ich gar keine Kraft hatte, mein Menstruationsblut auf mögliche zukunftsweisende Zeichen zu untersuchen. *Sorry not sorry.*

Ähnlich geht es mir mit der Lutealphase als einer „Phase der Reflexion". Klar, wenn ich vor lauter Brain Fog so schläfrig bin, dass ich es nicht einmal schaffe, einkaufen zu gehen, werde ich bestimmt ellenlange Tagebucheinträge schreiben, in denen ich den Februar reflektiere. Außerdem: Wer hat die Ressourcen für sowas? Privilegierte Menstruierende, in der Regel *weiße* Tradwives, die weniger lohnarbeiten als der Tagelöhnerdurchschnitt und ihre Zeit in Selbstoptimierung, Journaling und Spaziergänge mit Meditationsmusik investieren können. Eh schön.

Ich sage: Mein Zyklus ist nicht meine Superpower. Meine Superpower ist auch nicht mein Cis-Frausein, meine weibliche Energie und all that bullshit. Meine Superpower ist meine Kreativität, meine Eloquenz, mein Schreibstil, mein Humor, meine Zuverlässigkeit, meine Empathie, mein Interesse an verschiedensten Themen und an meinem Gegenüber.

Mein Zyklus ist *da*. Er ist *okay*. Manchmal nervt er mich, manchmal hätte ich gerne keinen. Ich möchte ihn nicht optimieren, ich möchte mir nicht überlegen, wie ich BESSER mit meinem Zyklus arbeite, weil ich finde, dass wir in dieser kapitalistischen Arbeitswelt noch ein paar wichtigere Baustellen zu richten hätten, bevor ich MIT meinem Körper zum Kapitalismus beitrage. Oder, anders gesagt: Wäre es überhaupt nötig, seinen Zyklus zu kapitalisieren, wenn wir eine humanere Arbeitswelt hätten? *Was* würden wir in der Follikelphase machen, wenn *nicht* das nächste Projekt starten? Und warum haben wir keine Sprache dafür, sondern bedienen uns selbst bei so etwas vermeintlich Progressivem wie der Zyklus-Gesundheit wieder derselben alten, kapitalistischen Narrative zur Leistungsoptimierung?

Vielleicht kann sich ja dazu mal jemand eine bessere Lösung überlegen. Wie wäre es zum Beispiel mit einem gesetzlich verankerten Menstrual Leave?

Deutschland, wo ist mein Menstrual Leave?

Es ist erst Mittwoch – eine gute Sache. Denn ich habe das erste Mal seit Wochen Zeit für meine eigenen, kreativen Projekte. In meinem Kalender stehen keine Termine, ich bin nicht mit Freunden verabredet. Der Hund ist versorgt und auch sonst hält mich nichts davon ab, mich gleich morgens an den Computer zu setzen und endlich die Zeilen auszuformulieren, die schon länger durch meinen Kopf wandern.

Na ja, außer der Fakt, dass wir mal wieder Zyklustag 21 schreiben – und ich die Nacht zuvor kaum schlafen konnte. Also sind mein Körper und Geist heute leider

der Meinung, dass ich besser gedankenverloren durch die Gegend irre und keinen einzigen klaren Gedanken fasse. „Brain Fog“ nennt sich das in der Fachsprache und ist genauso wie Schlafstörungen ein typisches Symptom von PMDS. Nachdem ich gegen 10 Uhr akzeptiere, dass ich gerade nichts zustande bringe, schaffe ich es immerhin in den Supermarkt, um mich für den Rest des Tages mit Snacks zu versorgen.

Ich schiebe meinen Einkaufswagen durch die Gänge, als mich plötzlich ein Mann anspricht. „Hey, Sie da!“, sagt er. „Sie haben den falschen Wagen.“ Verdutzt blicke ich in das Metallgestell vor mir und sehe, dass der Inhalt nicht meiner ist. Das Seltsame: Ich kann mich nicht daran erinnern, diesen fremden Wagen angefasst zu haben. Der Wechsel von meinem zu seinem Wagen passierte wie in Trance. Ich wusste weder, wo mein Wagen abgestellt war, noch, was darin lag. *Spooky*.

Dieses gesellschaftspolitisch vollkommen irrelevante wirkende Erlebnis mag an dieser Stelle wie eine Kleinigkeit wirken, und doch zieht sich mein Brain Fog an heftigen PMDS-Tagen durch meinen gesamten Alltag. Ich verliere die Hundeleine, nehme die falsche U-Bahn, schreibe seltsame E-Mails.

Als ich mir zuhause angekommen eine Badewanne zur Entspannung einlasse, verwechsle ich die Armaturenknöpfe. Der Wasserstrahl kommt aus dem Duschkopf und spritzt mich in wenigen Sekunden von oben bis unten nass. Auch das passiert mir an „normalen Tagen“ mit Sicherheit nicht.

Statt mich aufzuregen, beschließe ich, eine Progesteron-Kapsel zu nehmen, um diesen Tag irgendwie hinter mich zu bringen. An Arbeit ist ohnehin nicht zu denken, an kreative Ergüsse schon gar nicht. Schließlich schlafe ich für ein paar Stunden.

Um 17 Uhr weckt mich mein Hund.
Es ist schon fast dunkel draußen.

* * *

Dass ich es nie lange in Festanstellungen ausgehalten habe, schob ich einige Zeit auf meinen fehlenden Respekt vor Autoritäten. Das mag grundsätzlich schon wahr sein, aber trotzdem glaube ich inzwischen, dass meine vielen beruflichen Richtungs- und Unternehmenswechsel auch mit meiner Krankheit in Verbindung stehen.

Tage wie der eben beschriebene sind in einer Festanstellung ganz einfach nicht vorgesehen. Wer ins Büro kommt, hat konzentriert zu arbeiten – wir werden schließlich auch dafür bezahlt! Meetings oder Deadlines verschieben, weil frau mal wieder Zyklusprobleme (oder andere psychische Erkrankungen) hat? Come on! Es gibt doch gar keine Gender-Unterschiede mehr, *oder*? Frauen sind doch genauso stark, Frauen haben Power, Frauen klettern in Führungspositionen und sitzen in Vorständen. Im Anzug – und *mit* Periode.

Sophie Albers schrieb 2014 im *Stern*: „*Jede Frau hat in all den Jahren des monatlichen Besuchs der ‚roten Fee‘* (Don’t ask!) *Mittel und Wege gefunden, damit umzugehen. Muss sie ja. Haben alle anderen Frauen vor ihr auch schon geschafft. Zudem leben wir in einer Gesellschaft, wo frau freien Zugang hat zu allen sanitären und medizinischen Notwendigkeiten. Und manche von uns poppen eben Pillen.*“[1]

Albers’ Worte erinnern mich an meine eigene, gerade erst überwundene Abneigung, mich tiefergehend mit dem Thema Periode zu beschäftigen, die ich bereits hier beschrieben habe. Vielleicht würde sie ihre Worte heute zurücknehmen. Aus eigener Erfahrung kann ich jedenfalls sagen: Das mit dem Poppen von Pillen auf der Arbeit klappt tendenziell eher *nicht* so gut. Zumindest bin ich nach der Einnahme von schmerzmildernden Präparaten und/oder der Einnahme von Progesteron definitiv *nicht* mehr arbeitsfähig. Und ganz ehrlich: Ich *will* es auch nicht sein. Ich habe keine Lust, mit Red Bull, Koffein-Tabletten oder Kaffee *gegen* meinen Körper anzukämpfen, der eine Pause braucht.

Wo wir schon beim Thema „Mittel und Wege", um mit unseren Periodenproblems umzugehen, sind: Auch das Thema Bluten im Büro ist vielen nach wie vor nicht ganz koscher. Sich einen Tampon von der Kollegin zu borgen ist oft noch heute ein Akt, den man am besten so heimlich wie möglich vollführt. Während eines akuten Notfalls greift man dann diesen so schnell wie möglich aus der Handtasche der Kollegin, versteckt ihn in der geballten Faust und läuft dann schnurstracks zum Klo, wo der operative Eingriff hinter verschlossenen Türen vollzogen wird. Soll ja auch bitte keiner von der Chefetage oder den männlichen Kollegen mitbekommen, dass man gerade blutet. Willkommen im Jahr 2024!

Aber warum versuchen wir eigentlich so beharrlich zu verstecken, dass wir bluten? Wollen wir so beweisen, dass wir genauso kompetent, zuverlässig und handlungsfähig sind wie Männer? Wollen wir diesen angeblich so bewusstseinsverändernden biologischen Prozess unseres Körpers verschweigen, so tun, als ob es ihn einfach nicht gäbe, um ganz vorne mitzuspielen? Damit der Steffen nicht glaubt, dass wir wehleidig sind? Oder noch schlimmer: zickig, weil wir unsere „Tage" haben?

Dabei bin ich mir ziemlich sicher, dass die meisten (auch verheirateten) cis-männlichen Exemplare der Spezies Mensch nicht wissen, wie viele Tage der Zyklus einer Frau im Durchschnitt dauert, wann sie ihren Eisprung und wann ihre depressive (a. k. a. „zickige“) Phase hat, die – Achtung, Funfact – meist *vor* und nicht während der Menstruation stattfindet.

* * *

Der Menstruationszyklus umfasst weitaus mehr als die „Erdbeerwoche“. To be fair: Bis zu meinem 31. Lebensjahr habe ich selbst nicht gewusst, wie stark ich von den verschiedenen Phasen meines Zyklus beeinflusst werde. Nie wäre ich auf die Idee gekommen, mich wegen PMDS krankzumelden. Vielmehr dachte ich, dass ich ganz einfach spinne und dem Leistungsdruck nicht gerecht werde. Dass ich zu schnell aufgebe, zu früh kündige, nicht genug Sport mache, nicht ausreichend Wasser trinke ... you name it.

Lieber ging ich morgens aufs Klo weinen, nahm nachmittags Schmerzmittel, um mich zu beruhigen, und schlief um 21 Uhr nach einem Glas Wein auf der Couch ein. Wenn es gut lief.

Ich quälte mich, weil die 40-Stunden-9-to-5-Woche, *das* Modell zum Erhalt des Neoliberalismus, das eben so vorsieht. Gefühle sind nicht erlaubt, Perioden schon gar nicht, und wer im gebärfreudigen Alter ist, kann – Achtung, Ironie – froh sein, überhaupt einen Job zu haben. Wie wir heute arbeiten, ist seit Henry Ford von Väterfiguren der instrumentellen Arbeitshaltung geprägt worden – und nicht von ihren blutenden Ehefrauen.

Ganz ehrlich: Bei all der *female power* und Period-Art, die uns in plakativer Form in die Timeline gespielt wird, wird es da nicht auch Zeit, das patriarchale Arbeitsmodell *konsequent* den Bedürfnissen von Menstruierenden anzupassen? Und zwar radikal?

***

Eine kurze Geschichte des Menstrual Leave:

In Japan, Indonesien, Taiwan und Südkorea gibt es bereits den bezahlten „Menstrual Leave“ für menstruierende Arbeitnehmende. Der Menstrual Leave ist – kurz gesagt – eine Form von Sonderurlaub (wobei das Wort *Urlaub* nicht passend ist, aber ok), der Menstruierenden gewährt wird, damit sie sich um ihre Beschwerden und Bedürfnisse während der Menstruationsphase kümmern können. Während dieser Zeit können Menstruierende mit starken Schmerzen und anderen leistungsmindernden Beschwerden von der Arbeit freigestellt werden, ohne dass dieses Fernbleiben sich auf reguläre Urlaubs- oder Krankentage auswirkt.

Der Zweck des Menstrual Leave besteht darin, Frauen (im besten Falle aber: allen Menstruierenden) die Möglichkeit zu geben, sich während ihrer Periode zu erholen und mit den physischen und psychischen Herausforderungen, die viele während dieser Zeit erleben, besser, also gesünder, umgehen zu können. Der Menstrual Leave ist in einigen Ländern und Unternehmen eine gesetzlich oder betrieblich geregelte etablierte Praxis.

Japan beispielsweise machte den Menstrual Leave unmittelbar nach dem Zweiten Weltkrieg zu einem Stück der nationalen Politik. Der in Artikel 67 des japanischen Arbeitsgesetzes von 1947 verankerte Menstruationsurlaub gibt menstruierenden Frauen das Recht, der Arbeit fernzubleiben, wenn sie Schwierigkeiten bei der Arbeit haben oder einer Arbeitstätigkeit nachgehen, die als gefährlich für den Menstruationszyklus gilt. Die Menstruation diente zur Zeit der Einführung des Menstrual Leave in Japan als wichtiges Objektiv, durch das der Staat und die Wissenschaft die Bevölkerung analysierten. Ihr Ausbleiben und mit ihr verbundene Störungen wurden als bösartige Folgen des industriellen kapitalistischen Systems gedeutet.[2] In Indonesien wurde der Menstruationsurlaub ebenfalls 1947 eingeführt[3], Südkorea folgte 1953.[4]

Applaus, Applaus? Na ja. Nicht so *ganz*.

Die Autorin Tsara Morton fasst auf dem Blog *Menstrual Matters*[5] treffend zusammen, dass der Zeitpunkt dieser Entwicklungen *kein* Zufall war. Während des Krieges wurden mehr Frauen in Fabriken und in Berufen beschäftigt, die zuvor von Männern dominiert wurden. Als schließlich der Frieden eintrat, war der Staat der Ansicht, dass heimkehrende Soldaten ein größeres Anrecht auf eine bezahlte Beschäftigung hätten als Frauen. Die Einführung des Menstrual Leave war damit nicht eine Maßnahme *für* Frauen, sondern ein typisch „protektionistischer" Move, der zwar oberflächlich betrachtet darauf abzielte, weibliche Arbeitskräfte zu unterstützen, letztlich aber zu einer stärkeren Diskriminierung führte, da Frauen im Vergleich zu Männern nun als relativ „teure" Arbeitnehmende galten. Außerdem gab der erhebliche Bevölkerungsverlust zu Kriegszeiten Anlass zur Sorge um die nationale Fruchtbarkeit. Die Tatsache, dass anstrengende Arbeit manchmal zu einer verzögerten oder ausbleibenden Menstruation führen kann, galt schon bald als Argument dafür, dass bestimmte Berufe für Frauen ungeeignet seien oder dass Frauen während der Menstruation ein oder zwei Tage frei bekommen *mussten*, um die „nationale Fruchtbarkeit" zu erhalten.

Auf diese Weise wurden Probleme, die auf sehr schlechte Arbeitsbedingungen zurückzuführen sind, mit dem weiblichen, reproduktiven Körper in Verbindung gebracht. Es überrascht daher nicht, dass „protektionistische" Maßnahmen auf den ersten Blick für niemanden gut zu sein scheinen: Der Arbeitgeber entzieht sich seiner Verantwortung, alle Arbeitnehmenden bleiben schlechten Arbeitsbedingungen ausgesetzt, die (vermeintlichen) Kosten für die Beschäftigung von Frauen steigen erheblich und Frauen werden aus der bezahlten Beschäftigung in die (unbezahlte) Kinderbetreuung gedrängt, was die Ungleichheiten zwischen den Geschlechtern zu Hause und am Arbeitsplatz verstärkt.

Der Menstruationsurlaub war bei seiner Einführung im ostasiatischen Raum also als eine Art „Mutterschaftsprotektionismus" und minimalst als feministisches Statement zu verstehen.

Wann und wie lange genau der Menstrual Leave gewährt wird, ist übrigens von Land zu Land unterschiedlich und vom jeweils verabschiedeten Gesetz und seiner Anwendung in der Praxis abhängig.

Historisch betrachtet war der Menstrual Leave also ein ostasiatisches Phänomen. Doch was ist eigentlich mit Europa? Dem Land der Dichter und Denker?

Bleiben wir erstmal einen Moment bei einer guten Neuigkeit: Denn Spanien hat als erstes europäisches Land seit 2023 einen realpolitisch verankerten Menstrual Leave eingeführt.

In Spanien wurde am 17. Mai 2022 ein Gesetzesentwurf akzeptiert, der Frauen aufgrund von Menstruationsbeschwerden arbeitsfreie Tage gewährt.[6] Am 1. Juni 2023 trat das Gesetz über Sexual- und Reproduktionsgesundheit schließlich in Kraft. Allerdings: Für die Geltendmachung des Menstrual Leave benötigen die Arbeitnehmerinnen in Spanien jedes Mal ein ärztliches Attest. Die Dauer der Freistellung von der Arbeit ist dann aber im Prinzip unbegrenzt, da das in Kraft getretene Gesetz keine zeitliche Begrenzung vorsieht. Sie hängt laut Gesetz davon ab, wie stark die Schmerzen sind – und wie lange sie anhalten. Die Kosten werden vom Staat übernommen.[7] Damit soll verhindert werden, dass eine Kultur der Stigmatisierung entsteht, die sich auf die Einstellung von Frauen im Unternehmenssektor auswirkt.[8] Wir *erinnern* uns ...

Spanien ist damit das erste europäische Land, das die Einführung eines Menstruationsurlaubs auf rechtlicher Ebene beschlossen hat. Das Thema Menstruationsurlaub – wobei *Urlaub,* wie gesagt, ein wirklich spannendes Wort für diese krankheitsbedingte Abwesenheit ist – wird auch in Deutschland und Österreich diskutiert. Rechtlich wäre ein solches Gesetz per se möglich. Denn durch eine Beurlaubung könnten etwaige Nachteile, insbesondere körperliche Beeinträchtigungen aufgrund biologischer Unterschiede zwischen Männern und Frauen, ausgeglichen werden. Eine Benachteiligung für Männer besteht hierbei dezidiert *nicht,* da es bereits an der Vergleichbarkeit der Geschlechter – genau wie beim Mutterschutz während der Schwangerschaft – fehlt. Außerdem werden durch einen solchen gesetzlichen Anspruch nicht *alle* Menstruierenden bevorzugt, sondern nur diejenigen, die tatsächlich unter starken Beschwerden leiden.[9]

„Geht es ums Kinderkriegen, sind Regelungen für Frauen – Karenz, Mutterschutz – selbstverständlich. So sollte es auch mit der Menstruation sein – denn ohne sie wäre Fortpflanzung ebenso wenig möglich“[10], schreibt die Journalistin Bernadette Redl in der Tageszeitung *Der Standard. „Präventiv auf freie Tage während der Regel zu verzichten, aus Angst, Frauen könnten im Arbeitsleben noch stärker benachteiligt werden, ist die falsche Herangehensweise. Es sind nicht die Frauen, die sich ändern müssen, es ist*

das System. Frei haben wegen schmerzhafter Regelschmerzen ist fair – Frauen müssen das einfordern.“

Ich stimme Redl zu. Und trotzdem stehen auf der Liste der Kontraargumente zwei Punkte ganz oben. Erstens: die Überflüssigkeit des Menstruationsurlaubs, da eine Entgeltfortzahlung durch Arbeitgebende ohnehin ab dem ersten Krankheitstag besteht. Und zweitens: die mangelnde Privatsphäre.

Bleiben wir einen Moment bei Punkt 1, der vermeintlichen Überflüssigkeit des „Urlaubs“. Fakt ist: Im Krankheitsfall, wie bei erheblichen menstruationsbedingten Beschwerden, steht Arbeitnehmenden in Deutschland und Österreich bereits ab dem ersten Fehltag ein Anspruch auf Entgeltfortzahlung durch die Arbeitgebenden zu. Die Einführung eines Menstruationsurlaubes ist damit – laut Kritikern[11] – theoretisch überflüssig. Doch dabei übersehen Kritiker des Modells einen erheblichen Vorteil des Menstrual Leave: In Deutschland droht nach aktueller Rechtslage eine krankheitsbedingte Kündigung bei wiederholten Kurzerkrankungen, krankheitsbedingter Minderung der Leistungsfähigkeit und Langzeiterkrankungen mit vielen Krankheitstagen. Und auch im österreichischen Arbeitsrecht gibt es kein Kündigungsverbot im Krankenstand. Juristisch betrachtet wäre ein menstruationsbedingter Urlaub für Betroffene daher vorteilhaft, damit sie nicht auf Teufel komm raus im Office Pillen poppen müssen, um nicht aufgrund hoher Fehlzeiten gekündigt zu werden.

Eine 2017 großangelegte Studie in den Niederlanden zeigte zudem, dass Menstruierende einen durchschnittlichen Produktivitätsverlust von 33 % aufgrund menstruationsbedingtem Präsentismus verzeichneten, was einem durchschnittlichen Verlust von 8,9 Tagen pro Jahr entspricht.[12] Wem bringt es also irgendetwas, wenn Menstruierende im Office erscheinen? Oder noch schlimmer:

auf Baustellen, in Fabrikhallen oder an ihrem Arbeitsplatz im öffentlichen Verkehr? Sie gefährden dabei sich selbst und andere. Und das alles, weil sie – vielleicht nicht theoretisch („Du kannst ja in den Krankenstand gehen!"), aber sehr wohl praktisch (Kündigung bei häufigem Fernbleiben) – gezwungen werden, trotz Periodenschmerzen, Endometriose-Schmerzen oder PMDS bei der Arbeit zu erscheinen, um unser System auf Kosten ihrer eigenen Gesundheit am Laufen zu erhalten.

Wo wir schon beim Thema sind: Würde der Menstruationsurlaub auch Menstruierenden helfen, die an PMDS leiden? Gute Frage. Ich würde den „Urlaub" vermutlich in der Woche vor meiner Periode nehmen, weil ich während der Blutung nur selten Beschwerden habe. Allerdings reichen drei Tage bei einer Festanstellung nur dann aus, wenn ich ansonsten sehr gut auf mich achte, jeden zweiten Tag zum Sport gehe und mich gesund ernähre. Das mag selbstverständlich klingen, kann im stressigen Alltag des Kapitalismus aber nicht selten zur Mammutaufgabe werden – unter anderem aufgrund von strikten Deadlines.

Als Selbstständige habe ich mir mein ganz eigenes Modell gebaut, bei dem ich mir die nötige Zeit für meine Krankheit(en) nehmen kann. Schade, dass ich dafür erst aus dem klassischen Erwerbsleben aussteigen musste, weil es Menschen mit Erkrankungen keinen erwähnenswerten Spielraum für Teilhabe lässt.

Ähnlich ist es beim Thema Privatsphäre. Viele sagen: „Ja muss denn jetzt wirklich jeder wissen, dass ich gerade meine Menstruation habe oder erwarte? Muss man das im ganzen Büro herausposaunen, an welchem Tag man seine Regel hat?" Ich sage: Ja! Ich würde mich freuen, wenn meine männlichen Kollegen nicht nur wüssten, wann ich meine Tage habe (damit sie mich in Ruhe lassen), sondern auch, was der Unterschied zwischen Vagina und Vulva, zwischen PMS und PMDS, Tampons und Menstruations-Cups und der Follikel- und Lutealphase ist.

Wenn wir schon beim Thema Bildung sind: Wenn man nach „Phasen Zyklus“ googelt, erscheint als Allererstes diese Frage:

„In welcher Phase des Zyklus ist man am geilsten?“

Statt Schüler ergoogeln zu lassen, in welcher Phase Menstruierende am leichtesten rumzukriegen sind, könnte man ihnen beibringen, in welchen Phasen Menstruierende besonders sensibel, reizbar, traurig und müde sein können. Lehrende könnten über „normale“ (prä-)menstruelle Veränderungen sprechen – und über solche, die durch den Menstruationszyklus ausgelöst, verschlimmert oder verursacht werden. Letzteres passiert zum Beispiel bei Migräne, Chronic Fatigue Syndrome, Angststörungen, Anämie und Depressionen.

Aber nein. Statt darüber zu sprechen, welche negativen Konsequenzen zyklusbedingte Störungen im Alltag für arbeitende und studierende Menstruierende mit sich bringen und wie wir sie auch als solche erkennen können, halten wir weiter an der 9-to-5-Tagesordnung fest, priorisieren die Arbeitsfenster übermotivierter 60-jähriger CEOs und sträuben uns dagegen, den Menstrual Leave realpolitisch zu verankern, weil wir als Frauen nicht kollektiv als *arbeitsunfähig* abgestempelt werden wollen. So geht Emanzipation!

Na denn: All hail the patriarchy!

Die Outsourcing-Lüge

Wenn ich an meine österreichische Großmutter denke, bin ich gedanklich sofort wieder in den frühen Nuller-Jahren, als ich regelmäßig nach der Schule mit dem Bus zu ihr nach Essling fuhr. Ich sehe das Eingangstor zum Garten vor mir. Die Bäume, die die Sicht auf das kleine gelbe Haus versperrten. Das Fenster zur Küche stand immer offen, und wenn ich die Treppen hinauf zur Eingangstür ging, erschreckte sich meine Oma regelmäßig, weil sie mich nicht gehört hatte. „Jessos Maria, Bianca!", sagte sie dann im tiefsten niederösterreichischen Dialekt. „I hob di gor ned ghert." Sie trug immer eine Schürze, hatte gewellte rote Haare und stämmige Beine voller Krampfadern, die sich im Laufe der Jahre vermehrten. Meine Oma war die „fleißigste" Frau, die ich als Kind kannte. Den ganzen Tag putzte, wusch und kochte sie. Gefühlt ohne Pause. Zum Mittagessen gab es abwechselnd Schnitzel mit süßem Kartoffelsalat, geröstete Eierknödel, Schweinsbraten oder Palatschinken, zur Vorspeise eine Frittaten- oder Leberknödelsuppe. Das Essen schmeckte besser als im feinsten Beisl Wiens. Sie aß immer als Letzte die Reste. Leider weiß ich nicht, wo sie das Kochen gelernt hat. Als Jugendliche zog sie nach Wien, um als Kindermädchen für reiche Familien zu arbeiten. Sie war Köchin, Mutter, Hausmeisterin, Putzfrau – alles in einer Person. Niemand hat jemals für sie Arbeit übernommen. Ihr ganzes Leben *bestand* aus Arbeit. Sie hat nie darüber nachgedacht, ob sie etwas gerne machte, sie tat es einfach. Und sie war gut darin, sehr gut sogar.

* * *

Jeden Morgen lese ich ein paar Seiten in einem Buch meiner Wahl. Zu mehr reicht es (außer im Urlaub) nicht, und das ist völlig okay.

Heute hat mich mal wieder die Unternehmerin Kate Northrup mit einer „Do less"-Challenge begrüßt. Ausnahmsweise habe ich sie sogar angenommen. Denn es hat mich schon immer interessiert, wie tief ich für die „Geheimwaffe“ Hollywoods – das Outsourcing – wirklich in den Geldbeutel greifen müsste.

„*I'm a big believer that putting our attention on things energizes them*“, schreibt Northrup. „*So no matter what your sweet monkey mind is telling you about getting help right now, whether it's that you don't have the money, you don't deserve it, there's no one around who would be willing to help you, or it's too hard to find someone, start making a list of things you'd like to have help with in an ideal scenario.*“

Da ich keine Lust hatte, meine eigene Liste zu schreiben, habe ich Kates private „Asking for help“-Liste[13] zur Hand genommen und angefangen zu recherchieren. Ich wollte die konkrete Euro-Summe wissen, die ich am Ende eines Monats hinblättern müsste, um alltägliche Tasks gegen Geld auszulagern.

Punkte von Kates Liste, die ich übernommen habe:

- Home cleaning
- Laundry (washing, folding, putting away)
- Cooking
- Home repairs
- Personal training/Private Yoga/Pilates
- Dog walking

Dann habe ich den Task (z. B. Wäscheservice) + „Berlin“ in Google eingegeben und nachgesehen, welche Unternehmen mir welche Dienste für wie viel Geld anbieten. Anschließend habe ich mir die Summe pro Woche aufgeschrieben, die nach dem Anklicken von persönlichen Wünschen rauskam, und mit 4,5 multipliziert.

Kinderbespaßung, Geschenke kaufen, Paartherapie, Gärtnerei und Lebensmittel einkaufen habe ich bewusst weggelassen.

Also: Wie viel Geld würde es mich kosten, Hilfe zu bekommen? (ACHTUNG: Die Zahl könnte spontan Schluckauf auslösen!)

Dienstleistung	**Serviceumfang**	**Kosten pro Monat**
Reinigungsdienst	Wöchentliche Reinigung der Wohnung mit einem Wohnzimmer und einem Badezimmer, Küche und Flur: 75 €/Woche	337,5 €
Kochdienst	Täglich drei Mahlzeiten und zwei Snacks: 25 €/Tag	775 €
Wäscheservice	Waschen und Falten von fünf T-Shirts, zwei Kleidern, zwei kurzen Hosen, sieben Slips, einem BH und zwei Handtüchern: 87 €/Woche	391,5 €
Handwerksdienste	Möbel zusammenbauen, kleine Ausbesserungsarbeiten: 40 €/Stunde	120 € (gerechnet mit drei Stunden/Monat)
Personal training	CrossFit-Mitgliedschaft: 169 €/Monat	169 €
Hundesitting	12 € pro Runde	240 € (gerechnet mit 20 Runden)
Gesamtkosten		**2033 €**

Unfassbare 2033 Euro würde es mich kosten, wenn ich jemand anderes (in der Regel schlechtbezahlte Migras) jede Woche meine Wohnung putzen, meine Wäsche waschen und mein Essen jeden Tag kochen ließe. Inkludiert wäre auch eine Monatsmitgliedschaft im CrossFit-Studio meiner Wahl, 20 Gassirunden und drei Handwerkseinheiten zum Möbelaufbau oder Dingereparieren. PRO MONAT.

Ich habe noch einmal nachgerechnet, weil ich es nicht glauben konnte, dass mich all das tatsächlich mehr als 2000 Euro kosten würde, wenn ich es *nicht* selber oder mit der Hilfe von Freunden machte.

2033 Euro sind eine Summe, die für die allermeisten Arbeitnehmenden einfach nur utopisch scheint. Sie übersteigt das Monatsgehalt gar nicht mal so weniger Menschen und gibt mir das Gefühl, irgendetwas im Leben nicht verstanden zu haben.

Also, was hat Kate Northrup da noch gleich geschrieben?

„... whether it's that you don't have the money, you *don't deserve it* ..."

Sorry to break it to you, Kate: Den meisten Menschen ist es *deshalb* nicht möglich, Hilfe „anzunehmen", weil sie nicht das Geld dafür haben. Nicht, weil sie denken, sie *verdienen* nicht mehr Freizeit, Freiheit und gemütliche Abende auf der Couch.

Superprivilegierte Business-Frauen, die Outsourcing (zu oftmals schlechten Stundenlöhnen) als kreatives Problem-Solving branden, sind kein Teil der Lösung, sondern Teil des Problems. Nirgendwo wird der ungleiche Zugang zur Ressource Zeit so deutlich wie bei klassenblinden Nepo-Babies – und das macht mich echt wütend. Weil sie der Working Class dadurch das Gefühl geben, sich unnötigerweise mit lästigen Dingen wie Wäschewaschen zu plagen, die sie davon abhalten, ihrer „wahren Berufung" zu folgen.

WIE DUMM VON UNS.

Ich frage mich, was meine Oma getan hätte, statt zu putzen, zu waschen und zu kochen. Ob sie Hobbies gehabt hätte, unter anderen Umständen. Ob sie sich lieber um ihre eigenen statt um fremde Kinder gekümmert hätte. Ob sie Träume hatte. Sie hat mir nie davon erzählt, denn sie war zu beschäftigt, aufzuräumen.

Ich weiß, dass sie mich nicht als Arbeit betrachtet hat, aber tatsächlich kümmerte sie sich viele Jahre nachmittags kostenlos um mich, wenn meine Mutter arbeiten musste. Auch als Pensionistin war sie noch lange nicht im Ruhestand, denn sie musste weiter Münder stopfen, Spiele spielen und dreckige Hosen von Grasflecken befreien.

Superprivilegierte Business-Frauen können sich wirklich auf die Schulter klopfen, weil sie „gut zu sich sind" und nur die Tasks erledigen, auf die sie *Lust* haben. Arbeit, bei der sie echte „Passion" empfinden, während die Drecksarbeit andere verrichten.

Würde *ich* jeden Monat 2033 Euro fürs Outsourcing ausgeben, hätte ich dadurch übrigens auch nicht mehr freie Zeit. Denn irgendwer müsste die 2033 Euro ja auch wieder reinbringen. Ich müsste also entweder mein Business vergrößern (und dafür mich und andere ausbeuten) oder weitere Freelance-Gigs annehmen (und definitiv mich selbst ausbeuten). Aber natürlich wird uns auch in dieser Sache vorgemacht, dass *alles* möglich wäre. Man braucht nur berühmte Eltern, einen Tech-Ehemann und los geht's!

Nein, im Ernst: Outsourcen ist und bleibt die Lösung von Privilegierten für Privilegierte. Und nichts weiter als das.

4-Tage-Woche ≠ Teilzeit ≠ Faulheit

Sie scheint zum Greifen nahe. *Die* Lösung am Horizont für alle Arbeitnehmenden, die keine fünf Tage arbeiten können oder wollen. Ja, es herrscht in Europa geradezu eine Aufbruchsstimmung in puncto 4-Tage-Woche. Von einer „Revolution der Arbeitswelt" ist die Rede, von „mehr Zeit für die wirklich *wichtigen* Dinge im Leben".

Ein paar Beispiele gefällig? Im April 2021 versprach die Scottish National Party einen Fonds in Höhe von 10 Millionen Pfund, um Unternehmen die Möglichkeit zu geben, die Vorteile einer 4-Tage-Woche zu erproben und zu untersuchen[14]. In Spanien stimmte die Regierung ebenfalls im Jahr 2021 dem Vorschlag der progressiven Partei Más País unter der Führung von Íñigo Errejón[15] zu, ein Pilotprojekt zur Arbeitszeitverkürzung zu fördern.[16] Und in den UK? Da ging im Dezember 2022 die sechsmonatige Probezeit für die 4-Tage-Woche in 61 Unternehmen mit insgesamt über 2900 Angestellten zu Ende.[17]

Alle wollten sie die 4-Tage-Woche zumindest *ausprobieren.*

Und Deutschland? Deutschland hat Expertinnen wie Monika Schnitzer, ihres Zeichens Wirtschaftswissenschaftlerin und „Wirtschaftsweise" (was auch immer das sein soll), im deutschen Sachverständigenrat zur Begutachtung der gesamtwirtschaftlichen Entwicklung. Und was macht die? Sie droppt casually Sätze wie diese:

„*Wenn man am Tag zehn Stunden arbeitet, kann man auch eine Vier-Tage-Woche ermöglichen. Für viele Beschäftigte wäre das ein Anreiz.*"[18]

Damit plädiert sie allen Ernstes für einen zehnstündigen Arbeitstag an vier Tagen pro Woche – und ich weiß gar nicht, wo ich da anfangen soll.

Vielleicht hier: Ein Grund, warum die 4-Tage-Woche als Bewegung überhaupt so viel Zuspruch bekommt, ist natürlich das Potenzial, das sie bei der Bewältigung vieler gesellschaftlicher Herausforderungen birgt. Jener Herausforderungen etwa, die durch die COVID-19-Pandemie entstanden sind – oder noch verschlimmert wurden. Dazu gehört die zunehmende geschlechtsspezifische und soziale Ungleichheit oder die Verschlechterung der psychischen Gesundheit von Arbeitnehmenden.

So, und jetzt würde ich gerne wissen, wie Frau Schnitzer es in der praktischen Ausführung für möglich hält, dass Arbeitnehmende ihre 40-Stunden-Wochen in vier Tage quetschen und dabei psychisch wie physisch gesund bleiben und Zeit für ihr Privatleben finden.

Ja klar, stopfen wir einfach eine 40-Stunden-Woche in eine 4-Tage-Woche et voilà: Problem der Überlastung, der Krankenstände und jobbedingten psychischen Erkrankungen gelöst!

Oder so.

Mal abgesehen davon, dass es unzählige Studien gibt, die belegen, dass kein Mensch acht, geschweige denn zehn Stunden am Tag produktiv und leistungsfähig sein kann.

Laut einer australischen Forschung können die kognitiven Fähigkeiten nach einer gewissen Anzahl an Arbeitsstunden sogar abnehmen. In einem 2016 durchgeführten Experiment stellten Wissenschaftlerinnen fest, dass Arbeiten das Gehirn nur bei etwa 25 Arbeitsstunden pro Woche fit hält. Wer wöchentlich mehr als 40 Stunden arbeitet, hat sogar schlechtere kognitive Fähigkeiten als jemand, der gar nicht arbeitet: Er sei unaufmerksamer, in Folge bleiben gute Ideen aus.[19]

Die Forscher Shepard und Clifton stellten außerdem fest, dass die Produktivität in der verarbeitenden Industrie nicht steigt, wenn die Arbeitszeit verlängert wird. Surprise!

Ihre empirische Untersuchung von aggregierten Paneldaten für 18 Branchen des Industriegewerbes in der US-Wirtschaft deutet darauf hin, dass der Einsatz von Überstunden die durchschnittliche Produktivität, gemessen als Output pro Arbeitsstunde, für fast alle Branchen in der Stichprobe tatsächlich senkt. Genauer gesagt führte eine Zunahme der Überstunden von 10 % im Durchschnitt zu einem Rückgang der Produktivität um 2,4 % – gemessen an der Stundenleistung.[20]

Und trotzdem wird Monika Schnitzers Vorschlag in Belgien bereits fröhlich umgesetzt. Seit November 2022 gilt dort ein Rechtsanspruch auf die 4-Tage-Woche. Mit ihrer Hilfe will die belgische Regierung die Wirtschaft „flexibilisieren". Das Ergebnis? Die Leute können an vier Tagen für zehn Stunden arbeiten und sich somit den fünften Arbeitstag freischaufeln. Der belgische Justizminister Vincent Van Quickenborne schwärmt bereits von einem „Booster für die Ökonomie"[21] und der Premierminister Alexander De Croo denkt, das Ganze würde der Vereinbarkeit von Arbeit und Privatleben zugutekommen.[22]

Ich frage mich: Wie zur Hölle kommen sie darauf?

Was mich besonders nervt: dass sich die aktuelle Diskussion um Arbeitszeitverkürzungen oft ausschließlich an vermeintlich wirtschaftlichen Kriterien orientiert, ohne dabei gesundheitliche Effekte für die Beschäftigten zu berücksichtigen. Dabei hat die deutsche Bundesanstalt für Arbeitsschutz und Arbeitsmedizin in einer großen Untersuchung anhand von deutschen und europäischen Datensätzen schon vor 15 Jahren festgestellt, dass längere Arbeitszeiten mit einer deutlichen Erhöhung von Erkrankungen und Beeinträchtigungen zusammenhängen. Diese Erkenntnis gilt wissenschaftlich als gesichert.[23]

Kommen zu langen Arbeitszeiten weitere ungünstige Bedingungen wie Schichtarbeit, variable Arbeitszeiten, schlechte Planbarkeit der Arbeitszeit oder Arbeit an Abenden oder am Wochenende hinzu, so werden von den Erwerbstätigen noch häufiger Beschwerden berichtet. Ebenso erhöhen hohe körperliche und psychische Anforderungen das Risiko gesundheitlicher Beeinträchtigungen, insbesondere in Kombination mit langen Arbeitszeiten.[24]

Weitere Studien[25] – und auch eigene Erfahrungen aus dem Leben – belegen zudem, dass sich lange Arbeitszeiten negativ auf die Beziehungen der Arbeitnehmenden zu ihren Partnern und Kindern auswirken. Wenn beispielsweise Väter lange arbeiten, entwickeln die Kinder eine negative Einstellung zur Arbeit ihres Vaters und zur gemeinsam verbrachten Zeit. Lange Arbeitszeiten der Eltern können sich daher nachteilig auf das sozio-emotionale, kognitive und körperliche Wohlbefinden der Kinder auswirken.

Ach so, und was ist mit den Frauen? Mehrere Studien[26] weisen darauf hin, dass die Leitkultur der langen Arbeitszeiten die Hauptursache dafür ist, warum Frauen von lukrativen Arbeitsplätzen ausgeschlossen werden und das geschlechtsspezifische Lohngefälle in bestimmten Berufsgruppen nach wie vor so groß ist. In heterosexuellen Paarbeziehungen tragen Frauen außerdem oft die Hauptlast der Hausarbeit und der Kinderbetreuung. Aus diesem Grund sind viele Frauen, insbesondere Mütter, im Gegensatz zu den meisten Männern und Arbeitnehmenden ohne Betreuungs- oder andere Verpflichtungen nicht in der Lage zu langen Arbeitszeiten.

Ich glaube – ohne an dieser Stelle 15 weitere Studien auszugraben –, dass alle, die das hier lesen, längst wissen, wie schlecht lange Arbeitszeiten für ihr eigenes Wohlbefinden und das ihres privaten Umfelds sind. Deshalb wundert es mich so, dass ausgerechnet „Experten“ wie Monika Schnitzer trotz all der wissenschaftlich fundierten Evidenz nicht verstehen können, was die 4-Tage-Woche überhaupt im Kern bringen soll.

Nämlich: *keine* 40-Stunden-Woche.

Deshalb erkläre ich es hier gerne noch einmal für alle zum Mitschreiben: Die 4-Tage-Woche geht von der Idee aus, die derzeitige Vollzeitarbeitszeit, die in den meisten europäischen Ländern zwischen 36 und 40 Stunden liegt, auf eine 4-Tage-Woche mit 30–32 Stunden umzustellen. Und zwar ohne Kürzungen der Löhne.

Das bedeutet nicht unbedingt, dass Arbeitnehmende an vier Tagen arbeiten müssen, vielmehr geht es darum, die Zahl der Vollzeit-Arbeitsstunden zu reduzieren.

So kann die 4-Tage-Woche von der Teilzeitarbeit insofern unterschieden werden, als dass Letztere ebenso eine Verringerung der Arbeitsstunden mit sich bringt, allerdings mit einer proportionalen Verringerung des Entgelts. 4-Tage-Woche also: ungleich Teilzeit.

Denn sonst hätten wir wieder den gleichen Salat: Teilzeitarbeit ist in der Regel schlecht bezahlt, wird gesellschaftlich abgewertet und bietet Teilzeitarbeitenden wenige bis keine beruflichen Aufstiegschancen. Es gibt unzählige Beiträge darüber, warum vor allem Frauen und Mütter in Teilzeit arbeiten und deswegen später stärker von Altersarmut betroffen sind. Im Jahr 2019 lag die Teilzeitquote von erwerbstätigen Frauen mit minderjährigen Kindern laut Statista[27] bei 66,2 %, wohingegen sie bei erwerbstätigen Männern im gleichen Jahr bei 6,4 % lag. Also: Ja, das ist ein Problem.

Teilzeit ist also wirklich *keine* Lösung. Es muss schon die 4-Tage-Woche bei gleichem Gehalt sein.

* * *

Lasst uns aber auch mal ein bisschen die Erfolgsergebnisse feiern.

Länder wie Großbritannien, wo die arbeitszeitreduzierte 4-Tage-Woche bereits erprobt wurde, können ihren Kollegen am Festland bereits erste Erfolgsergebnisse präsentieren.[28] Von den 61 Organisationen, die an einer umfassenden Studie teilnahmen, stellten 44–51 Erhebungsdaten für die Leistungsanalyse zur Verfügung. Die größten Vorteile der kürzeren Arbeitszeiten wurden bei der Auswertung durch die Forscher der University of Cambridge und des Boston College beim Wohlbefinden der Arbeitnehmenden festgestellt. Die Vorher-Nachher-Daten zeigen, dass 39 % der Arbeitnehmenden weniger gestresst waren und 71 % am Ende der Studie ein geringeres Burnout-Level verzeichneten. Auch Angstzustände, Müdigkeit und Schlafprobleme nahmen ab, während sich die geistige und körperliche Gesundheit verbesserte. Für 54 % der Arbeitnehmenden wurde es dank der 4-Tage-Woche einfacher, Arbeit und Haushalt unter einen Hut zu bringen – und sie waren auch zufriedener mit ihren Haushaltsfinanzen, Beziehungen und ihrem Zeitmanagement. 60 % der Arbeitnehmenden stellten fest, dass es ihnen leichter fiel, die bezahlte Arbeit mit den Betreuungspflichten zu vereinbaren. Und, was mich persönlich auch sehr freut: 15 % der Angestellten sagten, dass sie nicht wieder zurück zu einer 5-Tage-Woche wechseln wollen würden. Übrigens: Von den 61 Unternehmen, die bei der Studie teilgenommen haben, setzten 56, also 92 %, die 4-Tage-Woche fort.[29]

In vielen Fällen berichteten die Unternehmen stolz, dass ihre Mitarbeitenden mehr Zeit mit ihren Familien verbringen, Hobbys nachgehen und sich mehr um sich selbst kümmern konnten. *„Unsere Mitarbeiter haben nach der Pandemie und der Lebenshaltungskostenkrise ein höheres Arbeitspensum zu bewältigen“*, erklärte beispielsweise Alison Dunn, Leiterin der Verbraucherberatungsstelle Citizens Advice in Gateshead gegenüber der BBC.[30] *„Die Vier-Tage-Woche hat ihnen die Möglichkeit gegeben, sich zu entspannen. Die Mitarbeiter haben ihren zusätzlichen freien Tag mit ihren Kindern verbracht, sind im Wald spazieren gegangen und haben ihre Hobbys ausgelebt.“*

Tatsächlich war genau diese Veränderung der Arbeitskultur auch eines der Ergebnisse des isländischen 4-Tage-Experiments. Die Arbeitnehmenden fingen nach und nach an, lange Arbeitszeiten abzulehnen, und legten mehr Wert auf außerberufliche Aktivitäten. Selbst hartgesottene Manager zeigten dadurch eine erhöhte Unterstützungsbereitschaft für die Vereinbarkeit von Beruf und Privatleben.[31]

Abigail Marks, Professorin für die Zukunft der Arbeit an der Newcastle University Business School, ist der Ansicht, dass das Modell der verkürzten Wochenarbeitszeit und der Flexibilität die größten Vorteile für Arbeitnehmende bringen könnte. *„Ohne eine Verringerung der Arbeitsintensität und eine umfassendere Bekämpfung der Überlastung birgt eine massenhafte Vier-Tage-Woche die Gefahr, dass sich die ohnehin schon hohe Arbeitsbelastung noch verstärkt“*, sagt sie. *„Ein Sechs-Stunden-Arbeitstag könnte in Unternehmen, die dazu in der Lage sind, effektiver sein als eine Vier-Tage-Woche.“*[32]

Damit spricht sie ein Problem an, das auch ich noch sehr gut aus meiner eigenen Angestelltenzeit in einer

4-Tage-Woche (mit weniger Gehalt) kenne. Während meine Kollegen fünf Tage für die zu erledigende Arbeit hatten, musste ich mich jeden Tag extrem ranhalten, um die Deadlines zu schaffen. Pausen? Gab es so gut wie keine. Denn ich hatte ja nur vier Tage zur Verfügung, während das Arbeitspensum dasselbe war.

***

Zurück nach Deutschland. Dort machte sich Bundesfinanzminister Christian Lindner bei einer Veranstaltung des CDU-Wirtschaftsrates Ende Mai 2023 große Sorgen um den Wohlstand seiner Nation. Er sagte: *„Es gibt weltweit und historisch keine Gesellschaft, die ihren Wohlstand dadurch erhalten hat, dass sie weniger arbeitet"*.[33] Tja, diese Aussage ist leider einfach nur falsch. Christian Lindner got it all wrong (again).

Denn auch bei den Unternehmenskennzahlen gab es Anzeichen für positive Auswirkungen der kürzeren Arbeitszeiten bei den an der Studie beteiligten britischen Unternehmen. So blieben beispielsweise ihre Einnahmen während des Versuchszeitraums im Großen und Ganzen gleich oder stiegen im Durchschnitt sogar um 1,4 %, je nach Unternehmensgröße. Im Vergleich zu den Vorjahren meldeten die Unternehmen einen durchschnittlichen Umsatzanstieg von 35 %, was auf ein gesundes Wachstum auch in der Zeit der Arbeitszeitverkürzung hindeutet.[34]

Auch die Organisation für wirtschaftliche Zusammenarbeit und Entwicklung (OECD) hat zum Thema Arbeitszeit und Produktivität gleich mehrere Daten zu ihren Mitgliedsländern parat. Das „gross domestic product per hour worked" (auch als BIP pro Arbeitsstunde bekannt) errechnet die OECD so: Auf der einen Seite werden die jährlichen Arbeitsstunden pro Arbeitnehmende erhoben, andererseits wird die Produktivität dieser Arbeitsstunden gemessen. Dazu wird ermittelt, wie viel jede Arbeitsstunde zum Bruttoinlandsprodukt beiträgt. Die Deutschen arbeiteten im Jahr 2021 durchschnittlich 1349 Stunden pro Nase und erwirtschafteten pro gearbeiteter Stunde 68,30 US-Dollar. Das ist ein okayer Wert, aber nicht Spitzenklasse. Kurz zur Erläuterung der Arbeitsstunden: Hier berücksichtigt sind die geleisteten regulären Arbeitsstunden in Vollzeit-, Teilzeit- und geringfügigen Anstellungen sowie bezahlte und unbezahlte Überstunden und die im Rahmen von Nebentätigkeiten geleisteten Arbeitsstunden. Jene Zeit, in der aufgrund von Feiertagen, bezahltem Jahresurlaub, Krankheit, unbezahlter Care-Arbeit, Verletzung und vorübergehender Arbeitsunfähigkeit, Mutterschaftsurlaub, Elternzeit, Schul- oder Berufsausbildung nicht gearbeitet wurde, ist hier nicht erfasst.

Andere Länder, wie zum Beispiel Norwegen mit 84,77 US-Dollar (bei 1427 Stunden) oder Schweden mit 73,89 US-Dollar (bei 1444,28 Stunden), kommen hier mit geringfügig mehr Arbeitsstunden pro Jahr und Arbeitnehmende auf deutlich höhere Werte. Österreich liegt mit 69,63 US-Dollar pro gearbeiteter Stunde (1442) übrigens auf demselben Level wie Deutschland. Am anderen Ende der Skala steht etwa Mexiko mit 2128 Arbeitsstunden pro Jahr und Arbeitnehmende, die 2021 jeweils nur 18,66 US-Dollar zum Bruttoinlandsprodukt beitrugen. Mehr Arbeit ist also nicht gleich mehr Wohlstand.

Übrigens: 30 Jahre zuvor arbeiteten die Deutschen noch im Durchschnitt 1554 Stunden[35], 50 Jahre zuvor 2155 Stunden, und wenn man bis 1870 zurückgeht, sogar 3284 Stunden pro Jahr und Arbeitnehmende.[36] Obwohl unsere Arbeitszeit also in rund 150 Jahren um circa 60 % gesunken ist, ist unser Wohlstand seither enorm gestiegen. 1950 lag das deutsche Bruttoinlandsprodukt pro Kopf und

Stunde bei 2,15 US-Dollar – in heutiger Kaufkraft gemessen. 2017 waren es 36,93 US-Dollar. Unser Wohlstand stieg also in 67 Jahren auf mehr als das 17-Fache, obwohl die Arbeitszeit um 43 % sank.[37]

Genau solche Zahlen widerlegen Lindners Behauptung, dass weltweit keine Gesellschaft ihren Wohlstand erhält, indem sie weniger arbeitet, recht eindeutig.

* * *

Am Ende des Tages reicht es aber nicht, wenn einige wenige Unternehmen Vorreiter sind. Darauf verweist die Forscherin Dr. Heejung Chung, die ihre ganz eigenen Probleme mit der 4-Tage-Woche hat. Denn aktuell wird die vor allem auf der Unternehmensebene eingeführt, um die Produktivität zu steigern, Arbeitskräfte anzuwerben und High Potentials zu halten. Niedriger bezahlte Sektoren oder kleinere Unternehmen sehen möglicherweise gar keine Notwendigkeit für die 4-Tage-Woche oder haben nicht die Kapazität, diese Politik einzuführen.[38] Staatliche Eingriffe hingegen könnten den Unternehmen einen Anstoß geben, die Zeit ihrer Arbeitnehmenden stärker wertzuschätzen und darüber nachzudenken, wie sie effizienter genutzt werden kann. Eine nationale Umstellung auf eine 4-Tage-Woche, so Chung, erfordert deshalb eine Überprüfung bestehender Gesetze und Richtlinien, um die Transition auch sozial gerecht zu gestalten. Dazu gehört ihrer Meinung nach beispielsweise eine Überprüfung des Mindestlohns, um sicherzustellen, dass kürzere Arbeitszeiten nicht zu weiterer Einkommensunsicherheit führen.[39] Außerdem müsste die Politik den Elternurlaub und andere familienpolitische Maßnahmen überprüfen, um festzustellen, ob die bestehenden Institutionen die traditionellen und nicht gleichberechtigten Geschlechterrollen aufrechterhalten –

oder verstärken. Ohne auf politischer Ebene darüber zu diskutieren, wer bei einer 4-Tage-Woche für die Betreuung der Kinder zuständig ist, kann die zusätzlich gewonnene Zeit die ungleiche Arbeitsteilung zwischen Männern und Frauen weiter verstärken, wie es beispielsweise in Frankreich der Fall war.[40] Ähnliche Überprüfungen werden laut Chung auch für andere Bereiche der Politik, wie Arbeitslosenunterstützung oder Renten, erforderlich sein, um sicherzustellen, dass die Veränderung der Arbeitszeit nicht zu potenziell negativen Folgen für bestimmte Gruppen führt.

Angesichts der Notwendigkeit einer potenziellen Überarbeitung und Neukalibrierung einer Reihe verschiedener wohlfahrtsstaatlicher Maßnahmen, so die Forscherin, sollten Sozialpolitikwissenschaftler stärker im Mittelpunkt der Debatten zur 4-Tage-Woche stehen, als dies aktuell der Fall ist. Denn diese befassen sich am längsten mit den sozialen Kosten der Überstunden-Kultur und gleichzeitig mit den gesellschaftlichen Vorteilen kürzerer Arbeitszeiten – insbesondere in Bezug auf Wohlbefinden, Wohlfahrt, soziale Ungleichheiten und den sozialen Zusammenhalt. Faktoren, die von der klassischen Wirtschaftswissenschaft gerne vernachlässigt werden. Daher sind diese Wissenschaftlerinnen am besten in der Lage, vorab kritische Befunde zu liefern, die für die Festlegung einer nationalen Agenda für eine 4-Tage-Woche erforderlich sind.

Ein Beispiel gefällig? Das Vereinigte Königreich leidet gleichermaßen wie Deutschland und Österreich unter einem massiven Mangel an Fachkräften im Gesundheits- und Sozialwesen, der auf Arbeitsbelastung, Stress und eine hohe Fluktuation der Arbeitskräfte zurückzuführen ist. Kürzere Arbeitszeiten könnten potenziell dazu beitragen, die Bindung und Rückkehr von Krankenschwestern und

-pflegern zu fördern und so das Wohlbefinden des Einzelnen und der Gesellschaft insgesamt zu steigern.

* * *

Kommen wir zum Elefanten im Raum: Was passiert mit der Produktivität, wenn die 5-Tage-Woche von der 4-Tage-Woche abgelöst wird?

Nun, im UK-Experiment gab es nur wenige Unternehmen, die eine Verringerung ihres Outputs auch als Teil ihrer Firmenstrategie in Betracht zogen. Ein Unternehmen beschloss zum Beispiel, Zeit zu sparen, indem es sich von einer kleinen Anzahl eher unbedeutender Kunden trennte. Ein anderes Unternehmen war so sehr von den Vorteilen der 4-Tage-Woche für die Mitarbeitenden überzeugt, dass der Vorstandsvorsitzende bereit war, einen kleinen Gewinnrückgang in Kauf zu nehmen, um diese Politik aufrechtzuerhalten. In allen anderen Fällen strebten die von den Forschern befragten Unternehmen an, 100 % ihres Outputs in einer 4-Tage-Woche zu erbringen – ohne zusätzliche Mitarbeiter einzustellen. Die 4-Tage-Policy wurde also mit dem Ziel der Produktivitätssteigerung umgesetzt.[41] Großartig. *Nicht*.

Zu den am häufigsten genannten Möglichkeiten der Produktivitätssteigerung gehörten dabei weniger und kürzere Meetings, das Einführen von neuer Projektmanagement-Software, die Einführung von Fokus-Zeiten, in denen Mitarbeitende konzentriert arbeiten konnten, und die Automatisierung gewisser Arbeitsaspekte.

Leider fehlen aussagekräftige Produktivitäts- und Leistungskennzahlen, da die Unternehmen sehr unterschiedliche Daten in Bezug auf die Produktivität sammelten. Als Teil des finalen Fragebogens wurden die Unternehmen trotzdem gebeten, ihre Erfahrungen im Rahmen der Studie auf einer Skala von 0 (sehr negativ) bis 10 (sehr positiv) zu bewerten. Auf die Frage, wie die Umstellung das Unternehmen in puncto Produktivität beeinflusst hat, war das Mittel der Antworten 7.5.

Aus Japan gibt es aussagekräftige Zahlen, und zwar von Microsoft. Im August 2019 experimentierte Microsoft dort mit einem neuen Projekt namens „Work-Life Choice Challenge Summer“, bei dem die gesamte 2300-köpfige Belegschaft fünf Freitage hintereinander ohne Lohneinbußen frei bekam.[42] Die verkürzten Wochen führten zu effizienteren Meetings, zufriedeneren Mitarbeitern und einer Produktivitätssteigerung von unglaublichen 40 %, so die Schlussfolgerung des Unternehmens am Ende des Versuchs. Fragt sich nur, wie lange genau dieses Produktivitätsniveau angehalten hätte.

Je tiefer ich in die Recherchen zur 4-Tage-Woche einsteige, desto klarer wird, wie sehr sich Journalisten und Führungskräfte am Faktor Produktivität aufgeilen. Ich scrolle durch LinkedIn-Learnings und finde einen Kurs von Andrew Barnes, der *sein* Modell hinter einer „erfolgreichen“ 4-Tage-Woche vorstellt. Schon in den ersten drei Minuten spricht auch er wieder von: einer höheren Produktivität, einer höheren Rentabilität und mehr „Engagement“ der Mitarbeitenden.

Haben wir nun endlich *die* Lösung für all unsere Probleme auf der Arbeit?

Klar ist inzwischen: Die 4-Tage-Woche ist besser als eine 5-Tage-Woche – aber sie ist bislang weder geltendes Recht noch Ponyhof. Das dürfen wir bei all der Euphorie nicht vergessen. Auch eine 4-Tage-Woche kann bei schlechten Arbeitsbedingungen negative Effekte auf das Wohlbefinden haben. Eine Beschäftigung in Deutschland oder Österreich kommt *immer* mit einem Riesenhaufen

Bürokratie und Hierarchie daher. Egal, ob du 15, 32 oder 40 Stunden dabei bist.

Meiner persönlichen Erfahrung nach ist der Mental Load bei einer 4-Tage-Woche meist genauso hoch wie beim 5-Tage-Äquivalent. Man bekommt Mails, Orga-Stuff, Machtkämpfe, neue Regelungen, awkwarde Zoom-Weihnachtsfeiern ja trotzdem komplett mit und nicht nur zu 80 %. E-Mails, die in der eigenen Abwesenheit geschickt werden, sind am nächsten Tag trotzdem da. Es gibt keine E-Mail-Sperre für die Tage, an denen man nicht da ist. Außerdem denkt man am Wochenende nicht weniger an den Job, nur, weil er jetzt an vier statt an fünf Tagen stattfindet. Nicht zu vergessen: Es kann leicht passieren, dass man trotz einer 4-Tage-Woche mit 5-Tage-Tasks zugepackt wird, was im Endeffekt mehr Stress bedeutet.

Die Rechnung – 4 Tage arbeiten = mehr kopffrei haben – geht also nicht so einfach auf.

Als Person, die immer schon zu viele Projekte gleichzeitig auf dem Tisch hatte, habe ich mir früher von meinen 4-Tage-Wochen erwartet, weniger belastet zu sein – und so am Donnerstag oder Freitagnachmittag auch mal Zeit für eigene Ideen zu haben. Frei von finanziellen Sorgen hätte ich dann endlich ein neues Buch schreiben, YouTube-Videos machen oder Kitesurfen lernen können.

Das Problem dabei: Wenn ich 80 % in einem Corporate-Job sitze, habe ich an meinen freien Tagen weder Nerven für ausufernde Recherchen noch für Sport. *Vielleicht* schaffe ich es, frisch zu kochen oder eine kleine Runde joggen zu gehen – ein richtiger Side Hustle mit Leidenschaft dahinter ist allerdings nicht mehr drin. Und falls man es doch versucht, die eigene Leidenschaft auszuleben, stresst man sich zu seiner 80-%-Stelle auch noch mit 40 weiteren % Nebentätigkeit, was dann am Ende in 50- bis 70-Arbeitsstunden-Wochen resultiert.

Auch das habe ich bereits hinter mir. Es gab Wochen, in denen hatte ich Freelance-Aufträge, einen Podcast, die Groschenphilosophin-Redaktion mit fünf weiteren Menschen, Uni-Prüfungen und eine 80-%-Stelle. Klingt nach Hölle? War es auch. Wir erinnern uns an die Einleitung dieses Buchs. Stress war für mich letztlich auch ein Grund, mich wieder gegen die 4-Tage-Stelle und für die Selbstständigkeit zu entscheiden. Weil ich es nicht geschafft habe, alles unter einen Hut zu bekommen. Mich um mich selbst und meine mentale Gesundheit zu kümmern. Von der körperlichen mal ganz abgesehen, die sowieso seit zehn Jahren einfach „mitlaufen“ muss.

Ob nun kreativ nebenher arbeitend oder nicht: Die 4-Tage-Woche ist sicherlich *nicht* gekommen, um den Kapitalismus abzulösen. Wie wir am Beispiel von Großbritannien gesehen haben, wollten die meisten Unternehmen nichts an Umsatz oder Produktivität einbüßen, im Gegenteil. Sie haben sogar zum Teil eigene Maßnahmen und Regelungen eingeführt, um diese weiterhin hochzuhalten.

Es wäre also sehr naiv zu denken, dass die 4-Tage-Experimente am Ende wirklich in erster Linie den Mitarbeitenden zugutekommen. Denn Festanstellung heißt immer, fest für jemandes anderen Ideale da zu sein. Ich höre Chefitäten Sätze droppen wie: „Aber du hast doch jetzt eh am Freitag frei, warum warst du denn nicht beim Sport, um dich fit zu halten?“ oder „Ach komm, wir leben doch in der besten aller Zeiten! Jetzt hast du sogar Zeit für deine Kinder!“. Als ob ein Tag mehr pro Woche das schiefgewachsene Gesamtkonstrukt geradebiegen könnte. Als ob an diesem einen Tag *alles* stattfinden könnte: echte Erholung, Hobbies, Einkäufe, Sport, Partys, Sex, Kinderbespaßung, Hundefriseur- und Kinobesuch.

Nein. Wir leben trotz einer eventuell bald für alle möglichen 4-Tage-Woche nämlich *nicht* in der besten aller Zeiten. Wie ich später im Kapitel 5 „Arbeitslosigkeit for future" genauer erörtern werde, sollten Deutsche nämlich pro Woche nicht mehr als sechs Stunden (!) arbeiten, damit sich die Erde nicht um mehr als zwei Grad erwärmt.[43] Wo genau hilft dabei die 32-Stunden-Woche?

Eben. Sie wäre im Vergleich zum Jetzt eine Verbesserung, ganz klar. Aber sie ist *nicht* DIE Lösung. Nicht für die lohnabhängigen Menschen und ganz sicher nicht für den Planeten.

Kapitalisten ausbeuten

Solange es keine gesetzlich verankerte, menschenfreundliche 4-Tage-Woche, keinen Menstrual Leave, kein bedingungsloses Grundeinkommen oder Grunderbe gibt, müssen wir uns aus Mangel an Alternativen etwas anderes einfallen lassen. Ich tue das nicht gerne, *niemand* tut das gerne, aber manchmal dient die Lohnarbeit auch schlicht und einfach dazu, um Gelder umzuverteilen, sie der eigenen Community zukommen zu lassen oder um damit etwas Eigenes, Sinnhafteres aufzubauen.

Niemand muss dafür einen Betrug à la Anna Sorokin anzetteln, die folgenden Methoden sind – Arbeitsrecht sei Dank – außerdem alle absolut legal.

Eines noch vorweg: Es ist mir bewusst, dass nicht alle Menstruierenden die meist notwendigen akademischen Abschlüsse und Qualifizierungen haben, um sich bei passenden Firmen zu bewerben. Deshalb hoffe ich, dass diejenigen, die die Chance dazu haben, sie umso besser nutzen und die Gelder eigenverantwortlich umverteilen.

Also, starten wir rein. First things first: Welche Firmen kommen für den eigenen Robin-Hood-Coup in Frage? Natürlich *nicht* der kleine Bio-Markt um die Ecke, der selbst kaum über die Runden kommt, genauso wie NGOs oder Start-ups (hier hauptsächlich, weil: shit pay), Kulturprojekte oder temporäre Projektjobs (shit pay + zu viel Workload mit zu wenig Personal). Passender sind: Firmen mit 500 oder mehr Mitarbeitenden, die ihr Geld mit ... Bullshit machen. Ihr wisst schon: Consulting-Firmen, IT-Firmen, IT-Consulting-Firmen, Tech-Unternehmen, Projektmanagementjobs für ein Produkt, das niemand braucht, aber trotzdem alle kaufen. Sowas. Firmen jedenfalls, die mit unethischen, ausbeuterischen Praktiken unfassbar große Gewinne erzielen, alte, *weiße* Männer an Firmenspitzen sitzen haben und zum jeweils passenden Minderheiten-Gedenktag Diversity-Postings auf LinkedIn absetzen. Juck.

Bei Firmen, die ihren Profit damit erwirtschaften, andere auszubeuten, muss wirklich *niemand* ein schlechtes Gewissen haben.

Das Tolle an großen Firmen ist, dass sie in der Regel nicht so genau darauf achten, was das kleinste Rädchen im Betrieb macht, sodass es durchaus möglich ist, mehrere Monate, ja, sogar Jahre unentdeckt als Bullshit-Consultant durchzukommen und dabei einen Haufen Geld mitzunehmen. Oft bekommt man sogar noch ein Smartphone und eine BahnCard 50 obendrauf! Wenn das nicht *wahrer* Luxus ist.

Auf jeden Fall muss die Firma so groß sein, dass ihre Mitarbeitenden selbst den Überblick über die eigenen Abteilungen, Programme und Projektziele verlieren. Chaos rules. Wenn dich Thorben regelmäßig fragt, wer doch gleich nochmal Head of Unit BA ist, weißte Bescheid. Auch entgegenkommend ist ein zäher Mail-Verkehr, der verschafft einem immer noch ein paar Tage extra für das eigene Passion-Projekt. Zu den idealen Bedingungen zählt es auch, wenn Projekte so langsam verteilt und gestartet werden, dass man nach dem Onboarding noch zwei bis drei Monate im Firmenchat rumpimmelt, maximal „Guten Morgen, kann ich helfen?" ins Blaue schreibt und dann abwartet, bis einem jemand um 16 Uhr einen Task rüberschiebt, den man in der übernächsten Woche erledigt. Also *vielleicht*.

Damit das nicht auffällt, muss man hin und wieder auf seinem Firmen-PC auf eine Taste drücken, um Aktivität zu simulieren. Schließlich werden wir inzwischen längst nicht mehr nur durch echte Menschen beurteilt.

Wer jetzt glaubt, solche Firmen gibt es nicht: Doch, diese Firmen gibt es. Und ich habe sie selbst getestet. Aus rechtlichen Gründen kann ich keine Namen nennen (schade), aber ich konnte große Teile meines Blogs, meiner Bachelor- und Masterarbeiten und der Arbeit an meinen eigenen Büchern finanzieren, indem ich während der bezahlten Arbeitszeit einfach etwas *komplett* anderes gemacht habe.

Das Tolle ist, dass viele Recruiter gar nicht so engagiert sind, wie sie immer tun, denn sonst hätten sie mich vor der Festanstellung verdammt nochmal zumindest *einmal* gegoogelt. Wer also Angst hat, gar nicht erst in solch eine Firma *reinzukommen*, braucht keine zu haben. Wirklich nicht! Die meisten Recruiter schauen sich immer noch als Erstes ganz oldschool deinen PDF-Lebenslauf, ein paar Zeugnisse und das Anschreiben an und verschwenden keine weitere Zeit damit, deine Spuren im Internetz auf verdächtige Anti-Work-Haltungen zu untersuchen. Sonst hätte ich seit 2015 nie wieder eine Festanstellung bekommen.

Manchmal finden es Arbeitgebende sogar ganz reizvoll, dass man sich öffentlich kapitalismuskritisch äußert oder fürs Klima einsetzt – schließlich haben wir 2024! Amazon ist böse, Kuhmilch sowieso. Jede Firma, die etwas auf sich hält, will heutzutage auch durch die eigenen Mitarbeitenden *woke* oder *edgy* erscheinen und neue Impulse reinholen. Dabei wird gerne vergessen, dass es tatsächlich Mitarbeitende geben *könnte*, die die Kapitalismuskritik nicht nur stolz auf Social Media vor sich hertragen, sondern direkt ins Unternehmen miteinschleusen, andere Mitarbeiter damit infizieren und sich noch während der Probezeit zu einer Art inoffiziellem Betriebsrat zusammentun. Ja, es soll Mitarbeitende geben, die nicht nur so *tun*, als ob sie Lohnarbeit verachteten, sondern diese Verachtung in konkrete Maßnahmen und Verhaltensweisen umwandeln.

Das Schwierigste an diesem Plan ist also nicht, in eine Firma reinzukommen. Das Schwierige ist, sich nicht jeden Abend bei seinem Love Interest über die grauenhaften Zoom-Calls aufzuregen, in denen irgendein Horst eine Agenda vorstellt, die niemanden interessiert, nein, nicht einmal die Kunden, für die sie ursprünglich erstellt worden ist. Das Schwierigste ist, die ganze Scheiße nicht persönlich zu nehmen.

Das Kapitalismus-Game mit halbwegs neutraler Miene über sich ergehen zu lassen, erfordert Disziplin, Scheuklappen und einen sehr, sehr netten Ton. So nett, dass einem niemand etwas Schlechtes nachsagen kann, denn gutes Benehmen ist für den slackenden Underdog oberste Regel. Wer slackt und Kritik äußert, ist schnell wieder raus. Wer slackt und *applaudiert*, bleibt. Klugscheißer mögen keine anderen Klugscheißer, und solange du nicht bereits auf oberster Unternehmensebene angekommen bist, wo du dir in deinem eigenen Büro nach dem Lunch einen runterholst, *mäßigst* du deine Bedenken lieber.

Auch tricky sind Personalgespräche, in denen du nach deiner Zukunft im Unternehmen gefragt wirst, obwohl das für dich absolut keine Option ist. Hier lohnt es sich, vorher ein bisschen im Intranet oder auf der Firmenwebsite zu recherchieren, um einen glaubwürdigen Karriere-Pfad auszuwählen, auf den du dich dann angeblich fokussiert. Schließlich kannst du nicht sagen, dass du in spätestens drei Monaten kündigst, damit du dich wieder Aufgaben widmen kannst, die dich nicht schon morgens vor dem ersten Bissen Brot zum Kotzen bringen. Du kannst auch nicht sagen, wie sehr du die angepasste Mentalität deiner Vorgesetzen verachtest, dass du es nicht *glauben* kannst, dass sie in diesem Scheißladen ihre besten Jahre verbracht hat und vermutlich nie wieder etwas Eigenständiges denken wird. Nein, du musst dich unterordnen, brav nicken und eines nicht vergessen: Niemals. Die. Wahrheit. Sagen.

Bei meinen ersten so gearteten Experimenten habe ich ein paar Mal den Fehler begangen und mich mit dem Feind angefreundet. Weil mir langweilig war. Weil ich dachte, wir sind doch alle *Menschen*. Aber je mehr andere über mich wussten, desto schwieriger wurde es, meine echten Absichten zu verstecken. Ich hatte ständig Angst, dass irgendjemand petzen und man mich sofort feuern würde. Diesen Fehler würde ich heute tunlichst vermeiden und mein Privatleben vom beruflichen trennen wie das Gelbe vom Ei. Wenn ich gefeuert werde, dann bitte erst, wenn der lebensnotwendige Haufen Geld auf mein Konto gewandert ist.

Wo wir gleich beim nächsten Thema wären: Wie lange muss man sich das antun? Die Antwort variiert ebenso wie die eigene Leidenstoleranzschwelle. Ich weiß, dass meine ungefähr bei sechs Monaten liegt, obwohl ich meistens bereits im ersten Monat kündigen möchte (Kapitel 1:

„So what? I can't hold a job") und für den restlichen Zeitraum auch tagsüber auf meine Beißschiene zurückgreifen muss. Allerdings weiß ich auch, welchen Geldbetrag ich für mein Leben pro Jahr brauche, sodass ich mich dann doch noch ein wenig zusammenreiße, bis in Monat vier die ersten Risse auftreten.

Ich kann nicht mehr freundlich lächeln.

Ich kann diese eine Sache nicht mehr „ganz schnell" erledigen.

Mein Gehirn weigert sich, zu denken.

Ich bekomme psychosomatische Symptome wie Schlafprobleme, Bauchweh oder Anxiety.

Wenn ich diese Nebenwirkungen bemerke, weiß ich: Es wird langsam Zeit, zu gehen. In der Regel sind dann noch ein oder zwei Krankenstände drin, bevor alles auffliegt. Bevor ihnen dämmert, dass sie sich einen „Bad Fit" ins Unternehmen geholt haben, der hinterher in der Fluktuationsstatistik negativ einschlagen wird. Ab diesem Moment sind es noch ungefähr drei Entwicklungsgespräche bis zu dem Punkt, wo du entweder zu einer Kündigung von deiner Seite manipuliert oder gekündigt wirst. Das Gute an einer Kündigung durch das Unternehmen ist: Wenn du diese Taktik mehrmals durchziehst, hast du wahrscheinlich Anspruch auf ALG1, für das du in Deutschland und Österreich mindestens zwölf Monate sozialversicherungspflichtig beschäftigt gewesen sein musst. Willkommen in der wohlverdienten Arbeitslosigkeit!

***

„Was willst du später einmal werden?"

„Kapitalisten-Ausbeuterin!"

Nein, im Ernst. Ich hatte mir für mein Erwerbsleben natürlich auch etwas *anderes* vorgestellt, als von Firma zu Firma zu hoppen und mich ständig als die Neue vorzustellen, die irgendetwas mit Social Media macht. Ich dachte bis Mitte 20, ich werde Chefredakteurin eines deutschen Print-Relikts, das sich mit Gesellschaft und Politik beschäftigt. Bis ich gemerkt habe, dass ich nicht die Nerven habe, um mich jahrelang nach oben zu wursteln und dabei meine Integrität zu verlieren. Mal abgesehen davon, dass es sehr wahrscheinlich war, dass dieser Plan scheiterte.

Ja, ich hatte mir für mein Erwerbsleben auch etwas anderes vorgestellt als *das*.

Und trotzdem habe ich eine Lösung für mich gefunden. Sie ist nicht perfekt, hat ihre Schattenseiten, aber sie ermöglicht es mir, einen Großteil des Jahres Ruhe zu haben und mich auf das zu konzentrieren, was mir wirklich wichtig ist.

Durch diese ungewöhnliche Art, mein Geld zu verdienen, habe ich es immerhin geschafft, weiterzuschreiben. Ich habe meine Berufung, Autorin zu sein, anders als viele meiner ehemaligen Mitstreiterinnen *nicht* aufgegeben. Ich habe immer nebenbei weitergeschrieben, während ich eigentlich einen Kommunikationsplan entwerfen oder einen Recruiting-Fachartikel über die Corporate-Journey redigieren sollte.

Obwohl ich nicht auf eine steile Corporate-Karriere zurückblicken kann, fehlt mir *nichts*. Ich würde mein Arbeitsleben nicht anders wünschen. Und selbst wenn, kann ich jederzeit wieder einsteigen. Ganz unten auf der Karriereleiter.

Kapitel 4: Schmerz

Triggerwarnung: Suizidalität, Tod, Trauma, Schwangerschaftsabbruch, Geburt, Gewalt gegen Menstruierende, patriarchale Gewalt, Drogenkonsum

Die meisten wissen, wie sich ihre Wut im Arbeitskontext zeigt. Aber was ist mit Trauer, mit Schmerz? Warum tun wir so, als ob arbeitende Menschen nie trauern würden? Als ob es weder Tod, Fehlgeburten, Abtreibungen noch Trennungen gäbe. Als ob wir nie verlassen, enttäuscht oder vergessen würden. Als ob unsere Großeltern, Eltern, unsere Kinder für immer leben würden.

Wahrscheinlich ist dieses Kapitel das schwerste von allen. Und genau deshalb brauchen wir es.

Du, bitte wein leise

Todesfall	**Anspruch auf Sonderurlaub**	**Tage**
Todesfall Ehepartner oder Ehepartnerin	ja	2
Todesfall Kind	ja	2
Todesfall der Eltern	ja	2
Todesfall der Großeltern	nein	–

Die Dauer des Sonderurlaubs im Todesfall eines Menschen im Näheverhältnis ist weder in Deutschland noch Österreich gesetzlich eindeutig geregelt. Ob und in welchem Ausmaß Sonderurlaub von einem Unternehmen gewährt wird, hängt vom Tarifvertrag, der Betriebsvereinbarung und vom Arbeitsvertrag ab. Und doch gibt es sie. Die Tabelle[1], die gerne als Richtwert dafür herangezogen wird, wie lange Menschen trauern dürfen, wenn ihr Ehepartner, das Kind oder die Eltern sterben. Sie gibt vor, um welche Menschen wir trauern dürfen – und um welche nicht.

Tut mir leid, aber Großeltern sind nicht inkludiert. Auch Freunde, Hunde, Cousins oder Nachbarn finden sich nicht in der Tabelle. Wir müssen uns auf die Kernfamilie beschränken, auf die Ehepartner und Verwandten ersten Grades. Denn nur zu diesen pflegen wir eine ernsthafte Beziehung, der Rest findet halbjährig auf Familiengroßveranstaltungen statt und wir wissen alle, dass wir da eigentlich lieber nicht hingehen.

***

Ich stelle mir vor, ein Kind zu haben, das stirbt.

Die Autorin Katja Lewina musste diese Erfahrung machen. Sie hat einen Text darüber geschrieben[2], den ich gelesen habe, als ich im Schwimmbad war und kurz an mein Handy gehen musste. Mir wurde ganz schlecht. Ich fragte eine Freundin, die am Telefon war und ein Kind hat, ob es etwas Schlimmeres gibt auf der Welt, und sie meinte: „nein“.

***

Mir sind objektiv betrachtet schon sehr viel weniger schlimme Dinge widerfahren als der Tod des eigenen Kindes, und trotzdem konnte ich nicht arbeiten. Jedes Jahr erwischt mich ein ganzer U-Bahn-Waggon vollgestopft mit Verlust und Schmerz, der gesellschaftlich nicht als solcher anerkannt wird, für den ich ganz sicher nicht frei, stattdessen aber von meinem Vorgesetzten eine gerunzelte Stirnfalte und ein „Hä, doch nicht wegen sowas!“ als

Antwort bekäme. Doch wenn mich die Trauer erwischt, dann breitet sie sich in mir aus wie eine Grippe im Kopf, alles ist vernebelt und ich kann zwischen zwölf und hundert Stunden nur an diese eine Sache denken. Morgens habe ich drei Sekunden, bis mein Bewusstsein wieder die Kontrolle übernimmt und mich daran erinnert, was ich verloren habe. Bis dahin schaffe ich es meistens nur bis aufs Klo. Dann breitet sich der Schmerz langsam von der Herzmitte in alle Gliedmaßen aus, nimmt mir den Appetit und die Lebensfreude und keiner kann mich mehr an diesem Tag vor mir selbst retten. Wenn ich eines gut kann, dann vor lauter Trauer – oder Wut in Kombination mit Trauer – nicht zu arbeiten. Leider ist das keine Fähigkeit, die ich in meinen CV eintragen kann.

„Hallo, ich bin so empfindlich, ich trauere um verlorene Freundschaften mit Frauen, die mir nichts zurückgeben konnten, um mein vergangenes Ich, um meine Kindheit und die Sommertage, die ich mit meiner Taucherbrille auf der Suche nach kleinen Fischen unbeschwert im Wasser verbrachte, während meine Mutter am Rand saß und wartete."

All das ist unwiederbringlich vorbei und wird nie wieder kommen, ich werde nie wieder neun sein, jung sein, klein sein. Wie soll irgendein Mensch das verkraften?

2018 auf 2019 habe ich ein ganzes Jahr darum getrauert, den Journalismus verlassen zu haben, und niemand wusste, was mit mir los ist, ich war schließlich nicht krank, ich könne doch froh sein, endlich ausschlafen und mein eigenes Ding machen zu können. Aber dass der Verlust meines prestigeträchtigen Journo-Jobs auch mit großen Existenzängsten einherging, mit dem Verlust einer Plattform, mit Häme und erhobenem „Ich hab's dir doch gesagt"-Zeigefinger, wollten die wenigsten wissen.

Ich trauerte um gestorbene Träume. Weniger greifbar geht nicht.

Eine Zeit lang tat es weh, mich mit anderen Journalistinnen auf einen Kaffee zu treffen. Ich konnte und wollte es mir nicht anhören, wie sie stolz von ihren neuen Reportagen erzählten und den Jobs, die sie wieder an Land gezogen hatten, während ich vollkommen verloren mein spärliches Monatseinkommen mit Edding an eine weiße Wand schmierte, um mich an meine Fehler zu erinnern.

Wie sagst du deinem Arbeitgeber, dass du gerade deinem verlorenen Glauben an die Menschheit hinterhertrauerst?

Ich bräuchte als Angestellte jeden Monat mindestens fünf Sonderurlaubstage, um damit fertigzuwerden. Ich bräuchte Sonderurlaubstage, um die täglichen Nachrichten verarbeiten zu können. Ich bräuchte jede Woche 30 Minuten extra, um damit klarzukommen, dass in diesem Jahr so viele Bäume abgestorben sind wie noch nie und die Kinderarmut weiter steigt.

Über die Jahre hat sich meine Trauer angestaut, und es braucht nicht mehr viel, um das Wasser übers Ufer steigen zu lassen. Es reicht, einmal im Jahr zu viel umzuziehen und dabei ein altes Foto in einer Kiste zu finden. Manchmal trauere ich darum, wie ich mich im Moment der Aufnahme fühlte, und laufe gedanklich einem längst verschwundenen Zustand hinterher. Ich sehe mich mit meinen kurz geschnittenen Stirnfransen in den Hallen der Universität, und alle meine Großeltern leben noch, und meine bisher längste Beziehung ist noch in Takt, und meine Oberschenkel reiben im Sommer noch nicht aneinander, und ich habe mir meine Backenzähne noch nicht drei Millimeter abgekaut, meine Vorderzähne beißen genau richtig aneinander vorbei, ich habe noch keinen Tinnitus, keine Studienabschlüsse, keine Buchtitel, die ich bereue, keine beendete Karriere im Journalismus, keine Amazon-Kommentatoren, die mir wünschen, dass ich endlich etwas finde, das mich glücklich macht. Ich bin noch *ganz*.

Und weil wir als Gesellschaft keine Worte dafür finden, um über unsere Trauer zu sprechen, melden wir uns krank, weil wir „Migräne“ haben. Weil niemand, wirklich niemand Lust dazu hat, seinem Team von einer schwierigen Trennung zu erzählen. Niemand möchte in unserer Leistungsgesellschaft *Opfer* sein, schon gar nicht Opfer seiner unkontrollierbaren Gefühle, seiner Neigungen, seiner eigenen schlechten Wahl. Denn hätte man sich schon früher für einen besseren Partner mit einem ordentlichen Job entschieden, dann gäbe es dieses Problem heute doch gar nicht. Eigentlich ist man ja selbst schuld, angelogen, ausgenutzt, geschlagen oder missbraucht worden zu sein.

Außerdem: Wenn keiner gestorben ist, kann es nicht so schlimm sein. Get over it and start *working*.

Manchmal, wenn ich mit der U-Bahn fahre, sehe ich Menschen weinen und ich denke mir: „Scheiße, was ist dir passiert?“ Aber du musst jetzt trotzdem zur Arbeit fahren, weil wahrscheinlich niemand gestorben ist. Vielleicht ist dir die Waschmaschine kaputtgegangen, von der man immer im Feuilleton als Beispiel für eine teure Anschaffung liest, und du musst sie ersetzen. Ich sehe die verheulten Augen, ich sehe das Entsetzen in den Gesichtern der anderen Fahrgäste, ich sehe die aufrichtige Verzweiflung und ich weiß, dass ich nicht mehr jung, nicht mehr unantastbar, nicht mehr „neu“ bin, weil ich diesen Blick von meinem eigenen Spiegelbild kenne.

* * *

Ich stelle mir vor, ein Kind zu haben, das stirbt, und ich müsste zwei Tage später wieder arbeiten. Ich würde nicht mehr zur Arbeit gehen. Ich würde mich kündigen lassen, damit ich mich in meinem Leid suhlen könnte. Damit ich drei Monate nicht unter Menschen müsste. Damit ich nicht so tun müsste, als ob mich der Inhalt auf Seite 47 der PowerPoint-Präsentation interessiert.

Sehr wahrscheinlich würde ich darüber nachdenken, mich umzubringen. Aber dann könnte wiederum *meine* Mutter nicht mehr arbeiten, und was wäre dann?

Aliens

> *„Dein Reihenhaus sieht süß aus, aber du hast nicht verstanden, nicht gecheckt, dass der größte Unterschied zwischen uns deine Privilegien waren, nicht meine Persönlichkeit. Denn ich war nicht die Königin meines Theaters.“* Jacinta Nandi

Es ist 17:57 Uhr an einem Freitagabend. Ich habe eine anstrengende Woche hinter mir und bin gerade über eine Stunde mit den öffentlichen Verkehrsmitteln nach Marzahn gefahren. Ja, meine Selbsthilfegruppe findet ausgerechnet in Marzahn statt. Von all den *gottverdammten* Stadtteilen in Berlin ausgerechnet dort.

Ich habe einen Monat lang darüber nachgedacht, ob ich überhaupt teilnehmen soll. In einer Gruppe von traumatisierten Menschen über meine eigenen Traumata zu sprechen, entspricht nicht unbedingt der Manifestation eines lustigen Abends. Wenn ich mir die ganzen Geschichten vorstelle, wird mir schon ganz übel – schließlich sind wir ja alle aus denselben Gründen da und können diesen gemeinsamen Nenner nicht bis übernächstes Jahr ignorieren.

Ich steige aus der Straßenbahn aus, überquere die Straße in Richtung Alt-Marzahn und suche das Gebäude, dessen Adresse mir in der E-Mail mitgeteilt wurde.

17:59 Uhr an diesem Freitagabend und außer mir ist kein Mensch da. Super!

Ich gehe in das Nachbarhaus – ein Kirchenverein oder so – und frage nach, ob ich überhaupt richtig bin. Sie wissen nichts über meine Gruppe. Ich checke nochmal den Standort auf Google Maps. Natürlich denke ich sofort wieder, „*ich* bin falsch“. Doch ich bin richtig.

Also stelle ich mich vor das Eingangstor und warte. „Um Viertel nach sechs gehst du wieder“, sage ich mir und blase kalten Atem in die noch kältere Luft. Ein bisschen hoffe ich sogar, dass niemand mehr aufkreuzt, damit ich mich dem hier nicht stellen muss.

Um 18:07 Uhr kommt mir ein großer Mann in Daunenjacke entgegen. Er sieht mich skeptisch an und fragt, ob ich heute neu „dabei“ sei. Ich bejahe. Er zuckt notorisch mit den Augen, ist sichtlich nervös. „Schlimm ...“, denke ich mir. Gefolgt von einem: „Hilfe, sieht man mir meine Geschichte direkt an?“

Wie das so ist mit fremden Männern, habe ich eigentlich keine Gesprächsthemen, über die wir uns unterhalten könnten. Also stehen wir in der Kälte und warten, bis noch jemand kommt. An dieser Stelle zu smalltalken wäre ja irgendwie auch seltsam, oder?

„Hey, na du? Hast du auch so ein Pech gehabt wie ich?“

„Und, wie lange bist du schon in Therapie?“

„Haha, jetzt stehen wir hier freitagabends, statt unsere Freunde zu treffen oder auf ein Konzert zu gehen, um zu reden, und glauben, dass das irgendwas bringt.“

Eine Frau um die 40 und eine Frau Anfang 20 sind um Viertel nach da. Die Ältere der beiden hat den Schlüssel für eine Art Café dabei, in das wir uns gleich zusammen setzen, um über unsere Probleme zu sprechen.

Ich sage den beiden „Hallo“, sie sagen „Hallo“ zurück und ich glaube, wir sind uns erstmal nicht auf den ersten Blick sympathisch. Aber darum geht es hier auch nicht. Wir müssen uns nicht *mögen*, wir müssen nicht zusammen arbeiten, ein Haus bauen oder eine WG gründen. Wir müssen nur miteinander reden können.

Der Raum sieht aus wie eine geschmacklose Arztpraxis aus den 90ern. Warum um Himmels willen sucht man einen derart tristen Ort für solch ein tristes Treffen aus?

Auf dem Tisch stehen Fake-Blumen, von der Decke aus leuchtet grelles Licht. Die Stimmung ist so gedrückt, dass ich mich zusammenreißen muss, nicht zu weinen anzufangen, bevor jemand sein erstes Wort gesprochen hat.

Endlich: Die ältere Frau eröffnet die Runde. Wir fangen an, der Reihe nach zu erzählen. Der Mann beginnt, danach ist die junge Frau dran, dann ich, dann die ältere Frau. Uns trennen jeweils ungefähr zehn Jahre. 21, 31, 42 und Anfang 50.

Eine Person aus jeder Generation sozusagen, und trotzdem erzählen wir alle eine ähnliche Story. Natürlich ist es nicht zu hundert Prozent *genau* dieselbe Story, so wie wir alle auch unterschiedliche Menschen sind, aber die Gemeinsamkeiten leuchten wie ein roter Faden in unseren Biografien auf.

Ich kann das, was die anderen erzählen, nachempfinden, spüren. Ich sehe sie förmlich vor mir, wie sie darum kämpften, gehört zu werden. Wie sie Bevormundung für ein bisschen Liebe auf sich nahmen. Wie sie daran zerbrachen, dass sie nicht das bekommen konnten, was für eine gesunde Beziehung nötig gewesen wäre.

Ich kenne diese Menschen nicht, ich mag sie vielleicht nicht einmal persönlich, aber ich *fühle* sie. Ich fühle ihre

Erinnerungen, ihren Weg, ihre wieder einmal gescheiterten Versuche, ihre Hoffnungslosigkeit, ihre Trauer, ihre Wut, ihre Ängste, ihre Minderwertigkeitskomplexe, ihre Unsicherheiten.

Als die junge Frau von einer Freundschaft erzählt, die letztlich an einer banalen Sache scheiterte, weiß ich *genau*, warum sie so reagierte, wie sie reagierte, und komme nicht auf die Idee, das zu hinterfragen. Niemand in diesem Raum kommt auf die Idee. Es gibt keine Vorwürfe, keine „Ja, aber hättest du nicht doch besser ...“-Kommentare. Kein automatisiertes Infragestellen und Gefühleabsprechen.

Wir verstehen uns blind.

Drei Stunden später machen wir uns alle auf den Heimweg. Ich bin nicht erleichterter und auch nicht glücklicher als zuvor. Vielleicht hatte ich eine verzerrte Vorstellung vom Effekt dieser Selbsthilfegruppe.

Vielleicht dachte ich, wenn ich nur hingehe, mich dem aussetze, mich austausche, dann wird mein eigener Schmerz weggehen, dann wird alles leichter und ich kann abschließen. Aber heute Abend möchte ich nur noch ins Bett und nicht mehr darüber nachdenken.

Ein paar Wochen später werde ich einer WhatsApp-Gruppe hinzugefügt. Es ist unsere Selbsthilfegruppe-WhatsApp-Gruppe, sie hat keinen Namen, und mein erster Impuls ist es, sofort wieder auszutreten. Ich wehre mich dagegen, Teil einer Opfermentalität zu werden. Ich schiebe die Gruppe ins Archiv und stelle die Benachrichtigungen aus. Ich weiß nicht, ob ich jemals wieder nach Alt-Marzahn fahren werde, um mir freitagabends traurige Gesichter anzusehen und mich danach auch nicht besser zu fühlen.

Und dann, eines Tages, poste ich eine Frage in die Gruppe.

Und *sie* antwortet. Sie antwortet mir mit einer essaylangen Nachricht, wie das damals bei ihr war und was sich seither getan hat und was sie mir in meiner Situation raten würde. Und da spüre ich es: diese Erleichterung, die ich bei unserem Treffen nicht verspürt habe.

Ich schreibe ihr in einer separaten, persönlichen WhatsApp-Nachricht, dass ich gerne mehr über ihre Geschichte hören würde. Sie sendet mir detaillierte Sprachnachrichten, ich antworte mal schriftlich, mal verbal. Ganze Abende verbringen wir so, in unserer shared Bubble, in unserem Trauma-Space. In unserem Verstandenwerden.

Wir entdecken, dass sich unsere Biografien stärker ähneln als zunächst gedacht. Dass wir schon mit 14 ähnliche Tagebucheinträge verfassten. Dass wir *Aliens* waren.

Jeden Tag warte ich gespannt auf ihre Antworten und höre sie immer dann an, wenn mir danach ist. So habe ich mehr Kontrolle darüber, wann ich mich der Thematik aussetze und wann nicht.

Wir haben nicht vor, uns im echten Leben zu treffen, aber zu wissen, dass *sie* da ist, gibt mir ein gutes Gefühl. Dass ich jetzt einen Kontakt habe, dem ich mich anvertrauen kann, wenn es doch mal brennt oder alles wieder hochkommt.

Nach und nach antworten auch die anderen Betroffenen auf meine Frage. Es kommen immer mehr Nachrichten, die ich gespannt aufsauge. Ich merke: Unsere WhatsApp-Gruppe ist ein Raum voll mit geballtem Wissen, zu dem ich nun plötzlich Zugang habe. Ein kollektiver Erfahrungsschatz, den ich Stück für Stück aufdecken kann.

* * *

Wer jetzt denkt „Oh, das betrifft mich alles zum Glück nicht, ich bin heil und ganz!“, dem sage ich: „Who *knows*? Vielleicht bist du auch nur noch nicht so weit, hinzusehen?“

Ich habe Menschen in meinem Umfeld, die suchtkrank sind, ohne es zu wissen. Also gibt es bestimmt auch Menschen, die traumatisiert sind, ohne es zu wissen. Die in Beziehungen und zwischenmenschlichen Konstellationen leben, die sie für *normal* halten, und vielleicht irgendwann mal in einem Nebensatz erwähnen, dass sie am Neujahrsmorgen kurz von ihrem Partner geschlagen wurden. Traumatisiert? Nö, das sind immer nur die anderen.

Ich dachte selbst bis vor Kurzem nicht daran, jemals in einer Selbsthilfegruppe-WhatsApp-Gruppe zu landen. Ich wusste zwar, dass ich ein kaputtes Nervensystem habe – aber ich wäre nie auf die Idee gekommen, mich einer Gemeinschaft von Menschen anzuschließen, denen es in dieser Hinsicht ähnlich geht. Ich *wollte* das nicht nötig haben und dort „dazugehören".

Vieles hängt dabei auch mit Scham zusammen. Damit, sich dem kollektiven Schmerz auszusetzen, sich *überhaupt* einzugestehen: „Ich brauche nicht nur Hilfe in Form von Psychotherapie, sondern auch Gleichgesinnte, mit denen ich im Vertrauen sprechen kann."

Denn das Ding ist: Nicht-Traumatisierte werden nie ganz verstehen, warum wir so handeln, wie wir es tun. Sie werden nicht verstehen, warum wir überreagieren, falsch reagieren, Menschen vor den Kopf stoßen. Wir tun das nicht mit Absicht, und doch wird unser Verhalten von unserem Umfeld – insbesondere von unempathischen Nicht-Traumatisierten – pathologisiert, wir werden dafür verurteilt.

Sie *fragen* nicht mal nach.

Sie schauen weg.

Sie glauben, safe zu sein, in ihren sicheren Häfen mit netten Schwiegereltern, und wollen hinterher nichts mit uns zu tun haben.

„Ich denke, dass es oft diejenigen sind, die mehr Geld haben – mehr Geld, mehr Sicherheit, verheiratete Eltern, die eine Wohnung besitzen, die sie ihnen untervermieten, mit festen Stellen –, die anderen Menschen, die wenig Geld haben – weniger Geld, weniger Sicherheit, viele Traumata, Briefe vom Arbeitsamt, von der Inkassostelle –, vorwerfen, Drama Queens zu werden“[3], schreibt die großartige Autorin Jacinta Nandi und ich muss diese Stelle beim Lesen sofort abtippen, um sie an dieser Stelle einzufügen. *„Und ich denke auch, dass die Leute, die Traumata erlebt haben, oft anstrengend geworden sind, manchmal werden sie paranoid. Ab und zu so wütend, dass es gefährlich ist.“*[4]

„Ich versuche mich von ihr fernzuhalten“, sagt man dann. „Sie ist eine Drama Queen.“ Aber ist das Drama denn nicht gerechtfertigt? Darf man nach Schicksalsschlägen und Niederlagen, die immer und immer wieder Ergebnis strukturellen Missbrauchs sind, nicht auch mal dramatisch sein? Oder nicht vielmehr Ergebnis jahrelangen strukturellen Missbrauchs? *„Es ist auf jeden Fall ermüdend“*, schreibt Nandi. *„Die Erzieher*innen in der Kita sind rassistisch, die Wohnungsgesellschaft hat die Miete erhöht, der Ex will mehr Sorgerecht, das Kind wird gemobbt in der Kita. Strom wird abgeschaltet. Visa abgelaufen.“*[5]

Deshalb sind Traumatisierte auf sich alleine gestellt. Weil sie für all die anderen *anstrengend* sind. Und genau deshalb braucht es diese Gruppen, Gruppentherapien und Selbsthilfegruppen, in denen wir uns austauschen und vernetzen, uns banale und wichtige Dinge fragen können.

Es ist gut und wichtig, diese Räume zur Verfügung zu haben – sei es im virtuellen oder realen Space –, um nicht ständig seine Freunde oder Partnerinnen belästigen zu müssen.

Um zumindest manchmal *nicht* die „Drama-Queen“ zu sein.

Intimacy

Triggerwarnung: Suizidgedanken

> *intimacy* noun / ˈ ɪntəməsi/
> the state of having a close personal relationship with someone[6]

Nie sind es die Dinge, auf die ich mich vorbereite, die mich aus der Bahn werfen. Es wäre auch zu schön, mich vor dem Backlash, dem Heartbreak, dem Missmut schützen zu können, indem ich ihn antizipiere. Dann könnte ich ihn einplanen, in meinen Kalender eintragen, mir ein paar Tage freinehmen und mit einer Wärmflasche bewaffnet darauf warten, bis die Hiobsbotschaft eintrifft und mich umwirft.

Gerne hätte ich sie kommen sehen, gerochen, die Blockierung auf Telegram, die mich eines Samstagmorgens aus dem Nichts traf, als ich geistesabwesend um 8:27 Uhr nach meinem Handy griff, um auf die Uhr zu schauen.

Ihr Profilbild war verschwunden. Und damit auch ihre Anwesenheit in meinem Leben.

Noch eine Woche zuvor schickte sie mir dunkelrote Herzen. Sie schrieb, dass unser bevorstehendes Telefonat ihr Highlight des Tages sei. Zu Silvester versicherte sie mir, dass sie mich auch liebte und sich auf die neuen, gemeinsamen Erfahrungen freute.

Ab heute aber war ich eine gelöschte Nummer. Eine abgelegte Freundin. Ein Mensch, der ihr – wie es im poppsychologischen Sprachgebrauch heißt – nicht guttat. Es gab keine Anzeichen, die auf einen Kontaktabbruch hindeuteten, und auch kein klärendes Gespräch. Da war nur diese Blockierung auf Telegram und eine unpersönliche E-Mail mit drei Absätzen, in der sie mich wie eine flüchtige Business-Partnerin abservierte und um ihren Freiraum bat. Sie bedankte sich für die gemeinsame Zeit, die Erinnerungen und schickte mir noch die übrigen gemeinsamen Termine aus ihrem Zoom-Account. Zwei Wochen hätte ich Zeit, dann müsse ich mir einen eigenen Account zulegen. Als ob es darauf angekommen wäre.

Ihr Verhalten war so unpersönlich und kalt, es hätte auch aus dem Buch *Schlussmachen für Deutsche* entspringen können. Kapitel 1: Alman-Mails, um Ihre Grenzen neu zu verhandeln. Ich fühlte mich schrecklich betrogen. Als ob sie mich wie menschlichen Abfall mal eben mit einem Wisch entsorgt hätte. Sie, die sich ständig und obsessiv mit ihren eigenen Traumata und Bedürfnissen beschäftigte und jede ihrer Erkenntnisse in Form von Tweets und Voice-Messages mit mir teilte, hatte also ausgerechnet diesen Weg des Cut-Off gewählt. Classy.

Ich stand unter Schock und befand mich zu allem Überfluss am Beginn der Lutealphase. Der Monat war gelaufen, bevor er richtig angefangen hatte.

* * *

Über psychische Krisen zu schreiben und zu posten ist das eine, sie körperlich auszuhalten das andere. Mein ganzer Körper tat weh, als ob mir jemand mit einer gusseisernen Pfanne an den Hinterkopf und überall sonst hin geschlagen hätte. Am liebsten hätte ich ihn verlassen.

So war das, in Krisenzeiten. Ich wollte nicht mehr spüren. Ich wollte nicht mit jedem Augenaufschlag daran erinnert werden, was mir passiert war.

Es sollte enden.

I wanna end me.

Irgendjemand sollte jetzt bitte zu dem Zeitpunkt vorspulen, an dem es wieder okay war. An dem mir Brot wieder schmeckte, Schlafen gelang und mein Gehirn das tat, was ich von ihm verlangte, statt den Moment der Enttäuschung wie ein Reel immer wieder von vorne abzuspielen.

Ratgeber raten andere Dinge: Wir sollen die ganze Palette an Gefühlen zulassen. Nicht wegdrücken, nicht verdrängen, sondern integrieren. *Fühlen*. Wir können Briefe schreiben und sie nicht absenden. Meditieren, weinen und zum Sport gehen.

Reden, reden, reden.

Schreiben, schreiben.

Schreien.

Am ersten Tag der Misere redete ich zehn Stunden lang über nichts anderes. Ich war nicht alleine, als ich es erfuhr. M. war neben mir, als sich mein Gesichtsausdruck beim Blick aufs Handy rapide veränderte, und wich mir auch in der darauffolgenden Nacht nicht von der Seite. Gemeinsam analysierten wir jeden Satz, den ich mit ihr gesprochen und noch genau in Erinnerung hatte, wir durchpflügten Telegram-Konversationen nach übersehenen Friendship-Red-Flags. Ich rechnete M. die Stunden vor, die wir zusammen im echten Leben verbracht hatten.

Es waren weniger als drei volle Tage, die wir einander in vier Jahren gegenübergesessen hatten.

Komisch, dass mir das davor nie aufgefallen war. Gemocht zu werden, fühlte sich besser an, als Freundschaften auf ihre Substanz zu überprüfen.

* * *

Frisch verlassen worden zu sein war ein gefundenes Fressen für meine Prämenstruelle Dysphorische Störung. Es reichte nicht, dass ich von einem Tag auf den anderen *gelöscht* wurde wie ein anstößiger Instagram-Account. Meine PMDS redete mir zusätzlich ein, dass mir das *immer wieder* passieren würde, dass ich selbst schuld daran sei, dass ich eben *keine* gute Freundin sei, dass mich jeder Mensch in meinem Leben betrügen und belügen würde, wie sie es getan hatte. Dass es keine echten Freundschaften in meiner Generation gäbe. Keine *wahre* Zuneigung und schon gar keine Loyalität.

Die neueste Negativerfahrung leerte den Salzstreuer direkt über einer alten Wunde aus.

In den ersten drei Nächten wurde ich von meinen Alpträumen geweckt. F. war bei mir. Morgens, mittags, abends, nachts. Ich umarmte ihn im Schlaf, seine Anwesenheit legte sich wie Honig um mein Herz. Dann brauchte mich eine alte Freundin, die gerade erst nach Berlin gezogen und eben gekündigt worden war. Diesmal war *ich* da. Wir saßen bis Mitternacht bei einem Alster an ihrem eBay-Kleinanzeigen-Holztisch, um unsere Blessuren zu bestaunen. Sie schimpfte, telefonierte, ging auf den Balkon rauchen und alles wieder von vorne. Ich hatte ihren Empfindungen wenig hinzuzufügen. Am nächsten Tag machte mir A. eine Quiche mit Spinat und Zwiebeln. Während wir der Essenz von Freundschaft auf den Grund gingen, leerten wir eine Flasche Rotwein. Am Ende waren wir erstaunt darüber, welche Menschen wir bis vor Kurzem unbedarft in unseren Leben begrüßten. Tags darauf half ich M. bei seinem Exposé für die Masterarbeit und ließ mir den Kopf streicheln. Wir aßen halbvergammelte vegane Extrawurst auf Toastbrot und ich blieb über Nacht. Am darauffolgenden Tag, es war Freitag, fühlte ich mich zum ersten Mal seit einer Woche wieder wie ein Mensch. Wie *Ich*. Ich blödelte beim Essen, sang auf dem Klo.

Was hatte ich nach der Blockade befürchtet? Und wieso verlief diese Woche so völlig anders als sonst?

Klar war ich niedergeschlagen, und ja, bis zu diesem besagten Freitag versank ich jeden Morgen erneut in Grübeleien über das Wieso, das Weshalb und das Warum. Aber: Meine Lebensrealität war stärker. *Ich* war stärker. Meine Freundschaften waren stärker, meine Freundinnen und Freunde in Berlin waren allesamt *echte* Personen, die im *echten* Leben für mich da waren und umgekehrt. Ich musste nicht darum betteln, sie zu sehen. Ich musste mich nicht anbiedern, um für eine Stunde vorbeikommen zu dürfen.

Ich stellte zu meinem Erstaunen fest, dass ich alles andere als allein war.

Da erst bemerkte ich, was mein persönliches Heilmittel gegen PMDS war: Es war nicht, wie alle rieten, Tagebuch schreiben, meditieren, spazieren gehen oder Yoga.

Es war *Intimität.*

Doch was *genau* ist Intimität überhaupt, dieses wohlig warme Gefühl des Angenommenseins in der Magengegend?

* * *

Die Wissenschaftler Laurenceau und Kleinman[7] unterteilen Intimität auf drei konzeptuellen Ebenen. Intimität wird dabei entweder als Qualität von Personen, von Interaktionen oder von Beziehungen verstanden.

Auf der ersten Ebene wird Intimität als charakterliche Neigung von Personen bestimmt – dazu zählt zum Beispiel die Motivation zur eigenen Bedürfnisreflexion („motivation, reflecting the needs of the individual").[8] Auf der zweiten Ebene wird Intimität als besondere Qualität im interaktionellen Verhalten zwischen Personen bestimmt. Dabei spielen etwa die Wahrung des Personal Space, der Augenkontakt oder gegenseitiges Zulächeln eine Rolle. Im Vergleich zu den beiden ersten Ebenen wird Intimität auf der dritten Ebene in einem übergeordneten Sinne als qualitätsvolle Eigenschaft von Beziehungen insgesamt verstanden.

Die Wissenschaftlerin und Pionierin auf ihrem Gebiet, Deborah Chambers, assoziiert Intimität traditionell eher mit dem privaten Bereich und schreibt, dass damit in erster Linie *„physical contact within a sexual discourse, often characterised by romantic or passionate love"*[9] – also körperlicher Kontakt im Rahmen eines sexuellen Diskurses, der oft von romantischer oder leidenschaftlicher Liebe geprägt ist – gemeint ist. Mittlerweile wird Intimität laut Chambers jedoch – zum Glück – nicht mehr ausschließlich zur Beschreibung von (Liebes-)Beziehungen verwendet, sondern auch im Zusammenhang mit „wider and more fluid ties of friendship and ‚personal communities'".[10] Nach wie vor ist die von Chambers im Jahr 2013 als „traditionell" beschriebene Begriffsverwendung von Intimität als Synonym für Nähe, Privatheit und Sexualität stark im alltäglichen Sprachgebrauch verankert.

Die Autoren Reis und Rusbult bevorzugen, wie die meisten Wissenschaftler, die sich im akademischen Bereich mit (Paar-)Beziehungen beschäftigen, ein enger gefasstes Verständnis des Begriffs Intimität:

„[...] the process of becoming more deeply knowledgeable about, and connected to, another person. Thus, a major focus of intimacy research concerns self-disclosure, or the ways in which we reveal private information about ourselves to others."[11]

Es macht Sinn, dass „self-disclosure", also Selbstoffenbarung, für die Entstehung von Intimität von besonderer Bedeutung ist. Durch diese Praktik generieren wir vertieftes Wissen übereinander beziehungsweise über die Persönlichkeit des anderen, was wiederum das gegenseitige Vertrauen stärkt – so wie das auch bei mir und meiner Selbsthilfegruppenfreundin geschah. Auch die eingangs erwähnten Autoren Laurenceau und Kleinman stimmen dem prinzipiell zu, halten es jedoch für essentiell, Selbstoffenbarung lediglich als *eine* Komponente von intimen Beziehungen zu verstehen und nicht allgemein mit Intimität gleichzusetzen.

Dem würde ich absolut zustimmen. Andere Aspekte von Intimität, wie etwa gegenseitige Hilfe, praktische Fürsorge und Unterstützung, sind laut der britischen Soziologin Lynn Jamieson noch viel wichtiger.[12]

Oder, um es weniger akademisch auszudrücken: Handlungen sagen mehr als Worte.

* * *

Nichts hilft meinem deregulierten Gehirn während der Lutealphase so gut wie Berührungen, gute Gespräche und Zuwendung.

In seinem Buch *Touching – The Human Significance of the Skin* prägte Ashley Montagu den Begriff „Hauthunger“ (skin hunger). Damit will Montagu das besondere Bedürfnis nach Nähe beschreiben, das auch ich nur allzu gut kenne. Ein Verlangen, das nur durch das Erfahren von Nähe befriedigt wird.[13] Sobald diese zwischenmenschliche Nähe endet, schwinden allmählich auch das Wohlbefinden und die Ruhe. Dauert die Phase ohne erfahrene Nähe zu lange, empfinden wir Unbehagen, Angst und Anspannung. Bei alldem spielt das Hormon Oxytocin eine Schlüsselrolle.

Zunächst erkannte die Wissenschaft die Bedeutung des Oxytocins nur für Geburt und Stillzeit, inzwischen ist bekannt, dass es auch mit anderen Formen der Nähe, Berührungen und Ernährung in Zusammenhang steht. Oxytocin spielt also eine viel komplexere Rolle, als die Forschung ursprünglich dachte. Das liegt daran, dass es an einer Vielzahl unterschiedlicher körperlicher und geistiger Prozesse beteiligt ist.[14]

So senkt Oxytocin zum Beispiel den Blutdruck, indem es die Aktivität des sympathischen Nervensystems unterdrückt, und verlangsamt den Puls, indem es die Aktivität im parasympathischen Nervensystem verstärkt. In beiden Fällen wird Oxytocin aus Nervenzellen freigesetzt, die sich vom Hypothalamus in Areale des Hirnstamms erstrecken und für die Regulation der Aktivität im autonomen Nervensystem wichtig sind. Durch die Verstärkung der Aktivität im parasympathischen Nervensystem regt Oxytocin außerdem Wachstum und Heilung an.[15] Oxytocin hat deshalb ein so breites Wirkungsspektrum, weil es andere Überträgerstoffe beeinflusst. Dazu gehören Dopamin (Regulation von Bewegung und Belohnung), Serotonin (beteiligt an der Regulierung von Gemütszustand und Sättigung) und Acetylcholin (beteiligt an Gedächtnis- und Lernprozessen sowie an der Regulierung der Magen-Darm-Aktivität). Oxytocin wirkt dadurch auch schmerzlindernd, indem es die Funktion körpereigener Opioide beeinflusst. Auch das noradrenerge Signalsystem des Gehirns wird durch Oxytocin beeinflusst, was einen zusätzlichen stressmindernden Effekt hat.[16]

Was mich nach meiner Recherche irritiert, ist der Fakt, dass wir Menschen die Eindrücke, die uns unsere Ohren und Augen liefern, für wichtiger halten, als sie sind. Dabei übersehen wir völlig die Fähigkeit der Haut, Informationen aus unserer Umgebung aufzunehmen und ans Gehirn weiterzuleiten. Höchstwahrscheinlich hat deshalb auch die Medizin die entscheidende Rolle der Haut in Zusammenhang mit unserer Psyche und damit unserer Gesundheit bislang unterschätzt.[17] Und damit in gewisser Weise auch die Funktion von Intimität.

Was so ein bisschen Festgehaltenwerden bewirken kann. Wahnsinn.

* * *

Intimität ist für mich Körperkontakt, aber auch: Hilfe, praktische Fürsorge, Unterstützung. Eine Handlung jedenfalls, die weitaus mehr umfasst als plumpe Selbstoffenbarung.

Und weil Intimität so viel mehr als das ist, gibt es hier ein *How to: Intimacy as an adult:*

- call/text someone you like
- invite them for dinner
- practice self-disclosure
- open up about your vulnerabilities
- be non-judgemental
- ask for feedback and honest opinions
- show emotions
- let down your guard
- give and receive a massage
- reveal a secret
- share a bath
- do your favorite dance
- paint their nails
- borrow a sweater
- share a toothbrush
- offer your bed
- stay overnight
- take selfies
- book a holiday
- walk their dog
- hug
- (kiss)

- (cuddle)
- (do the thing with your tongue)
- (sexual interaction)

* * *

Inzwischen sind zwei Wochen vergangen. Ich habe aufgehört, an meine Freundin zu denken. Ich bin mir relativ sicher, dass das, was wir hatten, *keine* Intimität war. Sie war ein Geist in meinem Handy. Ein Geist, der aus 500 Kilometern Distanz zu mir schrieb, wenn es ihm passte. Nur gerade so viel offenbarte, dass es nicht offensichtlich als zu wenig durchging.

Da waren viele Worte. Komplimente, die mir das Gefühl gaben, *wichtig* zu sein. Aber keine Handlungen.

Keine praktische Fürsorge.

Keine Erlebnisse.

Keine langen Umarmungen, keine gemeinsamen Abendessen, keine vergessenen Zahnbürsten, keine angebotenen Übernachtungsmöglichkeiten, keine Urlaube, keine Rituale. Und, was mir zuallerletzt einfiel: keine Selfies.

Wie hatten wir es in vier Jahren Freundschaft geschafft, nicht ein einziges, dummes Selfie zu schießen?

Citalopram zum Frühstück

Triggerwarnung: Drogenkonsum

Wir sind im Kraftwerk Berlin beim *Atonal Festival* und tragen #allblackeverything. Ich habe mich schon seit Monaten auf dieses Wochenende gefreut. Alles ist dunkel, die einzelnen Besucher sind kaum als Individuen voneinander zu unterscheiden. Das bisschen Licht, das ihre Silhouetten ausleuchtet, kommt von den Kunstinstallationen, die sich in den Hallen verteilen, und von einzelnen Lichtquellen, die von oben durch die Menge streifen. Es ist einer dieser magischen Orte mitten in Berlin, der von außen betrachtet niemals vermuten ließe, was sich in seinem Inneren abspielt.

Heute werde ich das erste Mal MDMA nehmen. Ich bin 26 Jahre alt. Wir schreiben das Jahr 2018. Meine Begleitung hat sich um die Beschaffung aus dem Darknet gekümmert, weil ich selbst keine Bitcoins habe. Er macht das nicht zum ersten Mal und besitzt eine dieser Mini-Drogen-Waagen, um die Dosierung richtig hinzukriegen.

Ich vertraue ihm, weil ich neugierig bin und nicht umgekehrt. Er hat mir schon öfters von seinen MDMA-Wochenenden mit Freunden erzählt, an denen sie zu besonderen Anlässen regelmäßig eine Hütte im Wald mieten, um eine Nacht lang auf gemütlichen Sofalandschaften zu kuscheln und Händchen zu halten. Manchmal wird geküsst, aber viel mehr geht es um das gemeinschaftliche High-Sein in einer sicheren Umgebung, um das Teilen von Geheimnissen und Intimität.

Keine Ahnung, ob das Festival eine besonders sichere Umgebung ist. Um mich herum sind tausende Fremde, ich kenne niemanden, es gibt keinen Rückzugsort, an dem ich mich hinlegen könnte, falls mir doch schlecht werden sollte. Trotzdem bin ich fest entschlossen, das kleine Papier-Kügelchen mit der passenden Menge von 3,4-Methylendioxy-N-methylamphetamin zu schlucken. Ich habe keine Angst.

„It takes a while until it kicks in“, sagt mein Bekannter zuversichtlich, bevor er seine Kugel mit einem Schluck Club-Mate-Vodka runterspült. Die ersten 45 Minuten nach der Einnahme fühle ich mich genauso wie vorher: leicht angetrunken. Ich glaube, zu wenig genommen zu haben. Wir tanzen, gehen nochmal auf Toilette, gehen herum. Und dann passiert doch etwas. Broken English Club spielt auf dem großen Floor, als ich ruckartig bemerke, dass mein Gehirn auf einer anderen Ebene geparkt ist. High zu werden bedeutet, das Universum zu wechseln, den Vorhang zu lüften. Man tritt auf die Bühne und hat sofort seinen Auftritt. Ich bin Britney Spears in Las Vegas.

Ich bin glücklich.

Denn mein Gehirn suggeriert mir vollkommene Glückseligkeit. Das MDMA kickt und erhöht die Freisetzung von Neurotransmittern wie Serotonin, Noradrenalin und Dopamin in meinem Gehirn.

Ich liebe ihn, ich liebe sie, ich liebe meine Freunde, ich liebe mich, ich liebe mein Leben, ich liebe Berlin, meine Brüste, meinen Arsch, mein Gesicht, meine Ideen, meine Genialität, meine Vergangenheit und meine Zukunft. Es tut *so* gut, am Leben zu sein. Atmen zu dürfen. Ich brauche niemanden und alle. Ich trage ein fettes Grinsen und schwitze. Meine Hände sind nass. Ich spüre meine Knie nicht, jeder Schritt fühlt sich an, als würde ich einen Berg aus Watte besteigen. Die Musik ist ganz nah und trotzdem weit weg, sie schallt, ich starre in den Himmel und gleichzeitig anderen Menschen in die Augen.

Ich checke mein Handy und merke, dass ich keine Nachrichten lesen kann, weil meine geweiteten Pupillen nicht in der Lage sind, scharfzustellen. Wahrscheinlich sehe ich aus wie der Teufel. Egal.

Ich weiß *sofort*, wer auch drauf ist. Mein Blick schweift durch die Menge und es scheint, als ob all jene durch einen roten Faden der freigesetzten Glückshormone verbunden wären; als würden wir uns magnetisch anziehen. Vielleicht sind es aber auch nur die Verrückten, die meine Blicke erwidern.

Ich verliere jegliches Zeit- und Raumgefühl, plötzlich stehe ich mit drei anderen Menschen an einer Säule und diskutiere darüber, wer jetzt gleich mit wem rummacht. Ich weiß nicht mal ihre Namen. Alles, was ich weiß, ist, dass sie wunderschön sind.

Zart und wertvoll.

* * *

Wien, 2022. Meine Mutter kramt in ihrer Medikamentenbox und holt eine kleine Schachtel mit dem Aufdruck „Citalopram" hervor. Ich habe keine Ahnung, seit wann meine Mutter casually Antidepressiva zuhause rumliegen hat, aber sie scheint sich fest vorgenommen zu haben, sie mir einzuflößen.

Es ist nicht das erste Mal, dass in meiner Herkunftsfamilie Antidepressiva im Umlauf sind. Ich erinnere mich noch an die eine oder andere Situation, in der man am Küchentisch darüber munkelte, dass die Tante Brigitte jetzt wohl Antidepressiva nähme, gegen die Schlafstörungen oder die „Negativität" oder was auch immer man seinen Verwandten aus der Ferne fehldiagnostizierte, ohne genauer nachzufragen. Man sprach das Problem jedenfalls nie direkt an, weil das unhöflich gewesen wäre. Die erste Regel lautet: Man soll niemanden vor den Kopf stoßen. Da ist es schon besser, hinter dem Rücken der Betroffenen über das unmögliche Verhalten zu lästern und sich nicht weiter in die jeweiligen Angelegenheiten einzumischen. Das ist für uns wahrer Familienzusammenhalt.

Meine Mutter sagt, ich soll erstmal eine halbe Tablette nehmen, ich würde schon sehen, danach ginge es mir gleich besser. Es ist das erste Mal, dass ich ernsthaft darüber nachdenke, Antidepressiva zu nehmen, weil ich gerade keine Kapazitäten habe, jeden Morgen mit Yoga gegen meine Dysphorie in der Lutealphase anzukämpfen.

Erst vor Kurzem habe ich erfahren, dass ich PMDS und keine „normalen" Depressionen habe. Im Fachbuch von Dorn/Schwenkhagen/Rohde[18] steht, dass der SSRI (selektive Serotonin-Wiederaufnahmehemmer) Citalopram immerhin das zweitbeste Mittel gegen PMDS sei.[19] Schließlich gibt es aktuell in der DACH-Region kein offiziell zugelassenes Antidepressivum speziell für diese Krankheit.

Also warum nicht? Wenn Mama schon den Stoff besorgt hat!

Ich nehme die halbe Tablette und warte eine Dreiviertelstunde ab, bis die Wirkung einsetzt. Anders als bei Erkrankten von „normalen" Depressionen entfalten Antidepressiva bei PMDS-Betroffenen ihre Wirkung nämlich oft *sofort*.

Das Medikament selbst verzögert die Wiederaufnahme von Serotonin im Spalt zwischen zwei Nervenendigungen im Gehirn und führt dazu, dass das Serotonin länger verfügbar und wirksam ist.[20] Im Buch von Dorn/Schwenkhagen/Rohde lese ich, dass SSRI deshalb in erster Linie bei Störungen verschrieben werden, bei deren Verursachung der Serotoninstoffwechsel vermeintlich eine wesentliche Rolle spielt. Also zum Beispiel bei Depressionen, Angststörungen und eben auch der PMDS.[21]

Nach Ablauf der Wartezeit spüre ich plötzlich ein Kribbeln in meinen Fingern und am Rücken. Ich stehe auf, fühle mich benommen. Ich gehe mit wackeligen Beinen zum Fenster und schaue nach draußen. Ich sehe ein Flimmern am Horizont, spüre eine drückende Glückseligkeit, einen seltsamen Frieden, den mein Nervensystem scheinbar nicht so schnell von selbst herstellen kann. In den nächsten vier Stunden ist es für mich unmöglich, zu arbeiten. Ich liege wie in Watte gepackt im Bett und kann mich nicht konzentrieren, ich grinse dämlich vor mich hin und bin müde. Ich gähne und gähne und gähne, aber ohne einzuschlafen. Vermutlich muss sich mein Körper noch an die Dosen gewöhnen. Ich sage mir: Es ist ja erst der Anfang, die erste Einnahme.

* * *

Ich finde es gruselig, jeden Morgen während der Lutealphase Tabletten einzunehmen, die mich zuerst kurz aufputschen und dann schläfrig und dusselig machen. Ich finde es gruselig, dass mich die Wirkung – besonders nach Einnahme der ersten Tablette – entfernt an meinen MDMA-Trip erinnert (Stichwort: Fake-Glückseligkeit). Und besonders gruselig finde ich, dass ich davon Haarausfall bekomme. Meine schönen dunklen Locken liegen jetzt wie ausgerissene Puppenhaare nach jedem Duschgang im Abfluss.

Im Laufe der nächsten Monate entscheide ich mich gegen die langfristige Einnahme von Citalopram, obwohl die Ärztinnen Dorn/Schwenkhagen/Rohde betonen, dass alle systematisch untersuchten Antidepressiva aus der Gruppe der SSRI beim Vorliegen einer PMDS-Symptomatik grundsätzlich wirken.[22] Ein Nutzen gilt als gesichert, wenn mittels bestimmter statistischer Verfahren ein ausreichender Unterschied hinsichtlich der Wirksamkeit des Medikaments belegt ist, d. h. wenn sich ein statistisch signifikanter Unterschied zum Placebo beobachten lässt. Doch die Nebenwirkungen sind für mich nicht hinzunehmen. Der positive Effekt des SSRI ist mir nicht positiv genug, nicht langanhaltend genug, um eine Medikamenteneinnahme dauerhaft oder zumindest regelmäßig (in der zweiten Zyklushälfte) in Betracht zu ziehen.

Inzwischen habe ich nicht mal mehr eine Packung Citalopram als „Notfall"-Medikament in meinem Beauty-Bag. Das ist *meine* persönliche Entscheidung nach *meiner* persönlichen Erfahrung und kein allgemeiner Ratschlag, den ich an dieser Stelle verteilen möchte.

Auch meine Autorinnen-Schwester Beatrice Frasl sieht die Einnahme von Psychopharmaka kritisch. In ihrem Standardwerk *Patriarchale Belastungsstörung* schreibt Frasl: *„Ein Versuch, psychischen Erkrankungen ihr Stigma zu nehmen, ist die häufig wiederholte Erklärung, dass diese im Grunde physische Erkrankungen sind, nämlich Erkrankungen des Gehirns und auf ein ‚neurochemisches Ungleichgewicht' zurückzuführen. Wer physisch krank ist, trägt in der Regel in der Außenwahrnehmung nicht selbst die Schuld an seiner Erkrankung, ist nicht schwach oder faul, sondern ein Opfer seiner unglücklichen Umstände (bei einem Unfall etwa), seiner Biologie oder seiner Gene."*[23]

Wenn von dem berühmten chemischen Ungleichgewicht im Gehirn gesprochen wird, so ist damit in der Regel ein Mangel des Neurotransmitters Serotonin, manchmal auch von Noradrenalin oder Dopamin gemeint. Die Neurotransmitter-Mangel-Hypothese geht davon aus, dass ausschließlich ein niedriger Spiegel der Neurotransmitter Serotonin, Noradrenalin und/oder Dopamin (oder ein Mangel an der Kombination derselben) für psychische Erkrankungen verantwortlich sei.

Die Reduktion auf ein neurochemisches Ungleichgewicht des Gehirns, so Frasl, nimmt jedoch nur *eine* Dimension in den Blick: die biologische. Diese Reduktion sei, so Frasl weiter, nicht zufällig, sondern füge sich in ein individualisiertes Verständnis von persönlichem Glück und privater Verantwortung für dieses Glück ein, das typisch für den Kapitalismus sei. Das Fassen von psychischer Erkrankung als biochemisches Ungleichgewicht, schreibt Frasl, sei letztendlich Ausdruck eines individualisierten Verständnisses von psychischer Erkrankung, das sozioökonomische Rahmenbedingungen, Lebensumstände und oft sogar die Lebensgeschichte der Betroffenen außer Acht lasse.[24] *„Es ist das Gehirn des Individuums, das, losgelöst von Strukturen, sogar weitgehend losgelöst von der Besitzerin des Gehirns als komplexe Person mit einer komplexen Lebensgeschichte, fehlerhaft funktioniert“*, so Frasl. *„Man muss also nur, bildlich gesprochen, ausreichend an den lockeren Schrauben drehen, um die gesunde Funktion wiederherzustellen. Das System ist fein raus.“*[25]

Oder, anders gesagt: Nach dieser Logik ist es *völlig* egal, ob die Besitzerin des kaputten Gehirns traumatisiert, arm, einsam oder von struktureller Gewalt betroffen ist. Es ist egal, ob sie in einer Wohnung mit einer gewalttätigen Person lebt, einer Lohnarbeit nachgehen muss, die sie hasst, und ein Leben führt, mit dem sie sich generell nicht identifizieren kann.

Unter dieser Prämisse macht es natürlich auch Sinn, beim Abendessen lediglich über die *Art* des Medikaments zu sprechen, nicht aber über die dahinterliegende Problematik. Niemand *muss* sich die Blöße geben, psychisch krank zu sein.

In *The Emperor's New Drugs: Exploding the Antidepressant Myth* stellt der durchaus umstrittene Forscher Irving Kirsch das traditionelle Verständnis der Wirksamkeit von Antidepressiva in Frage und diskutiert die Gültigkeit der Hypothese des Neurotransmitter-Ungleichgewichts. Kirsch argumentiert, dass die Beweise für die Theorie des Neurotransmittermangels, insbesondere in Bezug auf Serotonin, überbewertet wurden und dass die tatsächlichen Wirkungen von Antidepressiva größtenteils auf den Placebo-Effekt zurückzuführen sind. Er stützt seine Argumentation auf Meta-Analysen von klinischen

Studien, die zeigen, dass der Unterschied in der Verbesserung zwischen den mit Antidepressiva behandelten Gruppen und den Placebo-Gruppen relativ gering ist.

Kirsch widerlegt die Neurotransmittermangel-Hypothese zwar nicht ausdrücklich, dennoch untersucht er die verfügbaren Forschungsergebnisse kritisch und weist darauf hin, dass die Beweise für diese Hypothese nicht so stichhaltig sind wie allgemein angenommen.

Was ihn besonders stört, ist die These, dass niedrige Neurotransmitterwerte die einzige oder primäre Ursache von Depressionen seien. Er plädiert für eine differenziertere Betrachtung der Mechanismen, die Depressionen und den Wirkungen von Antidepressiva zugrunde liegen.

Auch spannend ist das Buch *Lost Connections* des britischen Bestseller-Autors Johann Hari, in dem er seine eigenen Erfahrungen mit Antidepressiva schonungslos und detailliert darlegt. Er selbst nahm jahrelang Medikamente gegen seine Depression, eine langfristige Verbesserung seines Gemütszustands oder Glücksgefühls blieb jedoch aus. Ähnlich wie Kirsch und Frasl kommt auch Hari zu dem Schluss, dass Depressionen oft auf eine Vielzahl von sozialen, psychologischen und Umwelt-Faktoren zurückzuführen sind, die nicht *ausschließlich* auf ein chemisches Ungleichgewicht im Gehirn reduziert werden können. Hari hält fest, dass Antidepressiva zwar für manche Menschen wirksam sein können, jedoch nicht immer die zugrunde liegenden Ursachen der Depression ansprechen. Außerdem glaubt er fest daran, dass Depressionen auf soziale Isolation, traumatische Erfahrungen, ungesunde Lebensumstände, das Fehlen von sinnvollen Verbindungen und andere nicht-biologische Faktoren zurückgeführt werden können.

Ich selbst bin hin- und hergerissen, was die Neurotransmittermangel-Hypothese angeht. Ich glaube nicht, dass Antidepressiva *alleine* dabei helfen, Depressionen und andere psychische Erkrankungen zu behandeln. Ich glaube auch nicht, dass jeder Mensch mit Depressionen automatisch an einem „chemischen Ungleichgewicht" leidet. Aber was, wenn *ich* es tue? Denn auf Basis meiner eigenen PMDS-Tagebuchaufzeichnungen[26] bin ich inzwischen recht sicher, dass sich ab dem Eisprung tatsächlich etwas in meinem Gehirn verändert, das zu Dysphorie und Anxiety führt. Wie sonst kann es sein, dass ich Monat für Monat bis zum Eisprung eine gute Zeit habe und danach in ein dunkles Loch aus Gedankenmüll und Trägheit falle?

Und dann finde ich diese Studie:

Ein Forschungsteam um Julia Sacher vom Max-Planck-Institut für Kognitions- und Neurowissenschaften und Osama Sabri vom Universitätsklinikum Leipzig hat Anfang 2023 in einer Patientinnen-Studie herausgefunden, dass sich der Transport des Botenstoffs Serotonin im Gehirn bei Frauen mit Prämenstrueller Dysphorischer Störung kurz vor der Menstruation erhöht, wodurch der Verlust von diesem Botenstoff im synaptischen Spalt begünstigt wird. Die Forscher haben 30 Patientinnen und 29 gesunde Studienteilnehmerinnen über mehrere monatliche Zyklen hinweg untersucht und zu verschiedenen Zykluszeitpunkten Aufnahmen vom Gehirn mittels Positronen-Emissions-Tomographie (PET) gemacht.[27]

Diese Beobachtung überraschte die Forschenden, weil man bisher dachte, der Serotonintransport sei individuell und könne sich in einer derartig kurzen Zeitspanne von zwei Wochen nicht verändern. Üblicherweise gehen Forschende von nur geringfügigen neuronalen Veränderungen alle zehn Jahre aus.

Die Forschung zur PMDS steckt zwar jetzt offiziell nicht mehr in den Kinderschuhen, es bleibt aber ein weiter Weg zu mehr Bewusstsein, gezielter Medikation und darunterliegender Ursachenbekämpfung.

* * *

Ende 2023. Ich weiß jetzt seit anderthalb Jahren, dass ich PMDS habe. Was *genau* zu meiner PMDS geführt hat – ob es mein eigenes oder irgendein nicht aufgearbeitetes intergenerationales Trauma meiner flucht- und armutsbetroffenen Verwandtschaft war, ein diagnostizierter Progesteronmangel, eine erhöhte Serotonin-Transporter-Dichte im Gehirn oder ganz einfach meine unkontrollierbare Persönlichkeit –, konnte bisher kein Arzt, Therapeut oder Bluttest klären. Niemand hat zu unterschiedlichen Zykluszeitpunkten Aufnahmen von meinem Gehirn gemacht. Es blieb mir nichts anderes übrig, als mich um mich selbst zu kümmern.

Meine Lutealphase wird leider nicht automatisch besser, wenn ich Citalopram einnehme. Sondern dann, wenn ich – ganz banal gesprochen – ein Leben führe, das meinen Bedürfnissen entspricht. Wenn ich mich gut bei dem fühle, was ich täglich tue; wenn ich meinen Schlafrhythmus einhalten kann, wenn ich geliebt werde. Wenn mich niemand beleidigt, ausgrenzt und schikaniert.

Wenn ich Zeit für mich habe.

Eine Frage geht mir bei der Recherche nicht aus dem Kopf: Warum ist unsere Gesellschaft gleichzeitig so versteift auf SSRI („Probier es doch wenigstens mal aus!") und so angsterfüllt, wenn es um ärztlich begleitete Therapiemöglichkeiten mit MDMA geht?

Wie kann es sein, dass mir bedenkenlos Packungen von allerlei Antidepressiva verschrieben werden, ohne auch nur einmal der Ärztin „Hallo" gesagt zu haben (ja, wirklich so passiert), während die Akzeptanz von MDMA-unterstützter Therapie in Deutschland gefühlt bei null liegt? Obwohl ich die Einnahme von Antidepressiva nicht mit meiner willkürlichen Einnahme von im Darknet erworbenem MDMA vergleichen will, ist es doch nicht von der Hand zu weisen, dass beide Mittel in den Hormonhaushalt des Gehirns eingreifen. Und das nicht gerade wenig.

Ich versuche, mich selbst in das Thema einzulesen.

Also logge ich mich in meinen Online-Zugang zur Uni-Bibliothek ein und tippe „MDMA“ in die Suchmaske. Ich stelle den Filter auf „digital“ und das Erscheinungsjahr auf „ab 2018“. Sofort erscheinen überwältigende 544 Ergebnisse. Bei „MDMA und Trauma“ komme ich immerhin auf ganze 22 Ergebnisse, allesamt auf Englisch.

Schade, dass mein Biologieunterricht in der Schule so schäbig war, sonst hätte ich jetzt mehr Ahnung von der ganzen Thematik. Stattdessen habe ich gefühlt wöchentlich Texte von Overhead-Projektionen abgeschrieben, die mir den Unterschied zwischen Mitose und Meiose erklären sollten, den ich bis heute nicht weiß. Wie dem auch sei. Ich hoffe, dass es trotz meiner Wissenslücke möglich sein wird, einige der wissenschaftlich verfügbaren Erkenntnisse in Bezug auf assistierte MDMA-Therapien zu lesen und für dieses Kapitel zusammenzufassen.

Ich beginne mal mit der Frage, *wo* wir heute bei dieser Debatte eigentlich stehen?

Bei all den Publikationen fällt es schwer, nicht den Überblick zu verlieren. Denn in den letzten Jahren wurden illegale psychedelische Drogen wie Psilocybin, Lysergsäurediethylamid (LSD) und MDMA vermehrt in klinischen Versuchsreihen zur Behandlung von psychischen Erkrankungen eingesetzt, insbesondere in den USA. Alles natürlich unter Anleitung und Begleitung von Psychiaterinnen und Psychotherapeuten. Die Zahl der klinischen Untersuchungen stieg so von sieben im Jahr 2018 auf ganze 17 im Jahr 2020, 2021 gab es zwölf. Sowohl 2020 als auch 2021 wurden in den USA jeweils drei dieser klinischen Untersuchungen mit dem Einsatz von MDMA durchgeführt.[28]

Mehrere Bundesstaaten und Städte in den Vereinigten Staaten sind dabei[29], Psilocybin zu therapeutischen Zwecken zu legalisieren oder zu entkriminalisieren, während ich diese Zeilen schreibe. Und angesehene Einrichtungen wie die Johns Hopkins University in Maryland, die University of California, Berkeley und die Icahn School of Medicine am Mount Sinai in New York City haben sogar bereits Forschungszentren eröffnet, die sich mit der Erforschung von Psychedelika beschäftigen. Erste Studien deuten darauf hin, dass die sichere und kontrollierte Verabreichung der Drogen für Menschen mit hartnäckigen Depressionen und anderen psychischen Problemen wie posttraumatischen Belastungsstörungen (PTBS) von Nutzen sein könnten.[30]

Interessiert man sich für MDMA und Trauma, gibt es eine Institution und einen Mann, an dem man nicht vorbeikommt: Rick Doblin aus Belmont, Massachusetts, ist der Gründer und Präsident der gemeinnützigen Organisation Multidisciplinary Association for Psychedelic Studies (MAPS). Seit fast 40 Jahren erforscht er, ob die durch MDMA hervorgerufene Erfahrung Menschen mit posttraumatischer Belastungsstörung helfen kann.[31]

Die wohl bis dato bahnbrechendsten Erkenntnisse in Bezug auf MDMA und PTBS liefert die klinische Phase-III-Studie[32] der Non-profit-Organisation MAPS aus dem Sommer 2021 mit 90 PTBS-Patienten, die im renommierten *Nature Medicine Journal* publiziert wurde.[33] Eine Phase-III-Studie ist übrigens die *letzte* Phase vor der Entscheidung der Arzneimittelbehörden über die Zulassung einer neuen Behandlung.

Doch Moment mal: Was genau ist PTBS überhaupt? Und warum behandelt man sie bitte mit illegalen Drogen? Also, um es einfach zu erklären: Die posttraumatische Belastungsstörung entsteht in Folge eines traumatischen Ereignisses und ist durch überwältigende negative Emotionen, Panik, Angst, intrusives Wiedererleben des traumatischen Ereignisses, Vermeidungsverhalten, negative kognitive Veränderungen und Hyperarousal-Symptome, wie z. B. Schreckhaftigkeit, gekennzeichnet.[34] Etwa 8 % der US-Bevölkerung – das sind 24 Millionen Menschen – leiden im Laufe ihres Lebens an einer PTBS.[35]

Das Fiese ist, dass bei einer PTBS bestehende Behandlungsansätze nur begrenzt wirksam sind. Die Non-Response- und Behandlungsabbruchraten sind hoch. Mindestens 35 % der Betroffenen leiden unter Symptomen, die ihre Lebensqualität erheblich beeinträchtigen.[36] Und ja, die selektiven Serotonin-Wiederaufnahmehemmer (SSRI) Sertralin und Paroxetin sind von der Food and Drug Administration (FDA) als Nummer-eins-Therapeutika für die Behandlung von PTBS zugelassen. Allerdings sprechen schätzungsweise 40–60 % der Patienten *nicht* auf diese Präparate an.[37] Hier geht die Neurotransmitter-Hypothese ja mal wirklich gar nicht auf.

Was also machen, wenn herkömmliche SSRI-Therapien versagen? Die MDMA-gestützte Psychotherapie ist ein neuartiger Ansatz, bei dem eine Psychotherapie mit einer begrenzten Verabreichung von MDMA in einem kontrollierten Rahmen kombiniert wird, um eine effektivere Traumaverarbeitung zu ermöglichen.

Forschende im Bereich Traumatherapie haben festgestellt, dass es für die Verarbeitung von traumatischen Erfahrungen entscheidend ist, emotional involviert zu sein. Die Tatsache, dass Menschen unter dem Einfluss von MDMA in der Lage sind, eine emotionale Verbindung aufrechtzuerhalten, selbst wenn sie dabei Schwieriges und Traumatisches bearbeiten, ist der ganzen Sache natürlich zuträglich.[38]

Das substituierte 3,4-Methylendioxy-N-methylamphetamin (MDMA) induziert die Freisetzung von Serotonin durch Bindung an präsynaptische Serotonintransporter und hilft Patienten dabei, ihr sogenanntes „Angstgedächtnis" zu modulieren. Dieses umfasst – grob gesagt – die Fähigkeit des Gehirns, Informationen über ein beängstigendes oder traumatisches Ereignis zu speichern und diese Informationen abzurufen.

Bei der bereits angesprochenen Phase-III-Studie handelte es sich um eine randomisierte Doppelblindstudie, in der die Wirksamkeit der MDMA-unterstützten Therapie mit der eines Placebos verglichen wurde.[39] Die „Verblindung" ist eine wissenschaftliche Technik, die in klinischen Studien angewendet wird, um Bias zu reduzieren und die Validität der Ergebnisse zu gewährleisten. Konkret heißt das, dass in einer verblindeten Studie Teilnehmende, Gesundheitsdienstleistende und manchmal sogar die Forschenden, die an der Studie beteiligt sind, nicht darüber informiert werden, welche Behandlung jeder Teilnehmende erhält. Wenn Teilnehmende *und* Forschende „verblindet" sind, spricht man in der Fachsprache von „doppelblind". In der besagten Phase-III-Studie erhielt eine Gruppe MDMA und Psychotherapie, die andere Gruppe erhielt ein Placebo und Psychotherapie. So sollte die Wirksamkeit von MDMA isoliert werden.[40] Die Teilnehmenden nahmen im Abstand von vier Wochen an drei achtstündigen experimentellen Sitzungen mit einer einzelnen geteilten Dosis von 80 bis 180 mg MDMA (oder eben dem Placebo) teil, zusätzlich zu drei vorbereitenden und neun integrativen Therapiesitzungen. In den vorbereitenden Sitzungen ging es hauptsächlich darum, therapeutisches

Vertrauen aufzubauen. Zusätzlich erhielten die Patienten Unterstützung dabei, wie sie mit den während der Behandlung auftretenden Erinnerungen und Gefühlen umgehen konnten.[41]

Um an der Untersuchung teilnehmen zu können, mussten die Patienten die Kriterien des DSM-5 für eine aktuelle PTBS mit einer Symptomdauer von sechs Monaten oder länger zum Zeitpunkt des Screenings erfüllen. Auch ein sogenannter CAPS-5-Gesamtschweregrad von 35 oder höher zu Studienbeginn zählte zu den notwendigen Voraussetzungen. Ausschlusskriterien umfassten unter anderem primäre psychotische Störungen, bipolare Störungen, dissoziative Identitätsstörungen, Essstörungen, schwere depressive Störungen mit psychotischen Zügen, Persönlichkeitsstörungen und regelmäßigen Alkohol- und Drogenkonsum.[42]

Was hat die Einnahme von MDMA nun letztlich wirklich gebracht, abgesehen von ein paar angenehmen Stunden? So viel schonmal vorweg: Die Ergebnisse sind vielversprechend und zeigen, dass Personen, die die MDMA-unterstützte Therapie erhielten, im Gegensatz zu denen, die ein Placebo zusammen mit Therapie erhielten, 18 Monate nach Studienbeginn signifikante Verbesserungen ihrer PTBS-Symptome bemerkten.

Hier die Zusammenfassung der Ergebnisse[43]:

PTBS-Symptome

Jene Teilnehmer, die die MDMA-unterstützte Therapie erhielten, verspürten eine deutliche Verringerung ihrer PTBS-Symptome. Diese Verbesserung wurde mithilfe der bereits erwähnten CAPS-5-Skala gemessen. Im Durchschnitt erreichten die Patienten in der MDMA-Gruppe eine Veränderung von –24,4 Punkten, während jene in der Placebo-Gruppe eine Veränderung von –13,9 Punkten erzielten. Dies bedeutet, dass die MDMA-Gruppe eine fast doppelt so hohe Verbesserung zeigte.

Effektstärke

Die Effektstärke ist ein Werkzeug, das zeigt, wie stark der Unterschied zwischen zwei Gruppen ist. Sie gilt als Maß dafür, wie wirkungsvoll eine Behandlung ist. In der Regel wird die Effektstärke auf einer Skala von 0 bis 2 gemessen, in diesem Fall nach der statistischen Maßzahl Cohen's d. In der Wissenschaft wird eine Effektstärke von etwa 0,2 als klein, 0,5 als mittel und ab 0,8 als groß angesehen.

In der Phase-III-Studie war die Effektstärke der MDMA-unterstützten Therapie im Vergleich zur Placebo-Therapie mit einem Effektstärken-Wert von 0,91 signifikant.

Beeinträchtigung der Funktionsfähigkeit

Die Studie untersuchte auch, wie gut die Teilnehmenden im täglichen Leben zurechtkamen. Diejenigen, die die MDMA-unterstützte Therapie erhielten, zeigten im Vergleich zur Placebo-Gruppe eine signifikante Verringerung der funktionalen Beeinträchtigung. Die durchschnittliche Veränderung der SDS-Werte („Sheehan Disability Scale") von Studienbeginn bis 18 Wochen danach lag in der Gruppe mit MDMA-unterstützter Therapie bei –3,1 und in der Placebo-Gruppe bei –2,0. Bei der SDS handelt es sich um eine Bewertungsskala, die verwendet wird, um die funktionale Beeinträchtigung einer Person in verschiedenen Bereichen des täglichen Lebens zu messen, wie beispielsweise Arbeit, soziale Aktivitäten und Familie.

Depressionssymptome

Die MDMA-Gruppe erzielte eine durchschnittliche Reduktion von 19,7 Punkten bei 42 Teilnehmern unter der Verwendung des Beck Depression Inventory II (BDI-II). Die Placebo-Gruppe kam auf eine durchschnittliche Reduktion von 10,8 Punkten bei 39 Teilnehmern. Dieser Unterschied ist statistisch signifikant, was darauf hinweist, dass der Effekt sehr wahrscheinlich nicht auf Zufall beruht. Die Effektgröße betrug 0,67, was auf eine moderate bis starke Wirkung der Behandlung hindeutet.

Diagnostische Verbesserung

67 % der Teilnehmer in der MDMA-Gruppe erfüllten nach den Behandlungssitzungen nicht mehr die diagnostischen Kriterien für eine PTBS. Im Vergleich dazu traf das bei nur 3 % der Teilnehmer in der Placebogruppe zu.

Diese Ergebnisse legen nahe, dass die Therapie mit MDMA vielversprechend ist, um PTBS-Symptome effektiv zu reduzieren, Depressionssymptome zu lindern und die allgemeine Lebensqualität zu verbessern. Die Studie liefert ernstzunehmende statistische Nachweise für diese positiven Erkenntnisse.

Auch der Schweizer Experte für Traumafolgestörungen, Ulrich Schnyder, von der Universität Zürich sagte gegenüber der *NZZ*, es handle sich um eine wegweisende Studie. *„Es seien auch keine ernstzunehmenden Nebenwirkungen aufgetreten, wie schon in früheren Studien mit MDMA. Das bestätige, dass die Substanz in einem kontrollierten Rahmen sicher eingesetzt werden könne.“*[44]

Doch: So vielversprechend die Ergebnisse auch sind, es sei laut Schnyder schwer zu beurteilen, ob sich diese Art der Behandlung etablieren werde. Die Patienten können das MDMA schließlich nicht selbst einnehmen, die

Betreuung der Patienten ist daher als sehr aufwendig einzuschätzen. An den Tagen mit der MDMA-assistierten Therapie wurden die Studienteilnehmer acht Stunden lang intensiv betreut – auch über Nacht. Hinzu kamen insgesamt 18 Stunden Gespräche zur Vorbereitung und zur nachfolgenden Integration des Erlebten.[45]

Ist MDMA also das bessere SSRI?

Das Ziel jeder Traumatherapie ist es, dass Betroffene ihr Trauma irgendwann als normale Erinnerung betrachten können. „Normal" bedeutet in diesem Kontext, dass sie die Erinnerung abrufen können, wenn sie darüber sprechen möchten, aber auch in der Lage sind, sie wieder beiseitezulegen, wenn sie arbeiten oder schlafen wollen. Kurz: Das Ereignis soll einem nicht mehr das Leben zur Hölle machen. Leider gelingt genau das Menschen mit posttraumatischer Belastungsstörung oft nicht. Sie leiden unter „Flashbacks" und werden immer wieder von Erinnerungen heimgesucht, die so real erscheinen, als würde das traumatische Ereignis gerade in diesem Moment erneut geschehen. Diese Belastung ist für Betroffene oft so groß, dass sie alles tun, um diese Erinnerungen zu vermeiden. Aus diesem Grund sind viele von ihnen in der Therapie zunächst nicht bereit, sich damit auseinanderzusetzen.

Als ich Dr. Almut Dorn für meinen Podcast *The Bleeding Overachiever* zum Thema PMDS interviewte[46], habe ich sie gefragt, was sie sich in puncto PMDS-Ursachenforschung wünscht. Ihre Antwort: „Mehr Trauma!" Was sie meinte: Untersuchungen, die den Einfluss von Trauma auf die Entstehung einer PMDS erforschen und nach möglichen Zusammenhängen suchen. Es gibt keine Zahlen, die darlegen, wie viele Personen mit PMDS zusätzlich an einem Trauma oder einer PTBS leiden, aber der Zusammenhang ist nicht von der Hand zu weisen. Denn Fakt ist: 3–8 % der Personen, die menstruieren, leiden an der

Prämenstruellen Dysphorischen Störung, die dazu führen kann, dass traumatische Erlebnisse gerade in der Lutealphase stärker in den Vordergrund treten. Das könnte auch erklären, warum so viele Menstruierende in der Lutealphase negative Erlebnisse wälzen, alte Streits aufbringen und generell als „unberechenbar“ gelten.

Wenn wir unsere Traumata ad acta legen könnten, würde sich dann auch unsere PMDS in Luft auflösen? Welchen Einfluss hätte eine MDMA-unterstützte Therapie langfristig auf die erhöhte Serotonin-Transporter-Dichte im Gehirn?

Es sind viele Antworten, die ich am Ende meiner Recherchen für dieses Buch gesammelt habe, aber zumindest genauso viele Fragen.

In Australien können Psychiater MDMA und Psilocybin für den kontrollierten klinischen Gebrauch seit dem 1. Juli 2023 bereits verschreiben[47], in den USA ist die MDMA-Therapie zum Zeitpunkt meiner Manuskriptabgabe noch nicht zugelassen.

Kritiker, wie die Psychobiologin Bertha Madras von der Harvard Medical School, sagen, dass für die Studien Personen rekrutiert werden würden, die ohnehin bereits Erfahrungen mit Psychedelika gemacht hätten. Diejenigen, die sich zu dieser Art von Erfahrung hingezogen fühlten, könnten sich so eher positiv dazu äußern. Außerdem reduziere die Arbeit mit erfahrenen Drogenkonsumenten das Risiko von unerwünschten Ergebnissen.[48]

* * *

Der Comedown fühlt sich an, wie eine Treppe rückwärtszugehen. Das Universum wird wieder in seine ursprüngliche Form gerückt, ich verliere mein Lachen auf dem Gesicht. Die Gespräche, die ich geführt habe, sind mir peinlich. Ich schaue in den Spiegel und sehe meine zerzausten Haare, den Schweiß auf meiner Stirn. Meine Zähne tun weh, mein Nagelbett ist entzündet.

Und das alles für fünf Stunden unhinterfragtes Glück.

8 Wochen und 6 Tage

> *„It does make a difference to wait, to grow, to mature, to decide.“* Merritt Tierce[49]

Ich war immer stolz darauf, noch nie schwanger gewesen zu sein. Fast 15 Jahre Geschlechtsverkehr und nicht ein einziger Unfall. Diese beiden Fakten vermischte ich schließlich selbst zu dem Glaubenssatz, ich sei unfruchtbar, weswegen meine Verhütungsmethoden im Laufe der Zeit ein wenig schleißiger wurden. Außerdem war ich irgendwann in dieser Ende 20/Anfang 30-Lebensphase, in der es nicht mehr *so* schlimm wäre, schwanger zu werden. Ich wurde zu dieser Person, die zu sich selbst sagte: „Wenn du *doch* einmal schwanger wirst, dann ist es Schicksal, dann behältst du es, dann war es so gewollt.“ Obwohl ich sonst keinerlei religiöse Ambitionen hege, war eine Abtreibung für mich ganz einfach nie eine Option. Ich dachte mir: Wenn ich ungeplant schwanger werden würde, hätte ich das so hinzunehmen. Weil ich es mir geschworen hatte. Weil *Gott* es so wollte.

Weil ich selbst schuld war.

***

Ich wusste *sofort*, dass ich schwanger war. So gut kannte ich meinen Körper inzwischen. Mein Unterleib pulsierte und ich hatte Herzrasen, obwohl ich meine Schwarzteesucht schon vor Längerem ad acta gelegt hatte. Meine Brüste spannten mehr als sonst in der Lutealphase.

Ich freute mich. Mein Körper produzierte Leben! Was für ein neues, aufregendes Gefühl.

Als ich den Schwangerschaftstest kaufte, um ihn ein paar Tage nach dem Ausbleiben meiner Periode gemeinsam mit dem Kindsvater durchzuführen, wusste ich die Antwort dementsprechend schon vorher. Er holte mich auf dem halben Weg zur U-Bahn-Station ab und war sehr aufgeregt. Ich trug eine beige Leinenhose und meinen schwarzen Lieblingsblazer. Er hatte ein blau-weiß gestreiftes Hemd an und seine Lieblingsjeans. Fast so, als ob wir wussten, dass es gleich etwas zu feiern gibt.

Nachdem der Teststreifen eine Sekunde in meinem Pipi war, zeigte er bereits das positive Ergebnis an. Zwei Striche, ganz eindeutig. Er zog den Test aus dem Becher und hielt ihn vor meine Nase. Ich tat überrascht. Er war ein bisschen geschockt, aber nicht genug, um mir nicht zu versichern, wie sehr er mich liebte und dass er sich auf das Kind und das Leben mit mir freute. Ich hatte den Jackpot geknackt. Noch vor meinem 35. Geburtstag würde ich ein oder zwei Kinder haben und mit einem ordentlichen Mann zusammen sein, in einer 4-Zimmer-Wohnung oder sogar in einem Haus am Land leben und mich meiner Sesshaftigkeit erfreuen. Von der Gesellschaft bekäme ich den Stempel „angekommen" verliehen.

Ausgerechnet an dem Abend, als wir davon erfuhren, Eltern zu werden, besuchten wir die Lesung einer befreundeten Autorin. Es ging in der Lesung um getrennterziehende Eltern. Etwas, das mich sicher nicht betreffen würde. Er hielt die ganze Zeit meine Hand, während ich die Neuigkeit verarbeitete und versuchte, mir unsere Zukunft vorzustellen. „Ich muss meine Reisen fürs kommende Jahr absagen, alle Flüge stornieren und erstmal überlegen, wo das Kind zur Welt kommen soll. Wäre es deutscher Staatsbürger, obwohl ich keine Deutsche bin?" Das waren die ersten Dinge, die durch meinen Kopf strömten. Organisation! Bürokratie! Ordnung! Wo bekomme ich ordentliche Schwangerschafts-BHs her? Wo (und vor allem in welchem Land) beantrage ich Elterngeld? In welcher Woche entwickelt das Embryo welche Körperteile? Wann kann ein Arzt die Geschlechtsteile erkennen? Welche Namen kommen in Frage?

Mathilda
Antonia
Sosie Ruth
Franz
Frederik
Toni

Die ersten Tipps, die ich zu meiner Schwangerschaft bekam, waren: rechtzeitig Kita-Platz anmelden und Folsäure nehmen! Überhaupt waren die Themen, die jetzt anstanden, *alles* andere als mein Primärinteressensgebiet, aber ich versuchte, mich ihnen zumindest anzunähern. Schließlich war ich werdende *Mutter*.

Wenn ich nicht gerade überlegte, wie ich das Kind später gerne nennen würde, versuchte ich die Thematik so weit wie möglich von mir wegzuschieben. Denn es standen noch einige Termine an, die ich nicht einfach verschieben wollte. Besonders *jetzt* nicht, wo mir die Zeit davonlief. Ich arbeitete, obwohl ich jeden Tag 15 Stunden schlafen sollte. Mir war übel, ich weinte ständig, aber ich schrieb weiter E-Mails. Ich fing an, mich zu wundern, wieso der Mutterschutz in Deutschland erst 16 Wochen[50] vor der Geburt greift, wo doch das erste Trimester als das gefährlichste gilt und die Fehlgeburtenrate in meinem Alter bei bis zu 15 % liegt.[51]

Ich hatte keine Ahnung, wie festangestellte Schwangere das alles schafften. Nicht nur die emotionale Komponente, sondern auch die berufliche. Immerhin konnte ich meine Termine so legen, dass sie nicht mit meiner Schlafroutine kollidierten. Keiner meiner Kunden wusste Bescheid. Auch sonst lebte ich mein Leben wie vorher, abgesehen vom Verzicht auf das gelegentliche Glas Weißwein. Ich ging chinesisch essen, traf Freundinnen, war sogar einmal feiern und auf einem Konzert. Ich verbrachte die Nachmittage im Schwimmbad und aß jeden Tag ein Kilo Kirschen. Ich versuchte, mehr Interesse für Babythemen aufzubringen, und installierte mir dafür eine Schwangerschafts-App. Ich wollte eine *brave* Schwangere sein. Jeden Morgen schaute ich die 3D-Visualisierung eines Embryos an, das meiner Schwangerschaftswoche entsprach. Darunter befanden sich weitere „hilfreiche“ Tipps für Schwangere, die mich in der Art der Ansprache genauso anwiderten wie die babybauchstreichelnden Frauen auf den Stockfotos. Ich war die zu belehrende, dumme Frau, die gerade in einen neuen Lebensmodus wechselte.

Der Vater des Kindes und ich befanden uns ab der vierten Woche für eine Weile nicht in derselben Stadt, aber das machte nichts. Wir telefonierten viel und überlegten gemeinsam, wann er in Karenz gehen würde. Als selbstständiger Autorin hätte mir nicht besonders viel Geld zugestanden, also einigten wir uns darauf, dass er den Großteil der Zeit zuhause bleiben würde und nicht ich. Ich fand, wir machten das den Umständen entsprechend großartig. Gleichberechtigt. Wir waren ein Team.

Vier oder fünf Wochen war alles *babyblaurosa*.

Die ersten Zweifel kamen mir beim genaueren Blick auf Frauen mit Kinderwägen. Da ich nicht wie „normale“ Menschen arbeite, habe ich mehr Zeit, durch die Gegend zu laufen und meine Umgebung zu beobachten. Egal, wohin ich ging, ob tagsüber zum Bäcker oder nachmittags um 14 Uhr in den Park: Plötzlich sah ich überall Mütter, die alleine und gelangweilt Kinderwägen vor sich herschoben. Diese monströsen Konstrukte, die sich schlecht über Gehsteigkanten schieben lassen, vollbepackt mit Windeln und Essen, blockierten Aufzüge, Eingänge und Vorzimmer. Sie waren im Weg. Die Umwelt markierte sie als lästig. Besonders die *weißen* Mütter waren nicht in Begleitung von Freundinnen, sie waren: *alleine*.

Ich sah mich nicht mit einem Kinderwagen. Ich schrieb einer guten Freundin, dass ich das nicht könne. Mit Kinderwagen würde ich mich vom gesellschaftlichen Leben ausgeschlossen fühlen. Wie eine Aussätzige, wie jemand, der ganz und gar unfrei ist. Außerdem: Wo waren die Männer mit Kinderwagen? Warum sah ich nur Frauen und ihre müden Gesichter, die robotisch geradeaus nach vorne blickten? Warum fühlte ich mich ihnen so *unglaublich* fremd. Ich sollte mich doch auf das freuen, was vor mir lag, hingehen, in den Kinderwagen schauen und gratulieren, ein bisschen Smalltalk halten über das Stillen und Baby-Yoga.

Der Anblick von Schwangerschaftsbäuchen ließ mich angewidert Feeds verlassen. Nichts von dem ganzen Babycontent da draußen konnte mich davon überzeugen, selbst eines zu bekommen. Im Gegenteil: Je mehr Content ich konsumierte, desto größer wurde mein Widerwille. Die Reels fühlten sich an wie Staatspropaganda. Als ob jemand die Frauen dafür bezahlt hätte, diesen Alptraum als etwas Wünschenswertes zu inszenieren. Am schlimmsten fand ich Momfluencer, die patriarchale Geschlechterverhältnisse reproduzierten, als sei ihr Alltag als „Mädchen für alles“ etwas völlig Normales, Erstrebenswertes. *So* viele Profile, die den Alltag als Hausfrau und Mutter romantisierten, während sie mit angekotztem Hemdkragen schief in die Kamera lächelten. Stichwort: Tradwife. Aber das hatten wir ja schon.

Wenn ich mich *doch* in Profilen wiederfand, dann in denen, wo man sich über die Bürden des Mutterseins echauffierte. Auch diese Profile beeinflussten mich in meiner Entscheidung, denn sie zeigten mir: *keine* Lösungen, *keine* Alternativen, *keine* Optionen, wie meine Existenz als schreibende Frau mit Kind nicht nur möglich, sondern auch lebenswert sein könnte. Vermutlich, weil es in diesem System keine gibt. Muttersein ist der Endgegner jeder selbstbestimmten Frau. Wie sollte ich das mit meinen Werten, meinem Freiheitsdrang, meinem ortsunabhängigen Leben vereinen – außer: gar nicht?

In der sechsten Woche löschte ich die App. Ich fand die unrealistische 3D-Darstellung des Embryos gruselig.[52] Es interessierte mich nicht, wie dieses Ding in meinem Bauch gerade aussah. Es reichte schon, dass es mir meine Energie stahl, meine Brüste zu Ballons anschwellen ließ und mir jeden Tag eine anhaltende, subtile Übelkeit bescherte. Meine anfängliche Euphorie war dahin. Ich hasste es zunehmend, schwanger zu sein. Nichts daran war romantisch. Ich konnte nicht mehr auf dem Bauch schlafen, niemand durfte mich umarmen, so sehr schmerzten meine Brüste.

Dabei musste ich doch *dankbar* sein! Ich hatte – im Vergleich zu vielen anderen – eine problemfreie Schwangerschaft ohne Zwischenblutungen und Kotzerei. Ich konnte praktisch alles machen, sogar Sport. Es gibt so viele Frauen, die sich so etwas wünschen würden. Ich war gesund, glücklich, finanziell halbwegs abgesichert, alt genug, verantwortungsbewusst genug, nicht auf dem Weg, alleinerziehend zu werden. Ich hatte gute, stabile Freundschaften und ein Support-System.

WIE KONNTE ICH NUR?

WIE KONNTE ICH NUR?

Ich freute mich auf meine eigene Familie, imaginierte mir den Mann mit dem Baby auf dem Arm, nette Familienportraits an der Wand im Treppenhaus. Bis ich realisierte, dass ich mich auf dem Weg in die patriarchale Mutter-Vater-Kind-Hölle befand. In einem Land, in dem Mütter auf dem Arbeitsmarkt und überall sonst diskriminiert und belächelt werden.

Ich freute mich auf meine eigene kleine Kernfamilie, bis ich wieder zu *Bewusstsein* kam und merkte, wie sehr mir meine Freunde bereits jetzt fehlten – und auch weiterhin fehlen würden. Wie *sehr* mich meine Mutterschaft von meinem engsten Umfeld separieren würde, denn meine besten Freundinnen und Freunde hatten alle noch keine oder bereits ältere Kinder. Ich wäre die mit dem Neugeborenen, obwohl ich bekannt dafür war, Artikel mit Titeln wie „Mamablogger made me not wanna have children"[53] zu schreiben.

Meine Freunde waren supportive, sie standen zu mir und meiner Schwangerschaft. Sie sagten, sie würden babysitten und mit mir und dem Baby nach Spanien fliegen, wenn ich das wollte. Ich hätte ihre Gesichter trotzdem filmen sollen, als ich die Neuigkeiten verkündete.

Nur, um nochmal ganz sicherzugehen, was ich da veranstaltete.

Meine Rolle als werdende Mutter kollidierte *hart* mit dem, was mich ausmachte. Ich wollte kein traditionelles Familienleben. Anders als viele werdende Mütter hatte ich außerdem keinen klassischen Kinderwunsch. Ich war in diese Schwangerschaft hineingeraten. Die Chance, wirklich schwanger zu werden, lag trotz der mangelhaften Verhütungslage nicht besonders hoch. Und jetzt? Jetzt müsste ich einen 180-Grad-Charakter-Turn machen – in wenigen Monaten. Und manchmal stellte ich mitten in der Nacht auf dem Weg zum Klo fest, dass mir das nicht gelang.

Egal, wie entspannt ich tagsüber wirkte. Nachts suchten mich die Gedanken und Alpträume heim, die Ängste, Zweifel und berechtigten Sorgen. Die Feststellung, dass ich zehn Jahre lang nicht mehr abends ausgehen könnte und Date-Nights zum Jahreshighlight verkommen würden. Meine Beziehung(en) würde(n) leiden, mein Sexleben würde leiden, mein Körper würde leiden und mein Schlaf. Meine Brüste wären nie wieder wie vorher. Es waren die Momente um 3 Uhr morgens, in denen ich wusste, dass ich das alles nicht *möchte*.

Ich hoffte auf eine Fehlgeburt.

Auf Blut in meiner Unterhose. Auf die erste Phase des Zyklus. Ich hoffte, dass das alles einfach am nächsten Tag vorbei sein würde, dann könnte ich allen, denen ich es bereits erzählt hatte, sagen: „Oje, leider hat es dieses Mal nicht geklappt." Ohne mich rechtfertigen zu müssen. Denn wer in diesem Alter abtreibt, der hat auf jeden Fall *große* Probleme. Der wird es *bereuen*.

Aber: Es passierte nichts.

Der Zellhaufen wuchs weiter in meinem Bauch heran, als ob nichts wäre, als ob es meine Gefühle und Wünsche gar nicht gäbe. Das Embryo fuhr mit mir stundenlang Auto und badete in der alten Donau, als ob es sich auf mich freute und es nicht erwarten könnte, größer, schwerer und mächtiger zu werden.

Sechs Wochen lang traute ich mich nicht, auch nur über eine Abtreibung zu *sprechen*. Abort. Allein das Wort hörte sich bereits so schrecklich, so moralisch aufgeladen an, dass ich es kaum als etwas Neutrales betrachten konnte, als Möglichkeit, die uns Schwangeren zur Verfügung steht. Ich bin sicher: Das ist Absicht. Massenmedial

Ängste vor Abtreibungen zu schüren, gehört zur nationalen Sicherung der Geburtenrate.

Ich googelte relativ früh, bis wann eine Abtreibung rechtlich überhaupt möglich wäre. Außerdem hatte ich meine Reisen seltsamerweise nicht storniert und dabei meine Menstruationstasse eingepackt. Paradox, oder? Ein Teil von mir wollte meinen Wunsch, nicht schwanger zu sein, vergraben, indem er weiterhin Freunden von der guten Nachricht erzählte und sich so Bestätigung für die Entscheidung holte. Mein Unterbewusstsein aber plante währenddessen den Exit. Ich glaube, es war Anfang der siebten Woche, als ich zum ersten Mal konkret nach Abtreibungskliniken suchte.

Wieso tat ich das, wenn ich mich doch auf das Baby freute?

Meine Vermutung geht in die Richtung, dass ich mich *verpflichtet* fühlte, Embryo und Kindsvater gerecht zu werden. *Wir* hatten es verbockt, jetzt würden wir das Beste daraus machen. Wir würden unser gesamtes Leben dafür umwerfen, umziehen, das tun, was für das Baby das Beste war. Wir würden ordentliche, liebevolle Eltern sein und uns auf diese neue Lebensaufgabe konzentrieren. Eine Aufgabe, die ich – anders als alles andere in meinem aktuellen Lebensentwurf – gar nicht selbst ausgewählt hatte.

Denn die Wahrheit ist: Freiwillig wäre ich zu diesem Zeitpunkt niemals schwanger geworden. Ich wollte, wenn überhaupt, Spätgebärende werden oder adoptieren. In fünf bis zehn Jahren. Und obwohl fünf Jahre nicht die Welt sind, wären es doch genau die unbeschwerten Jahre meiner 30er, auf die ich *so* hart hingearbeitet hatte. Ich hatte gerade die größten Krisen des Erwachsenwerdens bewältigt und jetzt sollte mein Leben just in diesem Moment wieder von einer externen Kraft in die nächste, *jahrelange* Krise verwandelt werden?

Didn't I deserve a fucking break?

Sollte ich dieses Baby wirklich aus Pflichtgefühl bekommen? Damit ich einen Verhütungsunfall ausbade? Sind das genug Gründe für ein Baby? Ich glaube, nicht für mich.

Den Abtreibungstermin buchte ich ganz spontan auf dem Weg zur U-Bahn. Ich war mit einer Bekannten zum Lunch verabredet und dachte erst noch, dass ich ihn bestimmt wieder absagen würde. Dass mich die *Mutterliebe* doch noch packen würde, jetzt, wo ich den ersten Schritt des Unsagbaren getan hatte. Aber ich konnte mich nicht dazu durchringen, auf den Button „Stornieren" zu klicken.

Die Abtreibung so konkret in meinem Kalender vor mir zu sehen, gab mir ein seltsames Gefühl von Freiheit zurück. Ich konnte es kaum erwarten, meine Brüste, meine Beine und meinen Bauch zurückzuhaben. Sport zu machen, wie *ich* es wollte. Hart und extrem. Dieses Gefühl war sehr viel stärker als meine Vorfreude aufs Muttersein. Ich wollte meinen Körper nicht länger teilen. Ich wollte nicht die nächsten Jahre von meinem Umfeld bevormundet oder als „Mama von ..." im Handy eingespeichert werden. Zwei Monate haben mir als Preview darauf absolut gereicht.

Nach der Terminvereinbarung sprudelte ich morgens endlich wieder vor Energie. Von da an wusste ich, ich hatte meine Entscheidung getroffen. Zwei Mal rief ich in der Klinik an, um mich nach einem früheren Termin zu erkundigen. „Leider", sagten sie mir, „alles voll". Anscheinend war ich in dieser Stadt nicht die Einzige, die gerade davon träumte, wieder alleine zu schlafen.

Erst in den letzten Tagen vor der Abtreibung fühlte ich so etwas wie eine Verbindung zu dem kleinen Ding in mir. Ich kam gerade von der ersten Ultraschalluntersuchung, bei der ich nicht hinsah, und wusste lediglich durch die Worte meiner Ärztin, dass ich da ein völlig gesundes, gut entwickeltes Embryo in mir trug. Acht Wochen und sechs Tage alt, um genau zu sein. Der Satz schlug mir wie eine Faust ins Gesicht. Ich bekam fünf Minuten nach Verlassen der Praxis einen Nervenzusammenbruch auf der hässlichsten Hauptverkehrsader Wiens.

SHAME. SHAME. SHAME.

Was tat ich da gerade?

Da war ich also, die Frau, die alles hatte und in wenigen Tagen ihr Embryo töten würde. Ich würde mir meine Zukunft zerstören und den werdenden Vater massiv enttäuschen. Alle unsere Pläne, in wenigen Tagen zunichte gemacht. Ich verbrachte den Nachmittag alleine im Schwimmbad und schaute in die Wolken. Tränen strömten mir über das Gesicht, stundenlang. Es war das erste Mal, dass ich dachte, wie schön es wäre, die Hand dieses Embryos zu halten. Ich *spürte*, dass es mein Kind war. Dass wir blutsverwandt waren.

Mama und Kind.

Ich spürte die Macht der Natur. Die Magie, die das Schwangersein mit sich bringt. Denn das war sie *auch*, meine kurze Schwangerschaft: magisch und schön. Ich war keineswegs in einem konstanten Zustand der Panik, ich war die meiste Zeit über, eigentlich bis zur Entscheidung dagegen, gelassen, hoffnungsvoll und fröhlich. Die Schwangerschaft zeigte mir, was mein Körper alles kann und wie stark ich bin. Dass ich es schaffen *könnte*, Mutter zu werden. Dass ich, dass *wir* es gebacken bekommen würden.

Unser Embryo war glücklich, von mir ernährt zu werden. Ich fing an, dieses Ding in meinem Bauch zu lieben und mich im selben Moment davon zu verabschieden.

Ich sprach zu ihm: „Ich würde dich lieben. Ich könnte dich bekommen. Aber das, was deine Existenz mit meinem Leben anrichten würde, wäre für mich nicht erstrebenswert. Ich würde dich lieben und die Strukturen um uns herum noch mehr hassen, als ich das bereits jetzt schon tue. Ich würde von oben herab behandelt werden, ich würde einen Teil meines Selbstbewusstseins verlieren. Ich würde *mich* verlieren und depressiv werden. Und ich weiß nicht, ob die Liebe, die ich von dir empfangen würde, all die Entbehrungen und unbezahlten Überstunden ausgleichen könnte. Ist sie garantiert? Ich weiß nicht, ob ich dir gerecht werden würde, so, wie *du* es verdienst. Nicht nach dem, was all die anderen Mütter mir erzählt haben. Nicht nach dem, was ich über das Muttersein gelesen und am eigenen Leib erfahren habe. Dass es einem alles abverlangt und nach einem normalen Arbeitstag noch eine second shift ruft. Dass es ganz oft *nicht* glücklich macht. Dass ich erstmal keine Priorität in meinem eigenen Leben sein werde. 18 Jahre lang. Nachdem ich seit meinem Studium dafür gekämpft habe, finanziell und auch sonst unabhängig zu sein.

Ich *muss* dich nicht bekommen, denn du warst nie geplant.

Du warst nicht gewollt.

Ich wollte das nicht.

Ich habe mich gefreut, weil mich alle beglückwünscht haben – bis auf meine Freundin A. Aber auch ich habe große Angst bekommen. Respekt vor der größten Aufgabe, die ein Mensch annehmen kann.

Als ich in die Wolken blickte, sah ich ein Gesicht mit zwei Augen und einem offenen Mund. Eine halbe Minute später war es verschwunden.

* * *

Ich war diese Person, die zu sich selbst sagte: „Wenn du *doch* einmal schwanger wirst, dann ist es Schicksal, dann behältst du es, dann war es so gewollt." Obwohl ich sonst keinerlei religiöse Ambitionen hege, war eine Abtreibung ganz einfach nie eine Option. Ich dachte mir, wenn ich ungeplant schwanger werden würde, hätte ich das so hinzunehmen. Weil ich es mir geschworen hatte.

Weil *Gott* es so wollte.

Weil ich selbst schuld war.

Heute denke ich, es gibt keinen schlechteren Grund, ein Kind zu bekommen, als diesen.

Schwanger zu sein war für mich eine bereichernde Erfahrung, denn sie hat mir das Gewicht der Entscheidung für oder gegen Kinder deutlicher vor Augen geführt, als es ein Artikel oder ein Buch jemals könnte. Ich weiß, wie der durchschnittliche 30-jährige Mann, dass ich *jetzt* keine möchte. Nicht, solange ich nicht bereit bin, mich dem Patriarchat zu unterwerfen und meine Existenz für ein anderes Wesen aufzugeben.

Denn, sind wir einmal ehrlich: Unsere Welt wird sich in den nächsten zehn Jahren, in denen ich fruchtbar bin, nicht diametral zum Positiven verändern.

Apropos fruchtbar: Ich weiß jetzt, dass ich es *bin* und dass ich eine Schwangerschaft aushalten kann. Ich habe einen Einblick in das bekommen, was vor mir liegen könnte, was auf mich zukommen *würde*.

„Egal, welche Entscheidung du triffst, es ist die richtige", schrieb mir eine Freundin vor dem Termin. Ich wusste: Egal, welche Entscheidung ich treffe, es ist *in Ordnung*. Denn es gibt in einer Situation wie dieser kein Richtig oder Falsch. Beide Optionen sind vollkommen legitim und beide Optionen haben gravierende Folgen für mich, für uns als Eltern. Ich könnte später beide Szenarien bereuen. Wie soll meine Entscheidung also jemals vollumfänglich *richtig* sein?

Ein Grund, warum ich erst nicht abtreiben wollte, ja, mir nicht einmal den *Gedanken* daran erlaubt habe, war, dass ich endlich etwas richtig machen wollte. Diese neue Idee meiner Zukunft entstand nicht aus dem sehnlichsten Wunsch, ein Baby zu bekommen und einen Menschen großzuziehen, sondern aus einem verkorksten Schuldgefühl. Aus einer Sehnsucht nach einer Art konservativem „Happy End", bei dem sowohl meine Eltern als auch meine Schulfreunde, meine Lehrerinnen und Exfreunde gleichermaßen applaudieren würden. Maria aus der Volksschule würde sich über das Ultraschallbild freuen.

Ich *wollte* die Glückwünsche und Schulterklopfer, ich wollte mit anderen Eltern an einem Tisch sitzen und sagen können: „Hach ja, ist es nicht wunderschön?" Ich wollte nicht der „Sozialfall" bleiben, der mit 36 immer noch am liebsten am Samstagnachmittag feiern geht.

Diese negativen Stereotype, sie sind *real*. Sie sind in unseren Köpfen, damit wir Frauen uns für Kinder entscheiden, damit wir uns dafür schämen, so frei zu leben, wie wir es gerne tun.

Interessanterweise wurde im April 2023 eine Studie der Michigan State University[54] publiziert, in der rauskam, dass es keine Hinweise darauf gibt, dass ältere kinderlose Erwachsene ihr Leben mehr bedauern als jene, die Eltern sind.

* * *

Ich bin froh, einen Wohnsitz in Wien zu haben. In einer Stadt, in der mein Körper und mein Wille etwas zählen. In Wien gibt es, anders als in Deutschland, keine vorgeschriebene Wartezeit, keinen vorgeschriebenen Besuch in einer Beratungsstelle, keine inhaltlichen Vorgaben für die ärztliche Beratung und eine Frau muss hier ihre Gründe für den Abbruch auch nicht angeben. Das Ganze geschieht völlig anonym. Persönliche Daten werden nicht weitergegeben, da es keine Meldung an die Krankenkassen oder andere Institutionen braucht. Der Abbruch in Wien wird – das ist die Kehrseite – auch nicht von der Krankenkasse bezahlt. Es braucht 580 Euro in bar und eine gute Freundin, die mitkommt.

Zu keinem Zeitpunkt auf diesem Weg habe ich mich schlecht behandelt oder von Ärzten zu einer bestimmten Entscheidung genötigt gefühlt. Es hat alles ganz einfach: *funktioniert*. So, wie es immer sein sollte.

Ich weiß nicht, wie es mir in einem anderen Land, mit anderen Regeln und mehr Hürden ergangen wäre. Ich weiß nicht, ob ich in dieser Situation auch noch die Kraft aufbringen hätte können, für eine Abtreibung in ein anderes Land oder eine andere Stadt zu reisen. Vielleicht hätte ich das Kind in dieser Lage behalten, um mir die Schmach zu ersparen. Damit ich mich nicht vor meinen Verwandten und Freunden rechtfertigen müsste.

Doch auch in Österreich und Deutschland ging der soziale Druck, ein Kind zu bekommen, nicht spurlos an mir vorbei, im Gegenteil.

Erst durch das Aufarbeiten und Niederschreiben für dieses Buch habe ich gemerkt, wie nervenaufreibend diese zwei Monate wirklich waren.

Wie wenig ich bei mir war.

Wie lange ich nicht auf mich selbst gehört habe.

Heute kann ich auf meine Abtreibung blicken und sagen: „Es war eine der besten Entscheidungen meines Lebens, dieses Kind *nicht* zu bekommen."

Ich wache nie morgens auf und denke mir: „Oh, da könnte jetzt ein Baby sein!"

Alles, was ich über Abtreibungen gehört habe, war meiner Erfahrung nach falsch. Ich habe es nicht bereut, ich bin nicht traurig, ich bin nicht traumatisiert. Ich bin erleichtert. Froh. Dankbar.

Mein Leben gehört wieder mir.

Wenn Elon Musk eine Frau wäre

Wäre Elon Musk eine Frau – Essay-Ende. Denn es gibt bis heute keine Frau – von non-binären oder trans Personen gar nicht erst angefangen –, die annähernd so reich, einflussreich und mächtig ist oder war wie er. Und auch keine Frau, die das in naher Zukunft werden könnte. Wir stecken leider noch zu tief im Patriarchat, sorry gurls.

Ich finde trotzdem, der Essay-Titel klingt zu gut, um ihn *nicht* zu realisieren. Um nicht doch ein bisschen einzutauchen in das Was-wäre-wenn.

Ja, *was* wäre denn, wenn Elon Musk eine Frau wäre?

Zunächst mal: Nur sein Gender zu ändern, genügt vermutlich nicht. Wir wissen alle, dass es genügend Girlbosse[55] da draußen gibt, die absolut nichts am regressiven Status quo ändern wollen würden. Auch nicht, obwohl es ihnen am Ende helfen könnte.

Was wäre also, wenn *ich* Elon Musk wäre?

Also: Als Allererstes würde ich Schwangerschaften abschaffen. Die neun Wochen, in denen ich schwanger war, waren mitunter die körperlich unangenehmsten meines Lebens. Davor kommt nur mein Parasiten-Befall, den ich aus Indien mitgenommen hatte, aber dazu gerne ein anderes Mal mehr. Nichts, aber auch rein gar *nichts* in dieser Zeit hatte etwas von der Romantik, die uns verkauft wird, wenn sich Mütter in der Werbung liebevoll über den prallen Bauch streicheln. Plötzlich sah ich sie ständig um mich, die anderen, watschelnden Schwangeren, die die Übelkeit weglächelten, und nein, ich empfand das nicht als nachahmenswert. Vielmehr fragte ich mich, wie es sein kann, dass wir in den 2020er Jahren immer noch manuell gebären. Literally *jede* andere Technologie auf der Welt hat sich trotz Einschränkungen weiterentwickelt. Wie kann es also sein, dass es da noch keine neuere Methode gibt und Gebärende immer noch bei einer „natürlichen Geburt" unter massiven Schmerzen selbst pressen müssen? Stundenlang in den Wehen liegen, um dem Kind kein Trauma zuzufügen, während man selbst eines erleidet? Vagina- und Arschlochrisse in Kauf nehmen, nur, damit man hinterher damit angeben kann, „natürlich" geboren zu haben?

Elon Musk möchte die Population auf den Mars umsiedeln, aber er sorgt sich nicht darum, wie diese Population aus den Frauen herauskommt, und das ist unfassbar ignorant. Wenn Elon Musk eine Frau wäre, da bin ich sicher, gäbe es bereits artificial wombs, die kein Internet-Gag sind.

Der Wissenschaftler Hashem Al-Ghaili publizierte Ende 2022 ein YouTube-Video[56] über eine Welt, in der manuelles Gebären nicht mehr zwingend nötig ist. „*Wir präsentieren: ‚Ectolife'. Die weltweit erste Fabrikanlage mit künstlichen Gebärmüttern, vollständig mit erneuerbaren Energien betrieben*", hört man dabei ein Roboterstimmen-Voice-Over, während die Kamera durch die Fabrikhallen der Babyproduktion führt. Dort reiht sich Embryo-Kapsel an Embryo-Kapsel, alle vollausgelastet und befüllt mit glücklichen, *weißen* Babys, die mit allen benötigten Nährstoffen versorgt werden wie Fans im Fußball-Stadion. Die Gesundheit des Kindes kann dank zahlreicher Sensoren sekündlich überwacht werden, auch „genetische Abweichungen" seien so leichter zu erkennen. Gedacht ist die Embryo-Kapsel übrigens für Paare, die auf natürlichem Weg keinen eigenen Nachwuchs produzieren können. Die

„artificial womb facility“ sollte laut Al-Ghaili aber auch in Ländern zum Einsatz kommen, in denen die Geburtenrate (zu) niedrig ist – wie zum Beispiel in Japan, Bulgarien und Südkorea.

Und genau *an dieser Stelle* merkt man, dass hier ein Mann am Werk war. Denn die Kapseln stehen nicht *allen* Menstruierenden zur Verfügung, sondern sie sind strikt für eingeschränkt reproduktionsfähige Frauen reserviert oder werden für politische Zwecke instrumentalisiert. Das Wohl aller Gebärenden steht *nicht* im Fokus. Stattdessen werden ableistische Werte transportiert. Und das bei 2,6 Millionen Aufrufen auf YouTube.

Artifical wombs – für mich als Elon Musk klingt das prinzipiell großartig. Aber nur, wenn sie hinterher allen Menstruierenden zur Verfügung stehen. Statt mich zu übergeben, könnte ich mich während der neunmonatigen „Grow-Zeit“ auf andere Dinge konzentrieren. Zum Beispiel auf meine Freundschaften, eine schöne Inneneinrichtung, Reisen oder den Ruin großer Technologieplattformen.

Ich frage ChatGPT, ob es grundsätzlich möglich ist, Schwangerschaften und Geburten auszulagern. Das Programm warnt mich. „Die Idee von Gebärboxen, die die Schwangerschaft und Geburt auslagern, mag auf den ersten Blick faszinierend und futuristisch erscheinen, allerdings gibt es viele komplexe ethische, medizinische und soziale Aspekte, die bei der Realisierung einer solchen Technologie berücksichtigt werden müssen.“ Huch, welche denn? Ich als Elon Musk kann das ja bestimmt beurteilen, ob mich das in der Praxis tangiert. ChatGPT gibt mir fünf Gründe, die gegen Gebärboxen sprechen. Etwa, dass Schwangerschaft und Geburt nicht nur biologische Prozesse seien, sondern auch tief in der menschlichen Erfahrung und Kultur verwurzelt seien. Ich bin keine Historikerin, aber haben wir nicht schon andere, zutiefst menschliche Erfahrungen überwunden? Zum Beispiel das Leben in Höhlen, oder die Pest in Europa? Der zweite Grund, den ChatGPT nennt, ist, dass eine Schwangerschaft verschiedene Gesundheitsrisiken und Komplikationen berge, die von Frau zu Frau unterschiedlich sein können. Ja, sag ich doch! Die Gefahren, die mit einer Schwangerschaft einhergehen, könnten mit artifical wombs sogar besser beobachtet und umgangen werden. Grund drei, den mir das Programm nennt, bezieht sich auf die besondere menschliche Bindung und Entwicklung, die angeblich während der Schwangerschaft entsteht. Das können vermutlich alle Adoptiveltern entkräften, die ihr nicht leibliches Kind uneingeschränkt lieben. Und Grund vier erscheint mir besonders unschlüssig: Die Einführung von Gebärboxen könne erhebliche Auswirkungen auf die Gesellschaft und das Verständnis von Elternschaft, Familie und Geschlechterrollen haben. Ja, der Feminismus könnte auch erhebliche Auswirkungen auf die Gesellschaft und das Verständnis von Elternschaft, Familie und Geschlechterrollen haben. Wo liegt das Problem? Nur ein Kritikpunkt ist meiner Meinung nach gerechtfertigt: Schwangerschaft und Geburt sind komplexe biologische Vorgänge, die weit über die bloße mechanische Bereitstellung einer physischen Umgebung hinausgehen. Deshalb gibt es bislang auch keine artifical wombs. Weil es kein Forschungsinstitut auf der Welt gibt, das ausreichend Mittel besitzt, um sich dieser komplexen medizinischen Herausforderung zu stellen.

Aber ganz ehrlich: Ist *das* wirklich komplizierter als die Besiedlung des Mars?

Wenn ich Elon Musk wäre, würde ich mein Geld in die Erforschung von artifical wombs stecken, sodass niemand jemals wieder bei der Geburt sterben müsste.

Tatsächlich gibt es sogar ein Projekt mit ähnlichem Fokus, das bereits heute finanziell unterstützt werden könnte. Es heißt „Juno Operational Healthcare".[57] Noch nie gehört? Na ja, Elon Musk ist kein Investor in diesem Fall. Deshalb kennt das Projekt aus den Niederlanden, das mit knapp drei Millionen Euro von der EU gefördert wurde, auch nur eine kleine Nischengruppe. Dabei leisten die Forschenden der Technischen Universität Eindhoven Unglaubliches für Frühgeborene. Jedes Jahr werden weltweit 800 000 Babys extrem früh, noch vor der 28. Woche, geboren. Diese Säuglinge werden normalerweise auf eine besondere Intensivstation für Neugeborene verlegt, um die Herz- und Lungenentwicklung zu unterstützen. Der Kontakt mit der Luft führt jedoch unweigerlich zu Komplikationen, da die Lungen noch nicht vollständig entwickelt sind. Das Juno-Team forscht deshalb an einer neuartigen, alternativen Umgebung, die dem Mutterleib ähnlich ist. Sehr früh geborene Babys könnten so direkt vom Geburtskanal in eine Art artificial womb gebracht werden, wobei die Lungen weiterhin mit Flüssigkeit gefüllt bleiben und die Nabelschnur an einer künstlichen Plazenta befestigt werden würde, um die Organentwicklung zu verbessern und den Übergang zum Neugeborenenleben zu erleichtern.[58] Neben der dafür notwendigen Hardware gibt es auch Software, die hierbei eine wichtige Rolle spielt: Sensoren überwachen die Entwicklung des Frühgeborenen im „Incubator 2.0". Die Forscher nutzen auch die Technologie der digitalen „twin technology". Mathematische Modelle auf Basis von gemessenen und verfügbaren Daten sowie künstliche Intelligenz ahmen dabei das Neugeborene nach. Das wiederum ermöglicht es den Forschenden, Ärzte bei Entscheidungen in der Neugeborenenversorgung zu beraten und zu unterstützen.[59] *„Eine künstliche Gebärmutter – der Incubator 2.0 – wird innerhalb von 10 Jahren*

Realität werden“[60], sagt Jasmijn Kok, eine der Gründerinnen von Juno.

Das, liebe Lesende, ist nicht Science-Fiction, sondern die verdammt langsame Entwicklung auf dem Gebiet der female Health Care.

Die Idee ist nämlich alles andere als neu: Schon in den 1970ern äußerte der japanische Gynäkologe Guid Oei erstmal auf einem Kongress die Idee, extrem Frühgeborene nicht in einem Inkubator, sondern unter Wasser in einer künstlichen Gebärmutter unterzubringen. Das ist inzwischen knapp 50 Jahre her. Und wir? Müssen immer noch pressen, pressen, pressen und werden für „posh“ erklärt, wenn wir das nicht wollen. Wir haben noch nicht mal einen artifical womb, um Frühgeborene besser zu versorgen. Das ist *the state of the art* und ich bin absolut nicht zufrieden damit.

Ich möchte, dass wir in 50 Jahren den Kopf darüber schütteln.

Was ich auch ändern würde, als weiblicher Elon Musk, wäre das Karenzgeld. Als Basiselterngeld bekommt eine Person in Deutschland normalerweise 65 % des Netto-Einkommens[61], das sie vor der Geburt hatte. In Österreich sind es immerhin 80 %.[62] Aber ganz ehrlich: Das ist doch nicht gerecht? Schließlich arbeite ich als Elternteil eine beträchtliche Zeit lang mehr als Vollzeit, und zwar als Betreuungsperson des Neugeborenen. Ich muss jeden Tag Nachtschichten einlegen, als Reinigungskraft arbeiten und als Köchin. Ich muss einkaufen gehen und Lieder singen, Kotze aufwischen und Ärsche mit Puder bestäuben. Ich muss Windeln anlegen, auskochen, Babyhaut einschmieren und Mobiles basteln. Und dafür brauche ich nicht nur 65 % meines letzten Netto-Einkommens, sondern 120 %! Schließlich *lebe* ich auch noch. Außerdem müsste mein Baby Englisch und Mandarin lernen, am besten noch vor dem dritten Lebensjahr. Es sollte trilingual aufwachsen, damit es für den Arbeitsmarkt der Zukunft fitgemacht wird, und genderneutrale Klamotten tragen – und all das ist jede Menge *Arbeit*. Ein Baby ist eine Vollzeitstelle, für die ich mich nicht beworben habe, die ich aber trotzdem durchziehen muss, sonst stirbt das Kind und ich komme ins Gefängnis. Und damit das nicht passiert, brauche ich 120 % meines letzten Netto-Einkommens. Auch dafür, damit ich merke: Unserer Gesellschaft ist diese Arbeit etwas wert, das ist nicht nur so ein jämmerlicher Side-Hustle mit einem 65 %igen Einkommen, von dem niemand leben kann.

Wieso fragt eigentlich niemand Mütter: „Und *davon* kannst du leben?“

In den generischen Schwangerschaftsartikeln auf *Brigitte* und *Eltern.de* steht, dass Schwangere eine ganz besondere Zeit erwarte, dass da viele schöne Momente kommen würden, dass man eine große Verantwortung trage und sich über die Herausforderungen des Elternseins vorab informieren solle. Das ist Bildungs*arbeit*. Sich zu bilden, indem man Bücher und Magazine kauft, Elternkurse besucht, sich in Therapie begibt und eigene problematische Verhaltensweisen überwindet, kostet *Geld*. Und das kostet *Zeit*. Und ich brauche diese 120 % meines letzten Netto-Einkommens, damit ich mir, pardon, damit ich *mir und meinem Baby* etwas Gutes tun kann.

Wenn ich Elon Musk wäre, würde ich alles dafür tun, damit mich der Gedanke an die Beantragung des mickrigen Elterngelds nicht zu einer Abtreibung verleitet. Ich würde den niedrigsten Referenzwert für das letzte Netto-Gehalt für Frauen, nicht binäre und trans Personen auf das Niveau eines Managers mit drei Kindern anheben, damit sich strukturell benachteiligte Personen überhaupt für diese lebenslängliche Veränderung entscheiden.

Wenn ich Elon Musk wäre, gäbe es bereits heute Gebärboxen. Kinderkriegen wäre so outsourcebar wie Wäsche waschen, putzen und bügeln, mit dem Unterschied, dass niemand anderes dafür ausgebeutet werden müsste. Kein Mensch würde sich dafür schämen, schließlich braucht jeder Zeit für Golf. Die Gebärboxen stünden *allen* Menstruierenden zur Verfügung, die ihren Körper nicht einer neunmonatigen Unannehmlichkeit unterziehen wollen. Wir hätten eine *Wahl.* Und später eine angemessene finanzielle Sicherheit, auch ohne Partnerschaft.

Würden wir uns dann für Kinder entscheiden, wären sie mit keinen derart großen Entbehrungen verbunden. Sie wären nicht das Ende unserer Sexualität und finanziellen Stabilität, denn wir bekämen 120 % eines Manager-Gehalts als Dank dafür, die Nation mit unserem Erbgut zu unterstützen.

Wir wären keine Gebärenden, keine Schwangeren.

Wir wären vollwertige, gleichberechtigte Menschen.

Kapitel 5: Hoffnung

Obwohl oder gerade *weil* wir in einer unberechenbaren Zeit leben, beobachte ich seit Längerem, dass sich mehr und mehr Menschen von der Hustle-Kultur abwenden, ihre Karriereleiter in die Ecke stellen und beginnen, ihren eigenen Weg ins Unbekannte zu pflastern.

In diesem Kapitel möchte ich aufzeigen, warum „Arbeitslosigkeit for future" eine Antwort auf die Krise ist, warum wir aufhören müssen, uns mit unserer eigenen Heilung zu überfordern, und wann es sich lohnt, Kämpfe abzuhaken.

The Great Resignation

Im April 2021 geschah etwas, worüber die Medien noch lange spekulieren werden. Vier Millionen Menschen in den USA kündigten ihre Jobs. Diese Zahl verblüffte Beobachter der Arbeitsmärkte, verunsicherte Kapitalisten und machte so manchem Arbeitnehmenden in einer unglücklichen Position Mut. Denn eine derart hohe Zahl an geballten Kündigungen war noch nie verzeichnet worden. Es stimmt zwar, dass Entlassungen innerhalb eines Monats während großer wirtschaftlicher Abstürze höhere Werte erreicht hatten, doch die Zahl der *freiwilligen* Kündigungen war tatsächlich noch nie *so* hoch.[1]

Einige Experten hielten die Zahl zunächst für einen rechnerischen Fehler, einen Irrtum. Dann vermuteten sie, dass all die Menschen, die bereits im Jahr 2020 während Covid-19 kündigen wollten, den Zeitpunkt aber für nicht richtig hielten, schließlich in einem großen Schwung ihre Kündigung einreichten. Doch dann veröffentlichte das U.S. Bureau of Labor Statistics (BLS) die Zahlen vom

Mai 2021. Das Ergebnis: *weitere* vier Millionen Eigenkündigungen.[2]

Es dauerte nicht lange, bis Journalisten auf das Phänomen aufmerksam wurden. Arianne Cohen war die Erste, die den Begriff „Great Resignation" in einem Artikel im *Bloomberg Magazine* benutzte. Genauer gesagt war die Rede von „The Great Post-Pandemic Resignation Boom"[3], was später sprachlich reduziert als „Great Resignation" in die Geschichtsbücher eingehen sollte. Die hohe Zahl der Austritte war plötzlich nicht mehr die prognostizierte Theorie irgendwelcher akademischen Spinner, sie war Realität. Selbst das renommierte Wirtschaftsprüfungsunternehmen Deloitte sprach von einem „seismischen Wandel" am Arbeitsmarkt.[4]

Nach Angaben des BLS haben im Jahr 2021 insgesamt über 47 Millionen US-Amerikaner freiwillig ihren Arbeitsplatz aufgegeben.[5] Ein genauerer Blick auf die Daten zeigte schnell, dass es sich eben nicht – wie von vielen Unternehmern erhofft – um einen Trend von drei Monaten handelte. Es handelte sich auch nicht um einen Drei-Jahres-*Trend*. Die Society for Human Resource Management hatte nämlich bereits vor COVID eine vielsagende Grafik veröffentlicht, die die Zahl der US-Arbeitnehmer, die in den letzten zehn Jahren jedes Jahr freiwillig ihren Arbeitsplatz verließen, darstellte. 2010 waren es 22 Millionen, 2012 25,1 Millionen, 2015 33,7 Millionen und 2018 ganze 40 Millionen. The Great Resignation war somit keine *Theorie* und auch kein *Trend*. Sie war nicht etwas, das passieren *könnte*, sondern sie hatte bereits vor Jahren begonnen[6] und wird sich allen Prognosen nach auch über die nächsten Jahre fortsetzen.

Nach Ansicht von Joseph Fuller und William Kerr von der Harvard Business School sind es fünf Faktoren, die durch die Pandemie weiter verschärft wurden und letztlich zu den Veränderungen auf dem Arbeitsmarkt geführt haben. Die „Five Rs“: *retirement, relocation, reconsideration, reshuffling* und *reluctance*.

Arbeitnehmende gehen in größerer Zahl in den Ruhestand, ziehen aber nicht in großer Zahl um; sie überdenken ihre Work-Life-Balance und ihre Betreuungsaufgaben; sie wechseln lokal zwischen den Branchen, anstatt ganz aus dem Arbeitsmarkt auszuscheiden, und sie zögern aufgrund von Ängsten vor einer weiteren Pandemie, zu Arbeitsplätzen im „Real Life“ zurückzukehren.

In Deutschland ist eine solche Trendprognose aktuell noch nicht grafisch darstellbar. Im Gegenteil. Daten des IAB-Betriebspanels zeigen, dass die arbeitnehmerseitigen Kündigungen im Zuge des ersten Lockdowns im ersten Halbjahr 2020 massiv zurückgegangen sind. Die deutschen Beschäftigten waren angesichts der Covid-19-Krise deutlich zurückhaltender als sonst, den Arbeitgeber zu wechseln. Aber auch sonst zeigt sich anhand der aktuell verfügbaren Daten (bis einschließlich 2020) bei den Deutschen kein langsam anrollender „Kündigungstsunami“.[7] Der Mut, zu kündigen, scheint hier in Krisenzeiten von Angst überschattet zu sein.

* * *

Während sich Theoretiker und Akademikerinnen über die Gründe für die Great Resignation stritten, stieg die Anzahl der Mitgliedschaften des Anti-Work-Reddit-Threads[8] im Jahr 2022 auf über eine Million an. „Unemployment for all – not just the rich“ lautet das Motto. Mit diesem Slogan versuchen User auf Reddit, Lohnarbeitslosigkeit in etwas Neues umzudeuten und das ihr anhaftende Stigma loszuwerden.

In der Community-Beschreibung steht, an wen sich der Subreddit richtet:

„Ein Subreddit für alle, die mit Arbeit aufhören wollen, das Beste aus einem arbeitsfreien Leben machen möchten und mehr Informationen über Anti-Work-Ideen suchen."

Positiv bewertete Beiträge zeigen in bewusst provokanter Sprache, dass viele Amerikaner keine Lust auf drei Jobs gleichzeitig haben, während sich ihre Chefs die fünfte Yacht kaufen. Längst haben viele Bürgerinnen begriffen, dass reiche Menschen nicht reich sind, weil sie „hart arbeiten", sondern weil sie kapitallose Unterlegene unterdrücken und ausbeuten.

Sprüche wie „Geld macht nicht glücklich" werden auf Reddit radikal dekonstruiert. Zum Beispiel so: *„Money can't buy happiness means ‚the mindless accumulation of excess wealth ultimately leads to diminishing returns on happiness'. It does not mean poor people should learn to be content without basic necessities or financial security."*[9] Geld macht nicht glücklich bedeutet definitiv nicht, dass arme Menschen lernen sollten, ohne das Nötigste oder finanzielle Sicherheit auszukommen.

Der Subreddit ist deshalb so wichtig, weil er durch niederschwellige Analyse allgemeingültige Glaubenssätze der Arbeiterschicht zerschmettert und damit Millionen von Menschen emanzipiert. Anti-Work bildet zudem einen Safe Space für alle, die keine Lust auf Erwerbsarbeit für den Rest ihres Lebens haben. Und vor allem: die diesen Wunsch auch öffentlich artikulieren möchten, ohne als „faules Pack" abgestempelt zu werden.

Das ist das wirklich Neue an der ganzen Sache: Es geht im Anti-Work-Reddit nicht darum, wie man am schnellsten einen neuen Job findet (#bewerbungscoaching), sondern wie es gelingt, Arbeit zu *dezentrieren*. Und nein, das ist natürlich *nicht* immer einfach – oder gar möglich. Trotzdem ist es hilfreich, mit der Verzweiflung nicht alleine gelassen zu werden und gemeinsam an kollektiven Utopien zu schreiben.

Auch, wenn manche Aussagen wehtun (weil sie wahr sind): Es hilft zu lesen, dass andere genauso fed up sind wie man selbst. Dass Zuschreibungen wie „fleißig“ und „hard working“, die ich selbst zur Beschreibung meiner Großmutter in diesem Buch verwendet habe, umgedeutet und als nicht erstrebenswert gelabelt werden.

Obwohl der Anti-Work-Subreddit und die Great Resignation gemeinsame Kritikpunkte an modernen Arbeitsstrukturen und den Wunsch nach Veränderung teilen, unterscheiden sie sich in ihrer Natur. Der Subreddit ist ein Online-Diskussionsforum zur Äußerung dieser Gefühle, während die Great Resignation ein reales Phänomen auf dem Arbeitsmarkt ist, das durch Veränderungen im Verhalten der Arbeitnehmenden und der Arbeitgebendenpraktiken angetrieben wird. Dennoch sind sie miteinander verbunden, da sie beide eine wachsende Unzufriedenheit mit traditionellen Beschäftigungsmodellen und das Bedürfnis nach einer Neubewertung der Beziehung zwischen Arbeit und dem Leben widerspiegeln.

Ob die Anti-Work-Bewegung auch in Deutschland und Österreich ankommen wird? Vor zwei Jahren habe ich noch gesagt: „Nein“. Denn was würden die Millionen von fleißigen Studienabsolventen sonst mit ihrem Leben anfangen? Inzwischen empfange ich auch hier immer öfters einen gewissen Anti-Work-Vibe. Kein Wunder, schließlich stellt die Gen Z gemeinsam mit der Gen Y einen immer größer werdenden Prozentsatz der aktiven Arbeitnehmerschaft dar. Und trotz der angespannten konjunkturellen Lage denkt knapp ein Drittel der deutschen Arbeitnehmenden an Kündigung.[10] Die allermeisten Menschen meines Umfelds möchten keine 5-Tage-Woche, sie möchten keine kontrollierende Führungsposition und sie kündigen innerhalb des ersten Jahres, wenn sie die Arbeit psychisch krank macht.

Die Zeichen für eine deutschsprachige Anti-Work-Bewegung stehen prinzipiell gut. Besonders, weil auch hier immer mehr Fachkräfte fehlen, Boomer in Rente gehen und Unternehmen nach gut ausgebildeten, fähigen Leuten lechzen. Die Jahrgänge der Babyboom-Generation sind zahlenmäßig stärker als die Alterskohorte der 15- bis 25-Jährigen, die als Nachwuchs auf altersbedingt freiwerdende Stellen nachrücken können. Wenn also in den kommenden Jahren eine nennenswerte Anzahl an Stellen durch den Renteneintritt von Beschäftigten frei wird und wiederbesetzt werden muss, werden viele Unternehmen mehr noch als heute darauf angewiesen sein, Beschäftigte aus anderen Unternehmen zu rekrutieren.[11]

Doch hierbei werden wir nicht mitmachen, solange wir weiterhin unter der Logik des freien Marktes für die Profite anderer schuften müssen. Wir werden nicht mitmachen, solange die 4-Tage-Woche aus 10-Stunden-Tagen bestehen soll. Wir werden nicht im Unternehmen bleiben, nur weil wir einen Obstkorb und einen vollen Getränkekasten Fritz Cola zur Verfügung gestellt bekommen. Wir werden nicht unser *Leben* geben, um den Umsatz eines ekelhaften fossilistisch-industriellen Konzerns zu steigern.

Und wir werden nicht mitmachen, wenn wir mit unserer Arbeit den Planeten zerstören.

Arbeitslosigkeit for future

Ich sitze im Bus und scrolle in meiner Podcast-App. „Langweilig, schon gehört, nicht schon wieder irgendetwas mit Bindungsangst. Thank you, next." Und dann stolpere ich doch noch über eine Episode im Podcast *Sinneswandel*, die meine Aufmerksamkeit verdient. „Vom Journalisten zum Klimaaktivisten"[12] steht da – mit Raphael Thelen. Ich höre rein und finde Raphael überraschenderweise sofort sympathisch. Er hat lange Zeit für den *Spiegel* und *Zeit Online* geschrieben, früher über Nahost-Themen berichtet und schließlich in der unmittelbaren Vergangenheit über Klimathemen. Raphael erzählt, dass er sich während Redaktionskonferenzen immer wieder vorwerfen lassen muss, nicht als Journalist, sondern als Aktivist zu agieren. Eine journalistische Debatte, die mindestens einen so langen Bart hat wie Dumbledore. Doch irgendwann war ihm das zu blöd, dieses vermeintliche „neutral bleiben" und die Klimakrise nicht als das zu benennen, was sie ist: eine *Krise*, die unsere und nachfolgende Generationen in einer Härte treffen wird, die den meisten Boomern mit ihren Kreuzfahrtschiffreisen leider nicht bewusst ist. Also entschließt sich Raphael dazu, einen Journo-Exit hinzulegen und der „letzten Generation" beizutreten.

„Na endlich traut sich einer aus diesen Reihen!", denke ich mir beim Hören. Schließlich sind es gerade etablierte, männliche Journalisten von Qualitätsmedien wie Raphael, die sich gerne selbstgefällig auf die Schulter klopfen, nachdem sie einen Artikel über Greta Thunberg ins CMS eingepflegt haben und danach in ihre Eigentumswohnung in Eimsbüttel fahren, um Kichererbsencurry zu kochen. Sie glauben dabei wirklich, dass sie die Welt retten. Ja, im Ernst! Sie glauben, dass sie mit ihrem elitären Geschreibsel in irgendwelchen Onlinemedien Gesetze verändern, Konservative bekehren und das 1,5-Grad-Ziel durch schieren Gutglauben aus der Ferne einhalten können. Wahrscheinlich dachte das Raphael irgendwann auch mal. Umso schöner also, dass er jetzt raus ist und sich einer Bewegung anschließt, die massenmedial nicht gerade mit Oscars überschüttet wird.

Er geht raus ins echte Leben.

Nach der Podcast-Episode beschließe ich, einen Blick auf Raphaels Account bei Twitter (jetzt: X) zu werfen – und finde folgenden Post.

„Früher galt Karriere als Gradmesser für ein gelungenes Leben. Auch mir. Veröffentlichungen, Preise, Retweets. Aber Karriere ist nichts anderes, als sich beteiligen am großen Gerenne zu noch mehr Wachstum, also zur Zerstörung unserer Lebensgrundlagen.“[13]

Aber Karriere ist nichts anderes, als sich beteiligen am großen Gerenne zu noch mehr Wachstum, also zur Zerstörung unserer Lebensgrundlagen. Aber Karriere ist nichts anderes, als sich beteiligen am großen Gerenne zu noch mehr Wachstum, also zur Zerstörung unserer Lebensgrundlagen. Aber Karriere ist nichts anderes, als sich beteiligen am großen Gerenne zu noch mehr Wachstum, also zur Zerstörung unserer Lebensgrundlagen.

Ich lese den Satz dreimal, lese ihn von vorne nach hinten und von hinten nach vorne und kann gar nicht anders, als dabei zu nicken. Denn wer den Inhalt einmal begriffen hat, der kann doch automatisch nicht mehr in irgendeinem mittelständischen Konzern im Vertrieb arbeiten und schrottige Produkte verkaufen, oder? Wer verstanden hat, dass wir seit der Schulzeit darauf getrimmt werden, später wichtige Positionen bei VW, Adidas oder Coca Cola einzunehmen, die in letzter Konsequenz zur Zerstörung unserer Lebensgrundlagen beitragen, der wird seinen eigenen Berufsexit, ja, sein eigenes Nicht-Arbeiten und Nicht-mehr-Mitmachen nicht länger als Faulheit, sondern als Widerstand begreifen. Ich gehe sogar noch weiter und sage, dass jeder Mensch, der nicht in der globalisierten, profitorientierten, fossilistisch-industriellen

Wirtschaft arbeitet, ein Stück zum Erhalt unseres Planeten beiträgt.

Und klar, es wäre an dieser Stelle natürlich falsch, jene Menschen zu shamen, die aufgrund struktureller Diskriminierung im Niedriglohnsektor arbeiten müssen, um ihre Miete zu zahlen. Ich bin ziemlich sicher, dass viele Menschen auf ihre Jobs als Verkäuferinnen, Flugbegleiter oder Call-Center-Mitarbeiter verzichten würden, wenn sie könnten. Aber dafür müssen erstmal die politischen Rahmenbedingungen geschaffen werden. Deshalb bin ich auch dafür, dass Branchen, die nicht dem Gemeinwohl dienen und nicht nachhaltig umgebaut werden können, für den Klimaschutz zurückgedrängt werden *müssen*.

Vermutlich wäre es radikal zu verlangen, dass hochbezahlte „High Carbon"-Jobs in der Mobilitätsbranche, der Agrarwirtschaft oder der Textilindustrie in Zukunft nicht mehr ohne dazugehörige Ökoabgabe besetzt werden dürfen. Ganz sicher jedenfalls wäre es: *richtig*.

„Wenn wir unsere Flüge kompensieren – warum also nicht unsere Jobs?"[14], fragt Teresa Bücker. Ja, wieso wird CO_2-lastige Arbeit nicht extra besteuert, um Reichtum umzuverteilen? Wieso „sichern" wir mit unserer jetzigen Lebensweise Arbeitsplätze, gehen dabei aber das Risiko ein, dass unser Planet unsere egogetriebenen Overachiever-Ambitionen nicht überlebt? Es ist einfach nur absurd. Und die Fachliteratur gibt mir recht.

„Momentan existiert keine Gesellschaft, die sich als modern charakterisieren ließe und deren Stoffwechsel mit der Natur auch nur annähernd auf einem ökologisch nachhaltigen Niveau zu verorten wäre"[15], schreiben die Soziologen Bernd Sommer und Harald Welzer in ihrem Essay *Nachhaltigkeit als Utopie?*. Trotzdem dominieren im öffentlichen wie fachwissenschaftlichen Diskurs nach

wie vor Narrative wie „grünes Wachstum“ und „ökologische Modernisierung“, die suggerieren, dass unsere Gesellschaften westlichen Typs, einschließlich unserer Produktions- und Lebensweise – also motorisierter Individualverkehr und Hyperkonsum, anhaltendes ökonomisches Wachstum und Beschleunigung –, ohne weiteres mit dem Prinzip der ökologischen Nachhaltigkeit vereinbar wären. Funfact: Sind sie *nicht*.

Die britische Untersuchung mit dem Titel „Die ökologischen Grenzen der Arbeit“ des Think Tanks „Autonomy“ hat 2019 sogar ausgerechnet, wie viele Stunden wir in Deutschland maximal arbeiten dürften, damit sich die Erde nicht um mehr als zwei Grad erwärmt. Das Ergebnis: maximal sechs Stunden – und zwar pro *Woche*.

Damit wäre ich für diese Woche schon vorgestern fertig gewesen.

Zugegeben, als Ingenieurin ist es deutlich schwieriger, klimaschonend zu arbeiten, als für eine Verkäuferin in einem Indie-Second-Hand-Plattenladen. Eine verkürzte Arbeitswoche hätte dementsprechend je nach Beruf unterschiedliche Effekte auf den CO_2-Abdruck. Dies muss aber an anderer Stelle weiterdiskutiert werden.

Die Ergebnisse der Untersuchung implizieren auch, dass eine Verkürzung der Arbeitswoche um nur einen Tag allein nicht ausreichen würde, um die Kohlendioxidemissionen auf ein nachhaltiges Niveau zu senken. Bye, bye, 4-Tage-Regelwoche – für dich brauchen wir also auch nicht weiter lobbyieren.

Um ehrlich zu sein, finde ich die Ergebnisse des Think Tanks nicht einmal überraschend, prophezeite doch bereits der britische Ökonom John Maynard Keynes im Jahr 1930, dass wir in naher Zukunft nicht mehr als 15 Stunden pro Woche arbeiten würden. Er schrieb dies in seinem berühmten Essay *Economic Possibilities for our Grandchil-*

dren vor dem Hintergrund, dass in der Zukunft immer mehr Arbeit von Maschinen übernommen und automatisiert erledigt wird, was zu einer drastischen Reduzierung der Arbeitszeit führen wird. Zumindest in puncto Arbeit durch Maschinen hatte er recht. Ich habe diesen Absatz gerade via ChatGPT recherchiert und erst hinterher durch „Eigenleistung" überprüft, weil mir der Name des alten Mannes nicht sofort einfiel. Anyhow: Die Länge der Arbeitswoche, wie sie von Keynes angedacht wurde, entspricht also tatsächlich einem nachhaltigen Arbeitsniveau. Und es braucht auch eigentlich keine weiteren wissenschaftlichen Studien, um zu wissen, dass soziales Wohlergehen auch bei sinkender Arbeit ansteigt, wenn der Verzicht auf kapitalistischen Firlefanz wie Fast-Fashion und Weihnachtsdeko durch mehr freie Zeit und nichtmaterielle Güter kompensiert wird und wir uns endlich vom Gradmesser aus der Hölle, auch als BIP bekannt, verabschieden.

Apropos BIP: Schon gewusst, dass das Wachstum des Bruttoinlandsprodukts in keiner demokratischen Verfassung unter den Grundwerten oder Staatszielen aufscheint, aber weiterhin der unangefochtene Star der ökonomischen Bildung bleibt? Oder, um der Absurdität mit Zahlen Ausdruck zu verleihen: Allein in Deutschland wuchs das BIP seit 1950 kumulativ um sage und schreibe 700 % pro Kopf (Stand 2008) – das ergibt also einen Anstieg von gut 4200 auf über 31 500 Euro. Zum Vergleich: In vormodernen Gesellschaften verliefen Wirtschafts- und Bevölkerungswachstum über Jahrhunderte nahezu synchron, da mit der Fläche, von der Energie „geerntet" werden konnte, eine relativ fixe energetische Wachstumsgrenze existierte.[16]

Aber was passiert denn mit unserer Wirtschaft, wenn wir plötzlich alle aufhören, zu arbeiten?

Keine Sorge, liebe CDU- und ÖVP-Wähler, auch dazu gibt es bereits jede Menge vielversprechende Daten und Studien, die leider in betriebswirtschaftlichen Diskursen bewusst vernachlässigt und ausgespart werden. Laut Forschenden[17] sind Wirtschaften *dann* stabil – auch wenn die Produktion so weit umgebaut wird, dass ökologische Grenzen weniger stark überschritten werden und daher das BIP abnimmt –, wenn gleichzeitig zentrale Gesellschaftsstrukturen und Institutionen grundlegend verändert werden.

Geht's auch ein bisschen konkreter? Klar. Weil immer alle nach *Lösungsvorschlägen* schreien, habe ich ein bisschen weiterrecherchiert. Die Lösungen sehen so aus: Erstens muss die bezahlte Arbeitszeit für alle reduziert werden, während der Sorgesektor und der Bereich der Dienstleistungen und sozialen Güter – dazu gehören beispielsweise Bildung, Gesundheitsversorgung, Sozialhilfe und Umweltschutz – an Bedeutung gewinnt. Es fehlen ohnehin massenhaft Fachkräfte in Care-Berufen wie der Altenpflege und in Kitas. Hier *brauchen* wir sogar Wachstum, denn darauf, dass sich Menschen im Falle des Falles gegenseitig umeinander kümmern, würde ich in unserer hyperindividualistischen Gesellschaft leider nicht setzen. Zweitens dürften die gesamtgesellschaftlichen Ersparnisse und Investitionen nicht größer sein als die Abschreibungen. Für die besonders Interessierten: Wenn die Investitionen und Ersparnisse größer sind als die Abschreibungen, bedeutet dies, dass die Wirtschaft mehr produziert, als sie tatsächlich verbrauchen oder nutzen kann. Dies kann kurzfristig ein Wirtschaftswachstum zur Folge haben, jedoch langfristig zur Überproduktion und zu einem Anstieg von ungenutzten Ressourcen führen. Drittens muss technologischer Fortschritt umgelenkt werden, und zwar von Arbeitszeit einsparenden Maschinen hin zu mehr Ressourceneffizienz. Und viertens müsste die Wirtschaft mehr als heute auf miteinander vernetzten, gemeinwohlorientierten Unternehmen oder Genossenschaften basieren. Dabei muss Wirtschaftspolitik, soziale Absicherung sowie die öffentliche Versorgung mit Grundgütern in den Vordergrund gestellt werden.[18]

TL; DR: Die zentralen Bedingungen für stabile Postwachstumsökonomien sind einerseits eine Verringerung des Angebots der Produktionsfaktoren Arbeit und natürliche Ressourcen, andererseits eine fixe Arbeitszeitverkürzung.

Das heißt, salopp gesagt: *Weniger* Arbeit, *andere* Arbeit und sogar teilweise *Arbeitslosigkeit* for future!

Wie eigentlich alle Akteure der Postwachstums- und Degrowth-Diskussion gehe auch ich davon aus, dass mit der Transformation im Hier und Jetzt begonnen werden sollte, statt mehr Hoffnung als nötig auf das langsame Mahlen der politischen Mühlen zu setzen.[19]

„Neben den soeben diskutierten konkreten Politikvorschlägen für radikale Reformen, die weitgehend ‚von oben' durch den Staat durchgesetzt werden sollten", so die Autoren Matthias Schmelzer und Andrea Vetter in ihrem Essay *Degrowth als konkrete Utopie für eine klimagerechte Zukunft*, *„zeichnet sich die Postwachstumsdebatte durch einen Fokus auf kleinteilige Alternativen und selbstorganisierte Nischenprojekte ‚von unten' aus, die durch Gemeinschaften oder Kollektive getragen werden."*[20]

Und tatsächlich gab es in den westlichen Gesellschaften noch nie mehr Initiativen, Gruppen, Genossenschaften, Kollektive, die sich einem anderen Wirtschaften und Leben verschrieben haben, als heute. Ich denke dabei an Transition Towns, die sich als Spielfelder neuer lokaler Wirtschaftsweisen eignen. Diese Gemeinschaften fördern eine Vielzahl von Initiativen, um die lokale Wirtschaft und die Versorgung mit Nahrungsmitteln zu stärken, den Energieverbrauch zu reduzieren, den öffentlichen Verkehr zu verbessern und die Umwelt zu schützen. Sie organisieren Workshops, Veranstaltungen und Projekte, um das Bewusstsein für Umwelt- und Nachhaltigkeitsthemen zu schärfen und die lokalen Gemeinschaften zu mobilisieren. Genau wie Urban Gardening sind auch Transition Towns Formen der Rückeroberung des öffentlichen Raums zu sozialen und ökologischen Zwecken. Dazu gehören auch: Reparier-Cafés, Bürgerenergiegenossenschaften, Gemeinwohl-Ökonomie-Unternehmen, solidarische Landwirtschaft und generationenübergreifende, antihierarchische Wohnprojekte – allesamt Experimente in „realer Utopie", wie sie sich selbst Charles Fourier nicht besser hätte ausmalen können.

Solche Labore künftigen Wirtschaftens und Lebens haben den großen Vorteil, dass wir gleich mit der Zukunft anfangen können, ohne auf die vorher notwendige Revolution oder „große Transformation" zur Nachhaltigkeit warten zu müssen.[21]

Dennoch: Auch die größten Visionen für den Wandel sind vergeblich, wenn nicht genug Menschen bereit sind, zu handeln. Wenn es darum geht, die derzeit dysfunktionalen Weltstrukturen in funktionalere zu überführen, kann keine einzelne Fraktion – weder die Zivilgesellschaft noch die Politik oder die Wirtschaft – die vollständige Lösung liefern.[22]

Stattdessen steuert jeder Akteur einen anderen, aber wesentlichen Teil zu einer neuen Wirtschaftsordnung bei.

* * *

Raphael Thelen mag auf den ersten Blick nur ein gewöhnlicher Karrierist sein, der seiner alten Branche den Rücken gekehrt hat. Und doch hat er mit seinem Handeln ein Zeichen gesetzt und Hoffnung gesät. Er hat sich vom passiv zuschauenden Journalisten zum Aktivisten entwickelt. Statt darauf zu warten, dass seine Redaktion das Ausmaß der Klimakrise begreift oder Maßnahmen „von oben“ durch den Staat durchgesetzt werden, hat er sich *jetzt* dazu entschieden, einer kleinteiligen Alternative, einem selbstorganisierten Projekt beizutreten und an seiner eigenen Utopie für eine klimagerechte Zukunft zu arbeiten. Er war bereit, Einkommenseinbußen und Prestigeverlust in Kauf zu nehmen, um für seine Haltung einzustehen.

Ich respektiere das.

Und ich wünsche mir vor allem von den hochgebildeten, vegan lebenden, lastenradfahrenden Akademikern in meinem Umfeld, die ihre Ausbeuter-Jobs auf LinkedIn promoten, dass sie zumindest *ein*mal näher darüber nachdenken, was sie da eigentlich tun in ihrer Arbeitszeit. Welchen Unternehmen sie mit ihren Masterabschlüssen zu noch mehr Profit verhelfen, welche Sätze sie aus ihren Selbstoptimierungs-Seminaren nachts mit in den Schlaf nehmen und warum sie eigentlich montagmorgens als Allererstes versuchen, auf einer glitschigen Leiter nach oben zu klettern, während sie sich *so sehr* um die Zukunft ihrer Kinder sorgen.

Aber Karriere ist nichts anderes, als sich beteiligen am großen Gerenne zu noch mehr Wachstum, also zur Zerstörung unserer Lebensgrundlagen. Aber Karriere ist nichts anderes, als sich beteiligen am großen Gerenne zu noch mehr Wachstum, also zur Zerstörung unserer Lebensgrundlagen. Aber Karriere ist nichts anderes, als sich beteiligen am großen Gerenne zu noch mehr Wachstum, also zur Zerstörung unserer Lebensgrundlagen.

Ich sag’s, wie es ist: Karriere ist nichts anderes, als beizutragen zur Klimakrise.

Ein paar Tage nachdem ich das Podcast-Interview angehört habe, beendete ich meinen letzten Freelance-Job bei einer Agentur, die SEO-Texte für Beauty-Salons, Immobilienmakler und überteuertes Küchenzubehör verkauft. Ich verlor meine letzte finanzielle Sicherheit und tauschte sie gegen ein reines Gewissen.

Ich möchte das, was ich am besten kann, nicht für Geld verkaufen, wenn es am Ende dazu beiträgt, dass mehr produziert wird, als notwendig wäre. Ich möchte das, was ich am besten kann, nicht für Geld verkaufen, wenn mein geschriebenes Wort dazu beiträgt, dass Lesende zum Kaufen von Produkten oder dem Buchen von Leistungen gedrängt werden. Ich möchte das, was ich am besten kann, nicht für Geld verkaufen, wenn ich damit in allerletzter Konsequenz auch nur eine Bürgerin bin, die dabei hilft, das BIP zu steigern und unsere Lebensgrundlagen zu zerstören.

Doch auch das reicht noch lange nicht. Ich werde mich, genauso wie Raphael, selbst umsehen müssen. Ich werde recherchieren müssen, wie ich gemeinsam mit anderen „von unten" an neuen Formen des Wirtschaftens und Lebens mitwirken kann. Wie ich meine reduzierte Arbeitszeit künftig für etwas aufwenden kann, das größer ist als mein Ego.

Ich werde berichten.

Gute Arbeit

Es kann kein Buch über Anti-Work geben, in dem nicht zumindest einmal *versucht* wird, den Elefanten im Raum niederzuringen. Denn natürlich werden diese Fragen auch später von Journalisten kommen: „Gibt es nicht auch *gute* Arbeit? Nicht im moralischen Sinne, sondern bezogen auf die Sinnhaftigkeit, die einem die Tätigkeit selbst vermeintlich verleihen soll. Arbeit, die wir *gerne* tun? Arbeit, die uns *befriedigt*?" Sie werden diese Fragen stellen, um sich selbst zu vergewissern, das richtige Leben zu führen und nicht irgendetwas übersehen zu haben.

Und ich denke, hier muss die Unterscheidung zwischen Arbeit und *Arbeit* bereits beginnen. Denn natürlich gibt es Tätigkeiten, die wir ausführen und die uns Spaß machen, die unserem Gehirn guttun und uns das Gefühl geben, Sinn zu stiften. Ja, die frei nach den fourier'schen Gesetzen der leidenschaftlichen Anziehung entsprechend der menschlichen Persönlichkeit organisiert sind. Aber das ist in der Regel: *nicht* Lohnarbeit – also die abhängige Arbeit gegen Geld. Ich schreibe „in der Regel", weil es natürlich eine kleine Gruppe von sehr privilegierten Menschen gibt, die zu 99,9 % glücklich in ihrer Lohnarbeit sind, mit voller Autonomie, indem sie meinetwegen Kunst ausstellen oder Gebäude designen, die sich gut verkaufen, und deshalb sagen würden, dass sie ihr Day-Job vollends erfüllt. Allerdings stehen sie meiner Erfahrung nach damit eher alleine da. Der Großteil der Menschen opfert seine Lebenszeit, um fremdbestimmt und weisungsgebunden Dienste für andere zu verrichten, ist nicht am Unternehmensgewinn beteiligt und hat keinerlei Einfluss auf die Entscheidungen des Managements. Der Großteil der Menschen existiert in persönlicher Abhängigkeit von seinem Arbeitgeber, hat eine vorgeschriebene Arbeitszeit, einen zugewiesenen Arbeitsort und eine festgelegte Arbeitsabfolge. Wie soll dieser Zustand bitte schön etwas sein, das einen persönlich *befriedigt*?

Das Problem ist oft gar nicht die Tätigkeit selbst, sondern das Abhängigkeitsverhältnis. Der Verlust von Autonomie, Würde und dem Verfügen über den eigenen Körper.

Die Antwort auf die Frage, ob es denn nicht *doch* gute Arbeit gibt, ist also komplex – und sicherlich auch individuell. Wenn ich Texte schreibe, Podcasts aufnehme, Konzepte entwickle oder unterrichte, dann ist das natürlich im klassischen Sinne: Arbeit. Auch, wenn ich sie für mich in meinem eigenen Unternehmen ausführe. Ich bin jedoch nicht fremdbestimmt, nicht weisungsgebunden und auch nicht persönlich abhängig von meinen Partnern oder Klienten. Ich kann arbeiten, wann ich will, wie ich will, mit wem ich will und wie viel ich will – oder eben auch nicht.

Für mich ist *gute* Arbeit also stark von den Rahmenbedingungen und Strukturen abhängig, in denen ich mich befinde. Würde ich dieselbe Tätigkeit für eine Werbeagentur ausführen, befände ich mich sofort in einer anderen Situation. Denn die Tätigkeit würde sich nicht mehr so gut anfühlen, wie sie das jetzt tut, weil ich mir Gedanken darüber machen müsste, wie ich anderen Frauen Schönheitsmakel einrede, damit sie Produkte kaufen, womit ich sicherlich weit entfernt von meiner persönlichen Definition von guter Arbeit wäre. Diese Arbeit wäre für mich das Gegenteil von guter Arbeit, es wäre für mich persönlich: schlechte Arbeit und ganz sicher keine Arbeit, die mich befriedigt.

* * *

Geht es um das Thema Arbeit und Kreativität, gibt es kaum jemanden, dessen Texte ich lieber lese als Mar Grace. *„One of the most important parts of my life is the ecosystem of creativity I have built"*, schreibt Grace in ihrem Monday Monday Newsletter. *„Everything is a part of the research and the note taking. Each thread weaves from one container to the next. And yet the work is detached from the capita-*

list idea of work, the work as my deepest devotion to attention and pushing against the edges of what confines me."

Und doch ist ihre Arbeit losgelöst von der kapitalistischen Vorstellung von Arbeit, Arbeit als bewusste Hingabe zu Aufmerksamkeit, ein Stoßen gegen die Grenzen dessen, was sie einschränkt. Wenn ich Grace' Arbeit verfolge, habe ich stets das Gefühl, dass hier eine Person am Werk ist, die genau weiß, was sie will. Über das letzte Jahrzehnt entwickelte Grace ihr eigenes Netzwerk, in dem sie unterrichtet, publiziert, Ideen ausprobiert und verwirft, neue Medien-Formate ausprobiert und sich als Kreative weiterentwickelt. Völlig selbstbestimmt und communityfinanziert.

Auch ich habe mir über die letzten Jahre ein eigenes, kreatives Netz gesponnen, auf das ich jederzeit zurückgreifen kann. Selbst, wenn ich zwei Monate gar nichts getan habe, finde ich immer einen Anknüpfungspunkt. Das beste Beispiel ist mein Blog *Groschenphilosophin.at*, den ich seit 2014 schreibe. Sehe ich ihn als Arbeit? Ganz sicher nicht. Ist Artikel schreiben Arbeit? Ja, theoretisch schon. Und ich werde auch von meiner Community dafür bezahlt. Trotzdem sehe ich meinen Blog als etwas Besonderes und *Ge*sondertes, weil ich es unabhängig von der kapitalistischen Verwertungslogik gegründet habe. Ähnlich wie bei Grace fühlt sich *Groschenphilosophin.at* für mich wie eine Widerstandsgeste an.

Wenn ich ein Essay schreibe, denke ich nicht: „Oh, das muss unbedingt heute Abend fertig werden, sonst ist mein Chef enttäuscht!" und ich denke auch nicht: „Uh, hoffentlich verkauft sich das gut." Ich mache einfach, ich schreibe, was ich mir denke, und freue mich, wenn es hinterher jemand liest.

Aus meinem Blog (und meiner damit zusammenhängenden Fehlentscheidung, als Journalistin zu arbeiten) entstand die Idee, einen Kurs zu den Arbeitsbedingungen von schreibenden Frauen zu entwerfen, den ich zwei Mal privat in Form einer Online-Lehrveranstaltung gehalten habe. Und aus diesem Kurs entstand wiederum die Idee für meinen damaligen Podcast, *Tired Women*.

Each thread weaves from one container to the next. Ich habe all diese Arbeit gemacht, weil sie mir *wichtig* war. Weil ich ein Bedürfnis hatte, meine Erfahrungen als junge, schreibende Frau im Journalismus zu teilen und andere vor den Fehlern zu bewahren, die ich damals gemacht habe.

Es war *gute* Arbeit, Arbeit, die ich *gerne* machte, und Arbeit, die mich *befriedigte*. Also gibt es sie doch, die richtige, *gute* Arbeit?

Ich weiß, dass das, was ich tue, nicht so einfach nachzumachen ist. Die meisten Menschen entwerfen keine Lehrveranstaltungen zu „ihrem" Thema, die meisten Menschen werden gar nicht erst für ihre Gedankenfetzen im Internet bezahlt und auch nicht für das, was sie auf Instagram posten. Diese Arbeit war für mich keine traditionelle Lohnarbeit. Die Lohnarbeit musste ich nebenher woanders verrichten, damit ich mir meine eigentliche Arbeit, die, die ich gerne tat und die mich befriedigte, querfinanzieren konnte.

Zurück zu den fragenden Journalisten. Ich höre schon ihre Stimmen. „ABER MENSCHEN MÜSSEN DOCH ARBEITEN!" Ja. Es stimmt schon: Menschen sind nicht dafür gemacht, *gar* nichts zu tun und ihren Alltag auf dem Sofa zu verbringen. Dafür ist Langeweile viel zu schmerzhaft. Doch darum geht es doch gar nicht, wenn mir die Frage nach der guten Arbeit gestellt wird. Die Fragestellenden wollen oft einfach nur hören, dass es *doch* möglich sei, in diesem System zu gewinnen, dass man einfach nur das finden müsse, was einem „Spaß“ macht – aber dem widerspreche ich vehement.

Nein, es gibt für den Großteil der Menschen keine *gute* Lohnarbeit, weil sie dabei ihre Autonomie und ihre Würde verlieren und nicht frei über ihren eigenen Körper verfügen können. Ich behaupte, die meisten Menschen würden vermutlich nicht jeden Morgen freiwillig um 7:30 Uhr das Haus verlassen, um irgendwo hinzufahren, nur um dort mit ihrer Lebenszeit Kapital für andere anzuhäufen, Regale einzusortieren, Toiletten zu putzen, alte rassistische Säcke zu pflegen oder Rechnungen in ein System einzutippen. Nein, die meisten Menschen haben nicht das *Glück*, ausschließlich Handgriffe auszuführen, die sie erfüllen, sondern müssen das machen, was sie *bekommen*. Nein, ich denke nicht, dass etwas gute Arbeit sein kann, wenn es Menschen ermüdet, auslaugt, psychisch wie physisch verwundet zurücklässt und keinen Raum lässt, gute Entscheidungen für die Zukunft zu treffen.

Gibt es *gute* Arbeit? Ja, in der Theorie schon. Aber nur für verdammt wenige. Deshalb kann ich es nicht mehr hören, dass Arbeit „gut für den Menschen“ sei. Diese Aussage ist eine kapitalistische Verallgemeinerung, die das System erhält und Ausbeutung ermöglicht. Ein Glaubenssatz, wenn man so will, der uns ganz fest eingebläut wurde, damit wir gar nicht erst auf die Idee kommen, uns zu beschweren.

Oder, Gott bewahre: zu emanzipieren.

Healing from healing

Es ist schwer, in dieser Gesellschaft nicht davon besessen zu sein, zu heilen. Es scheint eine allgemeine Vorstellung davon zu geben, was ein „psychisch gesunder“ Mensch ist, und ich weiß nicht, wer sie festgelegt hat. Gesund ist, kein Trauma zu haben; gesund ist, keine obsessiven Gedanken zu haben; gesund ist, keine Periodenschmerzen zu haben; gesund ist, kein ADHS zu haben; gesund ist, nicht autistisch zu sein; gesund ist, Kontakt mit seinen Eltern zu haben; gesund ist, nie die Kontrolle zu verlieren; gesund ist, eine langjährige, stabile Beziehung vorweisen zu können; gesund ist, gewaltfreie Sprache zu beherrschen; gesund ist, angemessen auf Herausforderungen zu reagieren; gesund ist, richtig zu atmen. Gesund ist richtig, alles andere ist falsch, beschädigt, Mangelware.

Im feministischen Diskurs ist der Topos des Nicht-Genügens so oft auf das Äußere reduziert, auf die Botox-oder-nicht-Debatte, auf Cellulite und Stirnfalten. Aber was mich viel mehr unter Druck setzt, ist der Schönheitsdruck auf mein *Inneres*. Beim Äußeren wird die Gesellschaft langsam milde, das Wissen um gefährliche OPs setzt sich schrittweise durch, Zeitschriften bringen Frauen mit grauen Haaren aufs Cover. Aber beim Inneren, ja, da könnten wir doch alle noch ein bisschen *mehr* tun, ein bisschen mehr meditieren und in unser Achtsamkeitsjournal schreiben und ein Räucherstäbchen anzünden und dann einen Online-Kurs zum Thema Selbstwert kaufen und schon beginnt die Reise.

Ich habe selbst einiges konsumiert über die letzten sieben Jahre, um meinen Charakter zu glätten, unter anderem den YouTube-Account *Therapy in a nutshell*, Familientherapeutin Whitney Goodman (bekannt als „Sitwithwhit"), alles von dem Trauma-Therapeuten Patrick Teahan und die Podcasts *Adult Child* und *Terrible, thanks for asking*.

In manchen Wochen war YouTube- und Instagram-Therapie mein festes Abendprogramm. Statt zum Sport zu gehen, setzte ich mich mit einem Notizheft vor den

Fernseher. Immer dann, wenn mir irgendwer sagte, dass ich *nicht* genug sei, dass ich echte Probleme hätte, dass ich schwierig wäre. Immer dann nahm ich mir vor, extra viel zu lesen, zu reparieren und zu reflektieren. Ich verschlang die Inhalte, manchmal sieben Folgen am Stück, als wären sie Netflix-Angebote. Das Zeug macht süchtig. Jeden Tag gab es etwas Neues zu verbessern in meinem Kopf.

Whitney Goodman hat, wie so viele andere Therapeuten, auch ihr eigenes Paid-Newsletterprogramm. Es heißt „Good Enough“[23] (catchy Titel, oder?). Jede Woche erhalten zahlende Subscriber eine E-Mail, einmal im Monat gibt es ein Live-Webinar mit Aufzeichnung, in dem das Material des Monats besprochen wird. Außerdem sendet sie Buchempfehlungen und Arbeitsblätter. Goodman hat 39 000 Newsletter-Abonnenten. Auch der lizensierte US-Therapeut Patrick Teahan[24] mit 547 000 YouTube-Abonnenten hat eine Monthly Healing Community. Für 69,99 Dollar bekommt man sofortigen Zugang zu allen Kursen und aufgezeichneten Webinaren, monatlichen Live-Q&A-Sitzungen via Zoom und wöchentlichen Input für das Inner-Child-Journal. Erst gestern hatte ich wieder eine Mail von Alan Robarge[25], einem Bindungsstil-orientierten Psychotherapeuten, in meinem privaten Posteingang. Betreff: „Relationship repair“.

Die personalisierte E-Mail beginnt wie ein gutes Buch:

„Hello Bianca, what do you know about losing love? Feeling grief? (Ich fühlte mich sofort abgeholt!) We grieve, grieve and grieve. Sometimes, our losses seem never-ending. Their impact on our life stays with us (dramatisch, aber ok ...). As you know, a broken heart does not heal quickly. We realize time alone does not heal. More accurately, time and attention heals. Today, it’s time to pay attention to our grief. If we want to grow in relationships, then we need a plan. We need to learn about ...

- grieving as a gateway to secure attachment
- grieving as freeing ourselves from rejection
- letting go of those who hurt us before

This is why I created the Community Program ‚Improve Your Relationships'."

Ich klicke auf den Link und sehe Robarge mit Headset vor einer Webcam sitzen. Unter dem Video steht eine Beschreibung des Kurses: „*Wenn sich Bindungsverletzungen als Trauma-Symptome in Ihren Beziehungen zeigen und schmerzhafte, wiederkehrende Muster emotionaler Unverfügbarkeit erzeugen, dann fragen Sie sich bestimmt: ‚Wie kann ich meine Beziehungen reparieren, verändern und verbessern?*'"

Ich könnte an dieser Stelle noch 50 weitere Beispiele zitieren. Im Grunde sind die Therapeuten alle sehr gute Geschäftsleute, was ich ihnen auch gar nicht übelnehmen möchte im spätkapitalistischen Amerika. Sie sind hochqualifiziert, lieben ihr Spezialgebiet und möchten so vielen Menschen wie möglich helfen. Glaube ich, immer noch. Und trotzdem habe ich aufgehört, diesen Content regelmäßig zu konsumieren. Sowohl auf Instagram als auch auf YouTube und den dazugehörigen Webseiten.

Warum? Weil ich gerade vom Heilen *heile*. Aber von Anfang an.

* * *

„Good enough" ist das einzige Programm dieser Art, für das ich je bezahlt habe, weil ich den Ansatz interessant fand. Goodman möchte intergenerationale Konflikte lösen, indem sie Strategien für eine beidseitig verbesserte Kommunikation anbietet. Der erste Artikel, den ich von der Therapeutin erhielt, hieß: „*What Is Wrong With This Gene-*

ration? And are parents really to blame?" Darin thematisierte sie Sätze, die viele Millennials von ihren Eltern kennen. Zum Beispiel:

„Die meisten von uns haben ihr Bestes in der Erziehung gegeben, aber unsere Kinder denken heute immer noch, dass das nicht gut genug war. Wartet nur ab!"

Oder:

„Alles, was ich sehe, sind erwachsene Menschen, die ihren Eltern die Schuld für all ihre Probleme geben. Es gibt nur Beschuldigungen."

Goodman gibt sich wirklich große Mühe, beide Seiten zu verstehen, und schreibt in ihrem Newsletter aus Millennial-Perspektive an die Eltern, die sich heute von ihren Kindern missverstanden fühlen. *„Wenn sich Eltern weigern, ihre Rolle anzuerkennen oder Verantwortung zu übernehmen, kann das traumatisch sein. Es hemmt Empathie*", schreibt Goodman. *„Wenn Sie möchten, dass Ihr erwachsenes Kind nachempfinden kann, wie schwer es für Sie war, ein Elternteil zu sein, müssen Sie ihm zuhören.*"

Ich dachte: „Ach, *wirklich*?"

Am Ende der Mail stellte Goodman ein „Healing Family Patterns Workbook" bereit. Ich öffnete es nicht. Die nächsten Mails hatten Betreffzeilen wie: „The Dysfunction Ends With Me", „How To Love When No One Taught You How" und „I'm Done Pretending". Alle Mails handelten von dysfunktionalen Familien und darin manifestierten, schädlichen Verhaltensmustern. Wenn wir die Dysfunktion unterbrechen wollen, so Whit, müssen wir diese alten Rollen anpassen (oder ganz aufgeben).

Nach den ersten paar Mails beendete ich mein Abo. Nicht, weil der Inhalt schlecht geschrieben oder unwichtig war. Sondern weil ich in meinem Alltag keine Kapazitäten habe, mich dieser hochkomplexen Angelegenheit zu widmen. Ja, in gewisser Weise finde ich es fast schon anmaßend, dass Millennials und Zoomer neben der Klimakrise jetzt auch noch nebenbei intergenerationales Trauma auflösen sollen. Durch einen *Newsletter* und ein paar *Workbooks*, sei dazugesagt. Am besten noch nebenbei beim Scrollen.

Content wie dieser macht mir an guten Tagen schlechte Laune, weil ich daran erinnert werde, was mir vermeintlich in meinem Leben fehlt. Und an schlechten Tagen erinnert er mich daran, wie viel Arbeit noch vor mir liegt; wie viel Arbeit ich nicht geleistet habe; was ich noch alles kitten muss, damit ich endlich *ganz* bin. Sonst noch was?

Ich fühlte mich über-therapiert.

Manchmal hätte ich die Newsletter gerne an bestimmte Personen weitergeleitet, aber was hätte das gebracht – außer Missachtung? Denkt Goodman *wirklich*, dass man sich einfach abends nach einem Zehn-Stunden-Tag kurz hinsetzt, bisschen alleine im Healing Family Patterns Workbook rumkritzelt, das Ganze abfotografiert und in die Familiengruppe stellt, und gut ist? Ich frage mich, ob Goodman die Probleme, die sie lösen möchte, am eigenen Leib erfahren hat oder ob sie sich einfach irgendein random Fachgebiet ausgesucht hat, das gerade gut klickt. Denn das „Lustige“ an intergenerationalem Trauma ist ja, dass gerade die Personen, die den meisten Schaden angerichtet haben, *nicht* für solche Newsletter bezahlen und Therapie allgemein für großen Humbug halten.

Wer abonniert also solche Newsletter?

Wer kauft solche Kurse?

Opfer und Geschädigte. Und nicht die Täter, die sich mit ihren Worten, Blicken, Griffen und Verhaltensweisen ins kollektive Trauma-Gedächtnis einer Familie eingebrannt haben. Gleichzeitig geben Kurse und Workbooks wie jene von Goodman mir das Gefühl, dass ich etwas tun *muss*, sonst bin ich kein Trauma-Breaker. Sonst verpasse ich mein „wahres Glück“. Sonst endet „es“ nicht mit mir. Was auch immer „es“ genau sein soll.

Der Newsletter machte mich wütend, kostete Zeit und zauberte mir keine umsetzbaren Lösungen herbei. Denn Familientherapie funktioniert – Überraschung! – ganz sicher *nicht* durch einseitig gelesene Newsletter.

Inzwischen habe ich auch Alan Robarges Mails deaktiviert, weil Loslassen und Trauern keine Aktivitäten sind, bei denen ich mich unter Druck setzen lassen möchte. Das ist nichts, das ich mit klassischen Hausaufgaben und einer Gruppe fremder Menschen in einem Zoom-Klassenzimmer lösen will. Nein, Alan, today is not the time to pay attention to our grief.

Ich bin nicht mehr in der Schule, ich habe nicht um 11 Uhr Deutsch, um 12 Uhr Mathe und um 13 Uhr Trauern. So funktioniere ich als Mensch nicht und deshalb habe ich weder seinen noch irgendeinen anderen Self-Help-Kurs jemals gebucht.

Gerade arbeite ich überhaupt nicht an meinem Inneren. Ich bin erstaunlicherweise at peace with myself, wie man so schön sagen würde. Ich lasse mich einfach sein und lebe in den Tag. Ich fülle keine Online-Familienaufstellungen aus. Ich habe seit 18 Monaten kein Tagebuch mehr geschrieben. Ich schaue mir keine Fernanalysen über meinen Bindungsstil und den meines Partners an, um herauszufinden, ob wir nur zusammen sind, weil wir einen Trauma-Bond haben.

Es spielt für mich keine Rolle, wenn ich glücklich bin. Abends zocke ich Playstation und mache mir keine Gedanken darüber, welches Trauma oder welche psychische Störung ich heute bearbeiten könnte. Ich lasse es sein. Ich versuche, so wenig wie möglich in nervigen Therapy-Talk zu verfallen und mein Gegenüber nicht aus der Ferne zu fehldiagnostizieren. Ich meide jeglichen Content von Stefanie Stahl, Lukas Klaschinski und anderen Nachahmern des amerikanischen Erfolgsmodells. Ich versuche, nicht mit dem Finger auf andere zu zeigen und „toxisch" zu schreien, genauso, wie ich es nicht mehr akzeptiere, dass andere mich so nennen, wenn ich mich der Situation angemessen, wie ein Mensch mit Gefühlen, verhalte. Ich versuche nicht, Beziehungen zu reparieren, wenn das offensichtlich nicht möglich ist. Ich denke aber auch nicht über jede beliebige Person weitere 17 Jahre nach. Ich hake sie ab, zack, zack.

Und, die vielleicht für mich wichtigste Erkenntnis, die mir regelmäßig Hoffnung schenkt: Ich kann alleine so viel heilen, wie ich möchte – wenn das Umfeld nicht stimmt, bringt alles nichts.

Vielleicht habe ich aufgehört, so viel von mir und meiner Psyche zu erwarten. Sie ist schließlich kein Zirkustier und Heilung keine olympische Disziplin. Ich verlange nicht mehr von mir, jeden Tag gleich zu funktionieren. Vielleicht liegen die Glücksfaktoren auch ganz woanders. Ich habe heute mehr finanzielle Stabilität als vor fünf Jahren und bin in meinem Schaffen als Autorin vorangekommen, was mich erfüllt. Ich arbeite nicht in einem Corporate-Job, den ich hasse, und ich kann fast jeden Tag frei gestalten. Das lässt mich ruhig schlafen.

Vielleicht ist unsere Gesellschaft so besessen davon, zu *heilen*, weil psychische Gesundheit in einer kranken Welt beinahe unerreichbar geworden ist. Genauso unerreichbar wie der perfekte Körper. Psychische Gesundheit, ein Dasein ohne Erkrankungen oder Auffälligkeiten ist ein Schönheitsmerkmal, ein Gradmesser von Privileg und Kultiviertheit, wofür sich die Anstrengung lohnt. Deshalb tun wir so, als ob es innerhalb der vorhandenen Strukturen durch genügend Selbstfürsorge und Online-Kurse möglich wäre, zu gesunden.

Weil es dann so *aussieht*, als ob wir unser Trauma genauso wie unseren Arsch selbst in der Hand hätten.

Kämpfen und abhaken

Im Sommer 2023 erhoben Tänzerinnen schwere arbeitsrechtliche Vorwürfe gegen die Sängerin Lizzo und alle taten wie immer wahnsinnig überrascht. Wie kann es sein, dass ein Megastar, der für Body-Positivity und Selbstliebe steht, andere diskriminiert, beleidigt und ausbeutet? Wieso ist dieses Verhalten nicht schon früher publik geworden? Warum ausgerechnet *jetzt*?

Doch man muss gar nicht für Superstars arbeiten, um Ungerechtigkeit und Diskriminierung am Arbeitsplatz zu erfahren. Wenn es passiert, interessiert sich nur leider die Öffentlichkeit nicht dafür. Man bleibt mit seiner Wut alleine und weiß nicht, was tun. Man schickt empört Screenshots an Freundinnen oder Arbeitskollegen, man ruft seine Mutter an, man wird – je nach Ansprechperson – beschwichtigt oder in der eigenen Gefühlslage bestärkt. Man hüpft im Kreis.

„Choose your battles", sagen Feministinnen und Kapitalistinnen dann gleichzeitig und so genau weiß eigentlich niemand, *was* damit gemeint ist. Also ja, schon klar: Wir sollen unsere Ressourcen schonen und uns nur für Sachen einsetzen, für die es sich zu kämpfen lohnt. Aber woher weiß man vorher, wann dies der Fall ist? Wer definiert die Grenze, ab der es sich *nicht* mehr zu kämpfen lohnt? Und wann macht es womöglich *doch* Sinn, einen Vertragsbruch, eine Straftat, einen Übergriff anzuzeigen oder öffentlich zu machen?

Ich bin im Laufe der Jahre selbst immer wieder mit Arbeit- oder Auftraggebenden konfrontiert gewesen, die mich nicht bezahlt oder wie einen Roboter behandelt haben. Die mich abgelehnt, angelogen und hingehalten haben. Doch anders als früher (vor 2016) setze ich heute nicht mehr sofort einen beleidigten Tweet ab, wenn mich jemand im Team unbegründet vom gemeinsamen Mittagessen auslädt. Ich wäge stattdessen ab. Meine neue Strategie heißt: kämpfen und abhaken. Und sie besteht aus verschiedenen Schritten und Fragen, die ich mir dann stelle.

1. Geht es ums Ego oder ums Geld?

Während Lizzo verklagt wurde, saß ich in einem Call mit einer Podcast-Produktionsfirma. Ich war zu einem Vorgespräch eingeladen und dementsprechend vorfreudig. Der Call startete und eine sehr junge Mitarbeiterin begrüßte mich relativ lustlos zu diesem standardisierten Gespräch. Ich erfuhr, dass es sich gar nicht um ein Vorgespräch handelte (wie per Mail vereinbart wurde), sondern dass ich gerade als Podcast-Gesprächspartnerin für einen ganz bestimmten Podcast „gecastet“ werden sollte. Huch? Sowas mache ich aus Prinzip nicht, aber weil der Call schon gescheduled war und ich diesen Vormittag nichts mehr anderes vorhatte, machte ich eben mit. Mit einem unguten Bauchgefühl beantwortete ich widerwillig die Fragen, die mir gestellt wurden, obwohl man das alles im Internet nachlesen könnte. Vermutlich konnte man mir meine Begeisterung ansehen.

Währenddessen dachte ich darüber nach, wie es einerseits sein kann, dass ich wöchentlich Interview-Anfragen bekomme und auf der Straße von Followern angesprochen und umarmt werde (<3), ich aber andererseits scheinbar trotzdem diesen Bewerbungsgespräch-Marathon für eine lächerliche Aufnahme mitmachen muss, als sei ich eine absolute Newcomerin. Schau: Entweder man will mich für eine Podcast-Aufzeichnung oder nicht. Was gibt es da noch zu casten?

Eine Woche später bekam ich die Absage. Sie hätten sich für eine andere Gesprächspartnerin entschieden. Machte ich das öffentlich? Regte ich mich darüber auf, nicht genommen worden zu sein? Ich stellte mir wie immer die Frage: Geht es um dein Ego, Bianca? Oder geht es um einen finanziellen Schaden, den du rechtlich durchsetzen kannst?

In diesem Fall ging es klar um mein Ego und die wenigsten öffentlichen Streits darüber lohnen sich *wirklich* (außer für jene, die dabei mitlesen). Hier habe ich ein battle ganz klar nicht gechosen, sondern: abgehakt, ohne zu kämpfen. Ich habe nicht mal mehr auf die Frage geantwortet, ob ich für eine andere Runde dabei sein möchte. Ich habe keine böse E-Mail geschrieben, denn auch das hätte meine Ressourcen in Anspruch genommen. Ich habe die Mail ganz einfach gelöscht und mich sofort anderen Dingen zugewendet.

Regel Nummer 1 lautet also: Geht es ums Ego, heißt es abhaken und den Mental Load so gering halten wie möglich.

2. Geht es um Geld – oder geht es um mehr?

Ich wache auf und entdecke einen meiner Artikel auf einer Website, für die ich nicht geschrieben habe. Das Medium hat den Beitrag scheinbar im Rahmen einer Partnerschaft mit einer anderen Website erworben und ohne mein Einverständnis online gestellt. Ich schreibe der Chefredakteurin, dass sie weder die mündliche noch schriftliche Erlaubnis hat, meine Texte anderweitig zu verwerten, schon gar nicht ohne Honorar. Die Chefredakteurin pampt mich an, ich sei eine Extrawurstkönigin. Ich weiß, dass ich rechtlich auf der sicheren Seite bin, und schalte einen Anwalt ein. Die Zusammenarbeit läuft unkompliziert. Der Anwalt setzt meinen Anspruch durch und ich bekomme ein paar Wochen später das Geld überwiesen.

In diesem Fall frage ich mich: Geht es um Geld – oder geht es um mehr? Dieses Mal geht es „nur“ um Geld und einen einfach durchsetzbaren Anspruch. Ich mache den Fall nicht öffentlich, weil es niemanden interessieren würde. Nicht mal mich selbst.

Die zweite Regel lautet: Geht es um Geld und nicht mehr, dann kämpfe ich kurz und hake es danach sofort ab. Besonders dann, wenn der Rechtsanspruch eindeutig ist und jeder Anwalt zu diesem Mandat „Ja, ich will!“ sagen würde. Das ist meistens dann der Fall, wenn man seine Auftragsarbeiten mit einem unterschriebenen Angebot belegen oder Arbeitsrahmenverträge über eine ganz bestimmte Leistung vorweisen kann.

3. Geht es um mehr als Ego und Geld?

Leider geht es oft nicht nur ums Ego und nicht nur um Geld. Manchmal wird man schlichtweg Zeugin oder Opfer von Betrug und Korruption, und wie soll man da wegsehen? Ich selbst habe einmal mitbekommen, wie ein Parfümladen massenhaft importierte Billigware in teure Fläschchen abfüllte, mit einem fancy Logo bedruckte und dann als hand-manufactured in Hamburg (!) um das Zehnfache verkaufte. Wie ich überhaupt darauf kam? Eine Kollegin gab mir den Tipp, weil sie nicht glauben konnte, dass das seltsam riechende Zeug wirklich in diesem kleinen Laden hergestellt und abgefüllt wurde. Sie googelte die Produkt-Namen der ausgestellten Fläschchen und fand relativ schnell den ursprünglichen Händler, der das Zeug vertickte. Die scammy Parfum-Firma hatte sich nicht einmal die Mühe gemacht, die Namen der Düfte zu verändern.

So. Choose ich jetzt dieses battle oder schaue ich weg? Schadet die Firma irgendjemandem, solange sie alle Mitarbeiter bezahlt? Ich bin sicher, viele hätten weggeschaut und sich nicht weiter um die unlauteren Geschäftspraxen geschert. Auch das ist in manchen Fällen legitim. Als Ex-Journalistin konnte ich also nicht anders, als den Fall säuberlich zu dokumentieren und an die Verbraucherzentrale und ein paar Journalisten zu melden.

Diese Möglichkeit bleibt einem nämlich immer: Informationen zu sammeln und als Whistleblowerin an Journalistinnen zu übergeben. Dadurch profitiert man vom Quellenschutz und kann nicht strafrechtlich verfolgt werden. Der Gesetzgeber gewährt Journalisten nämlich ein umfassendes Zeugnisverweigerungsrecht, das ein Vertrauensverhältnis zwischen Journalisten und Informationsquelle schützt.[26] Journalistinnen dürfen in Deutschland also vor Gericht schweigen und Redaktionen nicht mit dem Ziel durchsucht werden, die Identität von Informanten zu offenbaren.[27] Wenn man Glück hat, landet der eigens aufgedeckte Fall sogar bei Böhmermann. Leider ist mir das bisher nicht gelungen, obwohl ich immerhin über einen befreundeten Redakteur den Anstoß für die CBD-Sendung geben konnte.

Wenn es also *nicht* um mein eigenes Ego und nicht um Geld geht, das mir jemand schuldet, frage ich mich: Habe ich die Kraft und Ressourcen, diesen Fall aufzuarbeiten? Meistens finde ich die Kraft, weil ich sowohl privilegiert als auch gerechtigkeitsliebend bin. Ich hasse nichts mehr als Diskriminierung, Scheinheiligkeit und das Vortäuschen falscher Tatsachen. Doch auch hier hat mein Engagement seine Grenzen. Wenn ich meine Arbeit getan und die Recherchen abgegeben beziehungsweise weitergeleitet habe, bin ich raus. Immerhin bin ich auch kein reicher, alter, *weißer* Mann. Ich bin nicht die Staatsanwaltschaft oder Verbraucherzentrale. Ich muss mich darauf verlassen, dass der Fall weiterbearbeitet wird.

Ich kämpfe und hake ab.

4. Geht es um alles?

Es ist ein lauer Herbstnachmittag, als ich mich mit *ihr* treffe. Sie ist vor mir da, sitzt an einem runden Tisch in der Ecke und lädt mich auf eine heiße Schokolade ein, um über meinen Lebenslauf zu sprechen. Alles *ganz* locker. Wir haben uns über Instagram kennengelernt und teilen ein paar Werte. Dachte ich.

Wenn ich *will*, sagt sie, könne ich mit ihrer Hilfe ganz einfach bis zu 2500 Euro pro Klientin und Auftrag verdienen. „Ist das nicht alles superkompliziert?“ Nein, die Aufträge kämen erfahrungsgemäß *sehr* schnell zustande. Ich müsse nur ein Profil erstellen, ein paar Kennenlern-Calls machen und dann ein bisschen Bürokratie ausfüllen und schon könne ich loslegen. *Total* easy! Die Idee klingt verlockend: Sie versorgt mich mit Leads, an denen sie pro Vertragsabschluss beteiligt ist. Ich muss lediglich die Kennenlern-Calls machen und auf eine Zusage warten. Nach der Zusage kommt der Vertrag zwischen mir und der Klientin zustande und ich werde ordentlich nach Stunden bezahlt. Ein paar Wochen nach unserem Gespräch bin ich offiziell aufgenommen. Sie schickt mir einen Arbeitsrahmenvertrag, in dem sie sich von allen arbeitsrechtlichen Pflichten befreit. „Klarstellend halten die Parteien fest, dass weder durch den Rahmenvertrag noch durch die einzelnen Projektverträge ein Arbeitsverhältnis zwischen den Parteien begründet werden soll.“ Ich denke mir erstmal nicht viel dabei. Ist schließlich alles *total* easy, freundschaftlich, feministisch. In den darauffolgenden Monaten entwickelt sich eine Arbeitsbeziehung, die mir ursprünglich sehr *anders* verkauft wurde. Nichts läuft einfach so, ganz locker. Sie bekomme ich nie zu sehen. Stattdessen erhalte ich jede Menge Anweisungen per WhatsApp und Mail. Ich arbeite mich in ihre Unternehmens-Plattform ein, lese ellenlange Dokumentationen, schaue Einführungs-Videos und bekomme jede Woche mehrere Anfragen für angeblich äußerst dringende Gespräche. Ich habe fast täglich Kontakt zu ihrer Praktikantin, der einzigen festen Mitarbeiterin des Unternehmens. Vier Monate später habe ich zehn Kennenlern-Calls geführt, 100 Mails mit „Hallo" und „Ja, so machen wir das hier" geschrieben, PowerPoint-Präsentationen erstellt, auf Instagram für sie und ihre Idee geworben und von ihr im Gegenzug keinen. einzigen. Vertrag. ausgehändigt. bekommen.

Ich schreibe ihr mehrmals, dass ich so nicht weiterarbeiten könne, dass ich nicht verstehe, was hier schiefläuft. „Warte", schreibt sie, „du musst nur Geduld haben. Wenn es erstmal läuft, dann läuft es."

Warum *nie* ein einziger Vertrag zustande kam, darauf habe ich bis heute keine Antwort.

Eines Nachmittags ruft sie mich nach drei Wochen vermeintlicher Nicht-Erreichbarkeit an und sagt mir, ich sei entlassen, weil ich nicht mehr für diesen Job qualifiziert wäre. Sie könne da auch nichts tun, leider – und legt auf. Ich könnte schreien vor Wut. Vier Monate umsonst gearbeitet. 100 Mails. Zehn Kennenlern-Calls. Die Einarbeitung. Alles umsonst. Ohne Angabe von Gründen: entfernt, entledigt. Ich komme nicht an sie ran. Sie ist unantastbar. Kalt wie die Nordsee.

Die nächsten Tage kann ich an nichts anderes denken als an sie. Wer *ist* diese Frau, die mich und viele andere kostenlos Vorarbeit leisten lässt? Wieso habe ich ihr geglaubt, dass alles total easy abläuft? Wie kann es sein, dass sie mit dieser „Business-Idee" durch Deutschland tingelt, auf Social Media flext, Leute rekrutiert und ausbeutet – ohne dass da jemals ein Gerichtsprozess zustande kommt? Wie kann es sein, dass sie Rahmenverträge verteilt, die rechtswidrig sind, wie ich später mithilfe meiner Jura-Freundinnen feststelle?

Instinktiv weiß ich sofort, dass ich sie verklagen *muss*. Weil es nicht um mein Ego, nicht nur um Geld geht. Sondern um *alles*. Weil ich andere vor dieser Person bewahren und warnen muss. Am liebsten würde ich den Fall sofort publik machen. Doch auch hier wende ich mich *nicht* an die Öffentlichkeit, denn sie droht mir zu allem Übel in einer Mail mich wegen Verleumdung anzuzeigen, als ich ihr mit den Konsequenzen ihres Verhaltens drohe. Sie weiß scheinbar *genau*, wie das alles online aussehen würde.

Ich habe zum ersten Mal richtig Angst vor ihr. Vielleicht passiert ihr das gar nicht zum ersten Mal?

Wie in Trance fange ich an, eine Zahlungsklage zu formulieren. Eigenständig, ohne die Hilfe eines Anwalts. Dieses Prozedere ist in Deutschland kostenlos. Auf 13 Seiten liste ich auf, was ich für sie geleistet habe – ohne Bezahlung. Als ich das Einschreiben ans Arbeitsgericht versende, juble ich und habe Hoffnung. Ich bin so stolz auf mich und hüpfe den Weg zurück in meine Wohnung. Zwei Wochen später bekomme ich den Brief vom Gericht. Meine Zahlungsklage wurde zugelassen und wird in wenigen Wochen bei einer Güteverhandlung am Arbeitsgericht besprochen. Wie gerne ich ihr Gesicht gesehen hätte, als sie die Vorladung aus dem Briefkasten fischte. Am Tag vor der Verhandlung kann ich kaum schlafen. Ich war noch nie bei Gericht. Wird sie kommen? Wie wird sie aussehen? Was wird sie tragen? Wie gehe ich ihr aus dem Weg, wenn wir uns beide gleichzeitig im Raum befinden? Ich bin zehn Minuten früher da und begebe mich in den kleinen Verhandlungsraum im obersten Stock. Ich komme ohne Anwalt und vertrete mich selbst. Vorne steht ein Tisch, an dem locker vier Richter Platz hätten. Unsere Nachnamen stehen auf Schildern, sie werden mit dem Aufdruck „Klägerin" und „Beklagte" ergänzt.

Zum ersten Mal in meinem Leben bin ich Klägerin und es fühlt sich gut an, obwohl ich zittere. Ich schaue auf die Uhr. Eins vor, aber sie kommt nicht. Ich fange an, darauf zu hoffen, dass sie wirklich nicht kommt. Dass der Richter ohne sie entscheiden wird. Aber da ist sie. Pünktlich zu Verhandlungsbeginn kommt sie mit einem Anwalt zur Tür rein wie Gwyneth Paltrow. Alles an ihr ist wie erwartet. Regungslos. Sie schaut mir nicht in die Augen, obwohl es eigentlich unvermeidbar ist. Ich bekomme ein Schreiben von ihrem Anwalt vorgelegt, in dem verlangt wird, dass ich die Klage zurücknehme. Ich nehme gar nichts zurück und verlasse mich auf den Richter. Der stellt ihr allerlei unangenehme Fragen. Zum Beispiel, was eigentlich der Zweck ihres Unternehmens sei. Sie sagt etwas anderes, als auf ihrer Website steht, was mich nicht wundert. Ich habe das Gefühl, der Richter ist auf meiner Seite, zumindest schaut er mich immer wieder milde an und sie nicht. Sie starrt auf den Boden und hofft auf den Anwalt, doch der kann auch nichts Rettendes aus dem Ärmel zaubern, was nicht da ist. Die ganze Angelegenheit ist wirklich peinlich, aber nicht für mich. Am Ende bietet sie mir 400 Euro als Entschädigung an. Ihr Anwalt kostet das Fünffache der Summe, die sie mir anbietet, aber sie beharrt darauf, kein Geld zu haben. Ich lehne ab. Wenige Tage nach der Verhandlung bekommen wir beide ein Schreiben, in dem wir die Zuständigkeit des Arbeitsgerichts begründen sollen. Heißt: Ich muss beweisen, dass das Arbeitsgericht, und nicht das Zivilgericht, für meinen Fall zuständig ist, denn ich war nie offiziell bei ihr angestellt. Dafür hat sie gesorgt. Der kostenlose Klageweg (bis zur zweiten Instanz) ist beim Arbeitsgericht nur möglich, wenn ich eine „ganz normale Arbeitnehmerin“ in einer Festanstellung bin, und das kann ich leider nicht beweisen. Nach weiteren 17 Seiten, in denen ich versuche, unser Arbeitsverhältnis als fest zu deklarieren, und drei vollen Tagen, die mich diese Arbeit kostet, bekomme ich die abschließende Antwort des Gerichts per Post an meine Berliner Adresse zugestellt. Zehn Seiten Text, ein Fazit: Ich bin als eine Art freie Mitarbeiterin einzustufen, aber deshalb ist nun ein anderes Gericht für den Fall zuständig. Das heißt konkret, ich müsste mit Kosten von mehreren Tausend Euro rechnen, wenn ich eine neue Klage einreiche und den Prozess verliere. Und an genau dieser Stelle weiß ich, es ist Zeit, mit dem Kämpfen aufzuhören und die ganze Sache abzuhaken.

Knapp zehn Monate nach unserem ersten Gespräch.

Ich bin ein bisschen erleichtert, sie nicht wiedersehen zu müssen.

Ein einziges Mal mache ich den Fehler und poste auf Instagram darüber, dass ich mich gerade in einem Gerichtsprozess befinde. Die Menschen haben nichts als Mitleid für mich übrig. Auf ein „Oje, du tust dir was an!“ folgt ein „Ich wünsche dir viel Kraft! Ich könnte das nicht ...“ oder „Wow, heftig. Ich hatte auch mal so ein ähnliches Problem, habe mich dann aber dagegen entschieden“. Und ich denke mir: *Was* soll das? Statt mich in meinem Vorhaben zu unterstützen, bekomme ich entmutigende Kommentare. Die Menschen, so scheint es, sind derart von ihren Arbeit- oder Auftraggebern eingeschüchtert, so sehr um ihren Ruf bemüht, dass sie es sich nicht leisten können oder wollen, Ungerechtigkeiten anzusprechen. Dabei wäre genau das so wichtig, damit es künftig gar nicht erst so weit kommt. Andere sind schlecht informiert und wissen nicht, dass eine Klage beim Arbeitsgericht kostenlos ist, dass es Gewerkschaften gibt und Prozesskostenbeihilfe.

Ich verzweifle wieder ein bisschen über dem System und der Machtlosigkeit der „kleinen Frau".

Habe ich mich zu weit aus dem Fenster gelehnt? Habe ich überhaupt etwas bewirkt oder nur meine eigene Zeit verschwendet, indem ich stundenlang an Akten saß, die im Endeffekt nicht zu einer klaren Verurteilung führten? Hätte ich an dem Tag, als sie mich das erste Mal anrief, besser „Danke, ich wünsche dir alles Gute" sagen sollen? Wäre es mir damit langfristig bessergegangen oder nur kurzfristig? Auch ich als Klägerin habe Angst vor den Gerichtsschreiben bekommen, weil sie komplett außerhalb meiner Kontrolle lagen.

Bei all den schlaflosen Nächten, die ich wegen des Prozesses und der richtigen Worte und der bestmöglichen Argumentation hatte, fiel mir trotzdem immer wieder ein Grund ein, *warum* ich das tat. Wegen der *Sanktionswirkung*. So muss die Gegenseite selbst dann, wenn ich den Fall nicht gewinne, mit Kosten rechnen. Und zwar nicht nur mit den psychischen Begleiterscheinungen des Prozesses, sondern auch den tatsächlichen Anwaltskosten, die pro Schreiben, je nach Datenlage, schnell auf mehrere Tausend Euro ansteigen können. *Sie* wird für ihr unethisches, unternehmerisch höchst fragwürdiges Verhalten zur Verantwortung gezogen – und sei es nur durch lästige Korrespondenz. Sie wird nächtelang ahnungslos googeln, ob das, was sie tut, rechtswidrig ist; sie wird sich vermutlich eine zweite Anwaltsmeinung einholen und in Zukunft vorsichtiger bei dem sein müssen, was sie öffentlich von sich gibt, wem sie ihre Masche anvertraut. Und alleine dafür hat sich der Kampf für mich gelohnt.

Auch wenn es nervenaufreibend und anstrengend war: Durch den Gerichtsprozess konnte ich meine eigene Ohnmacht ein Stück weit überwältigen. Ich war ihr nicht mehr unterlegen.

Ich habe keine Screenshots an Freundinnen oder Arbeitskollegen geschickt und es hinterher „gut sein“ lassen. Ich habe für mich und meinen Wert als Arbeitnehmerin gekämpft.

Ich alleine habe die Grenze definiert, ab der es sich für *mich* nicht mehr zu kämpfen lohnt.

Outro: The Art of Living

> *„Of all the arts, the art of living is probably the most important."* Deborah Levy

Ich kann kein Buch über Anti-Work schreiben, in dem es nicht auch um das *gute* Leben geht. Bei der Frage, wie man *richtig* lebt, fallen mir vor allem Extrembeispiele ein, die alles verkauft haben, um fortan mit Baby auf sieben Quadratmetern in einem Wohnwagen zu leben. Diese Extrembeispiele erzählen dann, wie viel sie pro Monat sparen, weil sie keine Miete zahlen, beim Discounter einkaufen, ihre Hafermilch selbst herstellen, und wie gerne sie für diesen minimalistischen Lifestyle auf Luxus verzichten.

Ich respektiere das, aber es ist nicht *mein* way of living.

Aber was ist er dann?

Wenn ich nach Vorbildern suche, schweifen meine Gedanken als Erstes zum Film *Call Me by Your Name* ab. Die Geschichte handelt von einer Upper-Class-Familie, die den Sommer über in ihrer Villa in Italien residiert und einen Austauschstudenten empfängt, in den sich der Sohn der Familie heimlich verliebt. Noch mehr als die queere Liebesgeschichte ist mir jedoch die Kulisse des Films in Erinnerung geblieben. Die Requisiten im Haus, die klassische Musik, die leise im Hintergrund lief. Das Sofa im Wohnzimmer, auf dem Timothée Chalamet selbstmitleidig und liebeskrank gammelte. Der Gesamteindruck des pompösen Gebäudes. Die große, stets gedeckte Tafel draußen unter einem Olivenbaum, an der sich die Familie, Freunde und der Austauschstudent wie Protagonisten eines Renaissancegemäldes versammelten, um nichts zu tun. Um zu essen, zu trinken, zu debattieren, ja, das Leben als Akademiker im Süden Europas zu genießen.

Nichts spiegelt für mich *the art of living* besser wider als eine lange Zeit des Nichtstuns in schöner Umgebung.

***

Dass the art of living nicht auf die Urlaubszeit beschränkt sein muss, diese 25 bis 30 freien Tage pro Jahr, die bekanntermaßen *nicht* dazu taugen, einen langfristigen way of living zu etablieren, lehrte mich die Schriftstellerin Deborah Levy in ihrem Memoir *Real Estate*.

Keine Sorge, Deborah Levy beschreibt in *Real Estate* nicht, wie man in zwei Jahren von einer mittellosen Autorin zur Finanzberaterin mit drei Immobilien in LA aufsteigt, sondern widmet sich ihrem eigenen, imaginierten „Unreal Estate“ der Zukunft. Sie schwärmt von einem runden Kamin, von exotischen Pflanzen und genügend Gästezimmern für all ihre Freunde. Beim Schreiben über „ihr Estate“, real oder unreal, findet Levy Hoffnung für die Gegenwart. Ja, die Vision ihres ganz persönlichen Real Estate irgendwo im mediterranen Raum gibt ihrem Alltag den gewissen Funken. Sie ist sich sicher: All die schönen Dinge, die sie im Laufe ihres Lebens anhäuft, werden dort eines Tages Unterschlupf finden.

Beim Lesen des Buchs begleiten wir die Autorin auch dabei, wie sie kurz vor ihrem 60. Geburtstag nochmal von London für ein Fellowship nach Paris zieht, sich auf Zeit neu einrichtet und Französisch lernt. An Dates ist Levy nicht interessiert, sie schmeißt lieber Partys, schlendert über Flohmärkte, kauft Vintage-Geschirr. Nach dem Fellowship geht es für Levy weiter nach Griechenland in eine gemietete „writer's shed“, wo sie an einem Drehbuch arbeitet. In den Uniferien bekommt sie Besuch von ihren Töchtern oder ihrem besten Freund. In der restlichen Zeit geht sie in der Ägäis schwimmen.

Was mich an Levys Memoir beeindruckt, ist, *wie* sie the art of living praktiziert, wie sie eine Kunst daraus macht, als 60-jährige Frau am Leben zu sein. Diese Kunst besteht aus der Verarbeitung von zwölf Orangen, die sie mit Liebe für ihre Töchter am Tag ihrer Ankunft auspresst, aus dem extra Geschirr, das sie für die Freunde in Paris kauft, die sie noch gar nicht hat. Aus den Entscheidungen, die sie für sich selbst und für ein *gutes* Leben trifft. Ihre art of living besteht aus dem Mut, ihre dunkle Wohnung in London für ein unbekanntes Mietobjekt zu verlassen.

Das Schreiben scheint für Levy fast eine Nebensächlichkeit zu sein. Eine dominante, eine wiederkehrende Nebensächlichkeit, ein Ritual vielleicht, aber nicht die *Quelle* ihres Glücks, was mich im Übrigen sehr beruhigt. Ich kann mich gut in Levys Gedanken wiederfinden, wenn sie von der Suche nach dem perfekten writer's shed schreibt, und manchmal frage ich mich, ob ich nur deshalb Autorin geworden bin, weil ich ein Leben haben wollte, über das es sich zu schreiben lohnt. Damit ich eine Berechtigung habe, mein Zuhause zu verlassen, meinen Partner zu verlassen, meinen Hund bei meinem Exfreund zu lassen und keine Kinder zu bekommen. Als ob das Schreiben unmittelbar mit *meinem* art of living verknüpft wäre.

***

Durch Zufall lerne ich bei einer Podcast-Aufnahme R. kennen. Sie ist auch Autorin und lebt seit Kurzem in Göteborg. Weil wir uns auf Anhieb gut verstehen, bleiben wir nach unserem Gespräch in Kontakt. Als sie mich eines Tages fragt, wie es mir geht, schildere ich ihr kurz meine Situation per E-Mail. Ich erzähle ihr, dass ich meine Wohnung gerade für ein halbes Jahr untervermietet habe und noch nicht weiß, wo meine nächste Station beginnt. R. bietet mir kurzerhand an, für den Anfang in ihrer Wohnung in Göteborg unterzukommen. Sie sei gerade ohnehin nicht da.

Für 50 Euro buche ich ein Ticket von Rostock nach Trelleborg – inklusive Mahlzeit an Bord. Ein paar Minuten später habe ich mein Ticket im Posteingang. Ich freue mich, dass ich mein Sofa für eine ganze Weile nicht sehen werde, dass ich nicht ständig die angekrusteten Teller vom Vorabend in den Geschirrspüler räumen muss, dass ich eine andere Route laufen kann als zum Göthepark und wieder zurück.

Dass ich in der absehbaren Zukunft arbeitslos sein werde.

Dass ich nicht weiß, was am nächsten Tag passieren wird.

Dass ich wieder bei Kilometer null anfange.

Es wird mir guttun, an Fjorden und auf Bergen zu stehen und die Kälte einzuatmen, wie es mir schon immer gutgetan hat, nicht allzu lange in den begrenzten Mauern desselben Gebäudekomplexes verweilen zu müssen.

Ich habe das Meer vermisst.

Rostock, 1. März

Im Hafen von Rostock bin ich das vierte Auto in der Warteschlange zur TT-Line, der Schwedenfähre. Hinter mir befinden sich noch zwei Autos, das ist es dann aber auch schon mit den deutschen Touristen an Bord um diese Jahreszeit. Die restlichen Plätze werden mit LKWs gefüllt. Sechs Stunden werden wir gemeinsam an Deck sein, überteuerte Softdrinks konsumieren und aus den Fenstern aufs Meer schauen. Ich bin eine von zwei Frauen – vom Personal abgesehen. Etagenübergreifend riecht es überall nach dem Putzmittel einer Drei-Sterne-Jugendherberge in Saalbach-Hinterglemm. Zu Mittag gibt es frittiertes Hähnchen mit brauner Sauce. Überall sehe ich halbglatzige kräftige Männer Anfang 40 bis Mitte 70, die diese Überfahrt wohl schon zum 300. Mal hinter sich bringen. Routinegemäß wissen sie *genau*, wo es auf dieser Fähre den besten Sitzplatz, die schönste Toilette und die billigsten Zigaretten gibt. Die Trucker scheinen sich zu kennen und reißen in der Schlange beim Warten auf die vorbestellte Essensportion ihre üblichen Witzchen.

Mit ihren Bierbäuchen, Schiebermützen und Bärten wirken manche von ihnen wie Karikaturen aus einem 20er-Jahre-Comic. Ja, wie aus einer illustrierten Anleitung zum koketten Trucker-Dasein. Während ich mit ihnen auf mein Essen warte, frage ich mich, wie es sein muss, sein halbes Leben unterwegs zu sein. Stundenlang über Autobahnen in Schweden, Finnland, Polen und Deutschland zu fahren. Roadtrip forever, als Lohnarbeit. Ich frage mich, ob diese Männer Menschen haben, die zuhause auf sie warten, die ihnen zur Abreise Brote schmieren und später „Kocham cię“ auf WhatsApp schreiben. Ich will wissen, wie sich die Männer ihre Zeit vertreiben. Ob sie regierungskritische Podcasts hören oder lieber Hörbücher von Dan Brown. Oder ob sie einfach nur das Radio laufen lassen, bei bekannten Songs von Lenny Kravitz mitsingen und sich ansonsten auf den Verkehr konzentrieren.

Ich werde nie wissen, wie es ist, ein LKW-fahrender Mann zu sein.

Ich bin schon lange nicht mehr *working class*.

Während dieser Fahrt nach Göteborg ziehen meine gesamten 20er an mir vorbei. Als ich 20 wurde, interessierte mich vor allem, wann und in welchem Wiener Club welcher Berliner DJ war und wo ich mit meinen Freundinnen zum Summer-Sale verabredet war. Wandern war etwas für *alte* Menschen, die freiwillig am Samstagnachmittag in die Wachau fuhren. Unter dem Begriff „Urlaub“ verstand ich City-Trips, dreitägige oder viertägige Torturen durch andere europäische Städte wie Amsterdam, Barcelona, London, Paris oder Brüssel. Diese Art von Urlaub lief immer gleich ab: Gestresst zum Flughafen, einchecken, teures Pastrami-Sandwich und ein Red Bull für den Flug kaufen. Ladies and Gentlemen, please fasten your seatbelt. Abflug, einmal aufs Klo vorne oder hinten, Sinkflug. Landung. Das Handy einschalten und mobile Daten deaktivieren. Mit dem Bus oder Zug in die Innenstadt, danach weiter ins Hotel. Koffer in die Ecke schmeißen, duschen, umziehen, die neuen Schuhe anziehen. Sich hübsch machen, schön finden, abends in der Nähe essen gehen. Am nächsten Tag Sightseeing und die To-Dos der jeweiligen Stadt abarbeiten, ein gehyptes Restaurant finden, in dem *Local Food* serviert wird, das man auf einem einheimischen Travel-Blog fand. Im Anschluss Einkaufen und den *Vibe* der Stadt aufsaugen. Fotos machen, Fotos posten, auf Herzen warten.

Nach einem knappen Jahrzehnt City-Trips dieser Art fragte ich mich mit Ende 20, ob es noch zeitgemäß war, die Wochenenden auf anderen asphaltierten Großstadtgehwegen zu verbringen, ob es *wirklich* einen so großen Unterschied machte, den Cocktail in London oder in Wien oder in Berlin zu sich zu nehmen. Ob es meine art of living war, derart konsumfokussiert zu reisen.

Vermutlich nicht.

Die Anstrengungen meines eigenen Großstadtlebens hatten dazu geführt, dass ich mich gelegentlich nach der Option sehnte, alleine auf einem weitläufigen Feld zu stehen und zu schreien, wenn mir danach war. Ich war mit diesem Gedanken wahrlich nicht alleine. Jeder Stadtmensch ab 30 wird dir sagen, dass er die U-Bahn hasst, dass er gerne einen Kleingarten oder zumindest einen Balkon hätte, dass die Parks viel zu klein sind und der Supermarkt abends viel zu voll ist. Die Größe des Balkons ist der Schwanzvergleich aller zur Untermiete wohnenden Wahlberliner. Und je mehr Parks man in der Umgebung aufzählen kann, desto besser.

Spätestens seit Beginn der Pandemie bin ich ziemlich sicher, dass Charlotte Roche mit ihrer These zur Stadtflucht recht hatte.

„Was ist, wenn Burnout nicht von der Arbeit kommt, sondern von dem Ort, an dem wir leben und arbeiten? Der Stadt? Was ist, wenn ganz viele Straftaten begangen werden von Menschen, die eigentlich die Stadt nicht mehr aushalten und einfach mehr grün sehen müssten. (...) Was ist, wenn ganz viele psychische Störungen durch einen Umzug aufs Land weggehen würden, weil man dort – umgeben von der beruhigenden Farbe Grün – der Mensch wird, der man immer sein wollte, der man aber in der Stadt nicht sein kann?"[1]

Als ich mit 25 mehr oder weniger durch Zufall selbstständig wurde – ich hatte zeitgleich mit der Pleite des Start-ups, bei dem ich arbeitete, einen Buchvertrag angeboten bekommen –, wusste ich, dass der schönste Teil meines Lebens fortan sein würde, morgens nicht mehr irgendwo *hinfahren* zu müssen. Es war die Möglichkeit durch meine Selbstständigkeit, einfach abzuhauen und eine Hütte im Wald zu mieten, die mich über die langfristige Perspektive, aufs Land zu ziehen, schwärmen ließ. Und zwar nicht an den Stadtrand oder in die Vorstadt mit Reihenhaus, sondern so *richtig* an den Arsch der Welt. Auf ein Grundstück, das zumindest 20 Minuten vom nächsten Supermarkt entfernt wäre, das sich nur durch holprige Straßen erreichen ließe. Das einen eigenen Brunnen hätte und genügend Platz für Gemüsebeete. Ich hatte keine Lust mehr auf eingezäunte Bäume und vollgepisste Matratzen, die auf dem Gehweg entsorgt wurden. Abends, wenn ich nicht schlafen konnte, verglich ich alle Immobilien-Seiten – nicht nur ImmoScout und Co. – sondern auch Angebote von privaten Makler-Seiten und Sparkassen in Wolgast, Bad Kleinen oder Neubrandenburg, bis ich a-l-l-e-s gesehen hatte. Und mit alles meine ich: wirklich ALLES, bis kein inseriertes Grundstück mehr online unbesichtigt geblieben war. Kurz bevor ich den Kaufvertrag für ein baufälliges Haus in Rostock anfragte, wachte ich aus meinem Wahn auf.

Ich machte das, um mich mit *unreal Estate* vom Kapitalismus abzulenken. Unterbewusst glaubte ich: „Wenn ich nur das richtige Grundstück für meine writer's shed gefunden habe, wenn ich mich nur weit genug von der Realität entferne, wenn ich nicht mehr neben so vielen Menschen leben muss, dann bin ich sicher. Dann kann mir kein Nachbar mehr mit seinem E-Gitarren-Gedudel Anxiety verursachen, keine Baustelle im Haus und kein Vermieter mit seinen Schreiben die Laune verderben. Dann kann ich dableiben. Wenn ich möchte, für immer."

Göteborg, am selben Tag

Als ich völlig fertig bei R.s Wohnung ankomme, ist es kurz vor 9 Uhr abends. Ich bin seit knapp zwölf Stunden unterwegs. Vor so einer Reise bin ich meistens grundlos optimistisch, dass mir die Fähre ein paar Stunden Energiesparmodus ermöglicht, in denen ich mich nicht konzentrieren, nicht denken muss. Doch die Realität sieht immer anders aus. Ich muss auf Toilette, habe Hunger und bin unfassbar müde. R.s Nachbar kommt mir entgegen und bringt mir den Schlüssel. Ohne magnetischem Türöffner kommt hier niemand in die Wohnanlage. Sie sei gerade errichtet worden, schreibt mir R., und es gefällt mir sofort. Mit ihren zwei hellen Zimmern ist die Wohnung der perfekte Stopp für meinen ersten Trip an die schwedische Westküste. Ich esse Gitterpommes aus dem Supermarkt und falle danach sofort ins Bett, ohne es zu überziehen.

Vor längerer Zeit habe ich in einem Artikel aufgeschnappt, dass der Mensch sieben Tage braucht, um von seinem inneren Arbeitstempo runterzukommen und zu entspannen. Sieben Tage – also jene Zeitspanne, die die meisten Menschen unter „Urlaub" verstehen. Schlimm eigentlich, denn inklusive des ganzen Stresses der Vorbereitung, Planung sowie der An- und Abreise bleibt dann noch ungefähr ein halbes Abendessen, um sich auf dieses Ding namens Erholung zu konzentrieren. 20 Urlaubstage sind in Deutschland gesetzlich vorgeschrieben. Wenn man in einer „fairen" Firma arbeitet, sind es vielleicht sogar 30 Tage. Also etwas mehr als vier Wochen im Jahr.

Meine art of living ist, genügend Zeit zu haben, um über die Dinge nachzudenken, die mich interessieren. Zeit zu haben, um mir sinnlose Gedanken zu machen. Dafür verzichte ich auch auf anderes. Ich stagniere in manchen Bereichen meines Lebens – zugunsten meiner mentalen Gesundheit und persönlichen Freiheit.

Und doch merke ich jetzt, hier, in dieser minimalistisch eingerichteten Wohnung in Göteborg, dass ich vom Arbeitsleben der vergangenen sechs Monate ganz schön ausgelaugt bin. Während ich auf dem Balkon in Högsbo stehe und auf die modernen Gebäudekomplexe starre, fällt mir auf, wie *sehr* ich mich nach Ruhe sehne. Und zwar nicht nur im physischen Sinne einer Reise, sondern auch nach *digitaler* Ruhe.

Mein self-hosted Mail-Server ist in *genau* dieser Woche zum ersten Mal seit Jahren down – und ich kann gar nicht anders, als ein tiefes Gefühl der Erleichterung zu empfinden. Es ist ein *neues* Gefühl. Denn obwohl ich aktuell keine Mails empfangen kann, gerate ich nicht in Panik, sondern imaginiere mir ein Leben gänzlich ohne Mails; male mir aus, wie meine Schreibtage wären, wenn da nicht ständig im Hintergrund irgendein Posteingang darauf warten würde, alle paar Stunden von mir geleert zu werden.

Ich habe meinen Instagram-Account seit einer Woche nicht bespielt und erwarte weder Nachrichten von meiner Steuerberaterin noch Unterlagen von Ämtern.

Ich denke darüber nach, was passieren würde, wenn ich das mit dem Server nicht richte. Wer mich vermissen, wer mich *unbedingt* erreichen wollen würde. Dann fällt es mir wieder ein: Spätestens in zwei Wochen sollte ich wieder online sein, denn da erwarte ich eine wichtige Mail. Und schon ist die Euphorie für die Idee, meinen Mail-Server tatsächlich für eine Weile down zu lassen, dahin.

„Irgendwo kriegen sie dich immer", denke ich mir.

Göteborg, 3. März

Es fühlt sich gut an, in Schweden zu sein. Fast komme ich mir vor wie in einer utopischen Parallelwelt, in der es für jeden genügend Natur und Wohnraum gibt, um ein schönes Leben zu führen.

Ich denke an meine Eltern zuhause in Wien. An ihre gesundheitlichen Probleme und den Verlust ihrer Lebensfreude. Sie sind jetzt beide über 60 Jahre alt und wissen, dass die guten Zeiten nie wieder kommen werden. Statt sich auf ihre Pension zu freuen, müssen auch sie sich jetzt zum ersten Mal damit auseinandersetzen, was wir Jüngeren schon seit Jahren prophezeiten. Dass unendliches Wirtschaftswachstum schadet, dass der Planet leidet, dass die Klimakatastrophe kommt. Bis vor Kurzem, bis zum Jahr 2020, konnten es viele ältere Generationen leicht ausblenden, welche wahnsinnigen Zustände uns der Kapitalismus die letzten 30 Jahre bescherte. Jetzt sind die Babyboomer zum ersten Mal selbst betroffen, zum ersten Mal vielleicht sogar im Zentrum der Krise, weil sie verwundbarer sind als jemals zuvor.

R. empfiehlt mir, zu einem ihrer liebsten Orte in Göteborg zu spazieren: Röda Sten im Hafen. Röda Sten heißt auf Deutsch „roter Stein", und so erwarte ich einen gigantischen roten Felsen. Ich mache mich gleich morgens auf den Weg, passiere kleine Einfamilienhäuser auf Hängen und einen riesigen Friedhof, bis ich schließlich nach 45 Minuten am Hafen ankomme. Den roten Stein sehe ich erstmal nicht. Stattdessen stehe ich vor einer Kunsthalle aus rotbräunlichen Backsteinen, in der Ausstellungen und Performances stattfinden. Ich sehe mich auf dem Gelände um, spaziere noch näher zum Hafen und stelle mir vor, wie hier schon bald im Frühling Menschen gemeinschaftlich Cider trinken werden. Eine Tafel zeigt mir an, dass es hier noch eine schöne Wanderstrecke am Wasser zu entdecken gibt. Keine 50 Meter weiter erblicke ich ihn. Den roten Stein.

Er ist kleiner als erwartet.

Nach einem weiteren Tag Verschnaufpause, den ich mit einem ausgiebigen Frühstück und dem Re-Watchen von *Fleabag* in der Wohnung verbringe, beschließe ich am nächsten Tag nach Orust zu fahren – einer süßen Inselgruppe nordwestlich von Göteborg in Richtung Oslo. Als ich mit dem Auto auf die E6 fahre, realisiere ich, dass ich hier mit meinem Vorhaben, aus der Rushhour des Lebens auszusteigen, eine wahre Rarität bin. Bisher hatte ich weder auf der Fähre noch im Supermarkt oder bei meinen Ausflügen zur Röda-Sten-Kunsthalle eine Frau wie mich getroffen. Kinderfrei und allein. Die Frauen, die ich sah, waren entweder Anfang oder Mitte 60 und mit ihren Ehemännern unterwegs. Sie genossen wohl das, was man umgangssprachlich die „besten Jahre“ nennt. Oder sie waren frischgebackene Mamas, die mit ihren Freundinnen Kinderwägen durch den Schlosspark fuhren. Dazwischen gab es wenig bis nichts, und es beunruhigt mich, dass die Lebensrealitäten, die sich mir als Frau in diesem Alter bieten, so beschränkt sind.

Ich sollte eine Festanstellung haben, morgens um 8:30 Uhr im Büro sitzen, Tasks mit Deadlines abarbeiten und meiner Vorgesetzen gefallen, damit sie mich über die Probezeit hinaus verlängert. Und nicht: faulenzen und aufs Meer schauen. Ich sollte mit 31,5 Jahren mein erstes Kind gebären und mich dem vorgezeichneten Lebensweg meiner Altersgenossinnen anschließen. Wie ein Mikrokosmos des Nationalstaats sollte meine eigene kleine Familie Individuen einschließen, die eine kulturelle und ethnische Identität haben, eine Geschlechtsidentität, eine Klassenzugehörigkeit und eine racial consciousness.

Viele Frauen bekommen in meinem Alter das erste Kind, was ich vor allem daran merke, dass sie über nichts anderes mehr sprechen. Frauen, die zuletzt Podcasts über Mindfulness oder Hochsensibilität machten, werden zu Momfluencern. Journalistinnen, die früher über Mode schrieben, schreiben jetzt über ... Mode *und* Kinder. Journalistinnen, die früher über Innenpolitik schrieben, bekommen jetzt eine Kolumne über ... *Kinder*.

„Morgens hetze ich mich, flechte Zöpfe, mache Pausenbrote; aber kaum haben sie das Haus verlassen, werde ich ruhig und gehe die Treppe hoch in mein Arbeitszimmer“, schreibt die Autorin Anne Tyler in der Anthologie *Schreibtisch mit Aussicht*. *„Manchmal, wenn ein Kind früher nach Hause kommt, spüre ich, wie die beiden Teile aneinander zerren; dann bin ich abwesend und ungeduldig.“*[2]

Beim Lesen des autobiografischen Essays von Tyler spüre ich die Distanz zwischen uns. Ich kann mich trotz eigenem Autorinnendasein kaum noch mit dem Geschriebenen identifizieren.

Das Kind ist zum Hauptfokus der Autorin geworden.

Ich hingegen hatte eine Abtreibung, um mich *nicht* kümmern, um *nicht* arbeiten zu *müssen.*

Jeden Tag bin ich glücklich darüber, mir kein striktes Zeitfenster der Inspiration schaffen zu müssen, um zu schreiben – und mich dann, wenn das Kind wieder meine vollste Aufmerksamkeit braucht, von meinem Autorinnendasein zu spalten. Ich möchte nicht alles, was ich erlebe, in Relation zu meinem Nachwuchs setzen, mich nicht als Mutter *und* Journalistin, Mutter *und* Juristin, Mutter *und* Autorin bezeichnen müssen. Als ob Feminismus, Elternschaft und das Funktionieren einer heterosexuellen Paarbeziehung *unsere* Themengebiete allein wären. Das Private ist immer noch weiblich und dadurch auch die Beschäftigung damit. Männer recherchieren währenddessen zu Axel-Springer-Skandalen und zur Implementierung von EU-Rechten. Jahre, nachdem allgemein bekannt wurde, dass Frauen die vermeintlich unwichtigeren Themen des Feuilletons beackern, sind Männer immer noch fleißig dabei, ihre Karrieren zu etablieren, ohne sich dabei in ihrer Rolle als beispielsweise geschiedener Vater von drei Kindern zu suhlen.

Während ich in Orust auf der Suche nach einer Toilette verlassene Feriencamps abgehe, versuche ich mir vorzustellen, wie diese Gegend wohl im Sommer aussieht. Welche Menschen hier sitzen. Ob es nur *Familien* sind – oder auch kinderfreie Frauen um die 40.

An manchen Ecken befinden sich kleine Badestrände und hölzerne Stege, von denen es sich bestimmt gut ins

Wasser springen lässt. Ich erblicke sogar einen Zehn-Meter-Turm. Obwohl die Sonne scheint, sind die Felsen, auf denen ich laufe, kalt wie meine Backen. An besonders schönen Stellen hocke ich mich kurz hin, recke mich in Richtung Wasser und lasse meine Hand im Wasser gleiten. Der Wind bläst mir ins Gesicht. Statt mich wegzudrehen, suche ich immer wieder den Horizont des Meers, um mir diesen Moment einzuprägen. Ich versuche, jeden Schritt in meinen Turnschuhen zu spüren, jede Sekunde auf Orust zu schätzen. Als ich an den westlichsten Punkt in die Fischerortschaft Mollösund fahre, merke ich zu meiner Enttäuschung, dass alle Restaurants geschlossen sind. Zu gerne hätte ich jetzt gebratenen Fisch gegessen. Ich entscheide mich, eine Runde durch den Hafen zu spazieren und mich danach wieder auf den Rückweg zu machen. Als ich beim Auto ankomme, öffne ich die Wasserflasche und trinke den gesamten Inhalt in einem Zug aus. Ich öffne die mitgebrachte Tupperdose und nehme zuerst den einen, dann den anderen gekauften Blueberry-Muffin aus der Verpackung und schiebe sie mir nacheinander gemeinsam mit einer Banane in den Mund.

Göteborg, 6. März

Tag sechs. Es regnet. Ein Schleier aus Nebel liegt über der Stadt, und ich fange an, mir Gedanken über meine Abreise zu machen. Schließlich will ich die Gastfreundschaft einer Person, die ich kaum kenne, nicht überstrapazieren.

Das Problem an Schweden ist, dass es unendlich viele gute Orte gibt, an denen man seine Zelte aufschlagen könnte – gefühlt ist das ganze Land ein Nationalpark. Da ich diesmal keine genaue Route geplant habe, muss ich diese Aufgabe wohl vor Ort erledigen. Die Entscheidung liegt nahe, mir ein Gebiet zu suchen, das nicht zu weit von Göteborg entfernt ist, aber doch noch weit genug im Norden liegt, um einen Unterschied in der Vegetation zu bemerken. Wenn es darauf ankommt, suche ich mir lieber etwas Neues, statt noch einmal dorthin zu fahren, wo ich schon war.

Ich war noch nie am See Vänern. Mit einer Fläche von 5519,1 km² ist er der größte See des Landes und der Europäischen Union. Er ist sicher auch der größte See, von dem ich noch nie etwas gehört habe – und somit mein nächstes Ziel.

Seine Küstenlinie beträgt circa 2000 km, die tiefste Stelle liegt bei 106 Metern. Während der letzten Eiszeit war der Vänern mit dem Meer verbunden, was bis heute Auswirkungen auf die Flora und Fauna hat. Es gibt unzählige Ausflugsmöglichkeiten und zwei Nationalparks in der Nähe.

Ich öffne die AirBnB-App und spüre vor lauter Aufregung erstmal nur Überforderung. Schließlich kann ich überall am See eine Hütte oder ein Zimmer buchen. Mein Vorhaben, auf diesem Trip möglichst *wenig* am Handy zu hängen, entpuppt sich als naiver Idealismus. Denn wer alleine unterwegs ist und noch keine fixe Route hat, *muss* zwangsläufig auf einer der gängigen Buchungsplattformen nach Unterkünften Ausschau halten. Und auch während der Fahrt brauche ich ständig mein Smartphone zum Navigieren.

Ich habe die typische Qual der Wahl. Nehme ich das blaue Haus mit ausgebautem Dachboden direkt am See oder doch lieber die kleine, etwas abgelegene Hütte im Wald? Wie soll ich mich zwischen all den beinahe identisch wirkenden Häusern im Preissegment zwischen 50 und 70 Euro pro Nacht entscheiden? Sie sind alle gut, ich würde in *jedem* davon liebend gerne einen Monat verbringen, wenn es mir jemand kostenlos anbieten würde.

Aber so funktioniert unsere Welt nicht.

Also verbringe ich meinen letzten Tag in Göteborg damit, Häuser zu speichern, die mir mehr als die anderen gefallen. Am Ende sind es zwölf, die in Frage kommen. Was klingt besser, „Cozy Cabin“, „Amazing home“ oder „Little house in the country“? Brauche ich wirklich einen Whirlpool für zwei? Oder gar ein Boot, das ich im Winter ohnehin nicht benutzen kann?

Schwedische Grundstücke sind – anders als in Deutschland oder Österreich – oft *sehr* großzügig, umfassen nicht selten mehr als 1000 m^2 Fläche und bieten sogar ein bis zwei Extra-Hütten – auch Stuga genannt – für Gäste. Ich hätte mir eigentlich etwas ganz Einfaches für maximal zwei Personen gewünscht. Küche, Bad und Schlafzimmer. That's it.

Aber scheinbar sind die Regionen rund um den Vänern eher für längere Aufenthalte mit der Familie als kurze Besuche von zentraleuropäischen Aussteigerinnen gemacht. Und so buche ich am nächsten Tag ein gelbes Haus mit Whirlpool und zwei Stockwerken für fünf Personen und umgerechnet 44 Euro pro Tag, das etwa zwei Kilometer vom See entfernt liegt. Oder, wie es in einer Bewertung hieß: „In the middle of nowhere.“

„The house is part of a little horsefarm in Grinstad, Mellerud. It's 75 m^2, 2 bedrooms, almost new bathroom with bubblebath, big kitchen with dishwasher, laundry machine, stove, fridge, pentry and nice table with 6 chairs. There is a covered veranda just outside the main entrance.“

Kristie freue sich schon, mich als Gast willkommen zu heißen. So steht es in meiner Willkommens-Mail.

Vor meiner Abreise aus Göteborg merke ich, wie schnell es unübersichtlich wird, wenn ich eine Weile aus Koffern lebe. Ich habe einen kleinen Koffer für Klamotten mit, einen Jutebeutel für Schuhe, einen Edeka-Beutel für Balsamico-Essig, Dosengemüse, angebrochene Nudel-Packungen, Hartkäse, Ketchup, Leinöl, Müllbeutel und Krams, den man nicht in jeder Unterkunft neu kaufen möchte. Eine Papiertüte dient als Wäschesack und mein Laptop ist in meinem grauen Rucksack verstaut, in dem ich immer Ersatzunterwäsche, einen grünen Apfel und Kontaktlinsenflüssigkeit mitschleppe. Alles für den unwahrscheinlichen Fall, dass ich irgendwo alleine mit diesem Rucksack strande.

Diese Taktik habe ich mir von meiner Mutter angewöhnt, die für den Fall, dass unsere eingecheckten Koffer auf dem Weg zum Zielflughafen verschwanden, immer vorsichtshalber einen Extra-Beutel mit Badesachen, Notfall-Kosmetik und frischen T-Shirts gepackt hatte. Anders als damals muss *ich* mich heute um alles kümmern, statt mich einfach mit einer Flasche Apfelsaft auf die Rückbank zu legen.

Nachdem der Müll entsorgt ist und ich noch einen letzten Blick auf den gewischten Fußboden geworfen habe, gehe ich zum Parkplatz, auf dem mein Auto steht, fahre es zur Wohnung und stehe für fünf Minuten im Halteverbot, um das Reiseequipment wieder in den Kofferraum zu laden. „Hoffentlich denkt niemand, ich räume hier R.s Wohnung aus!“, ist nur einer meiner Gedanken.

Ich komme mir vor, als ob ich für eine *sechsmonatige* Reise durch Kanada gepackt hätte. Dabei ist es wirklich nur das Notwendigste.

Nach zweieinhalb Stunden on the road erreiche ich die zweitgrößte Stadt Dalslands: Mellerud. 4000 Einwohner, ein Golfplatz, eine Shopping-Mall. Von hier aus brauche ich noch etwa zehn Minuten, bis ich das abgelegene Grundstück mitten im Wald erreiche. Die Sonne geht gerade unter und so liegen die dichten Baumwipfel am Horizont vor mir auf einem wolkenlosen, rosafarbenen

Himmel gebettet. Vor lauter Staunen bemerke ich kaum, wie sich der Zustand der Straße vor mir verschlechtert. Wenige hundert Meter vom Haus entfernt befinden sich plötzlich tiefe Schlaglöcher auf der Straße, die nach dem Winter niemand ausgebessert hat. Das Auto wackelt hin und her. Ich versuche, den Löchern auszuweichen, doch sie sind stellenweise zu groß, um sie auf den schmalen Feldwegen zu umfahren. Kurz darauf das nächste Hindernis: Die Autospur, die zum Haus führt, ist abgefahren und liegt deutlich tiefer als der mit Gras bewachsene Mittelstreifen des Weges, was meinem tiefliegenden Fiat einen kleinen Rumms an der Unterseite verpasst. Kkkkscht. „Wer", frage ich mich, „fährt ernsthaft mit einem Fiat Punto in die schwedische Prärie?" Ich nehme mir fest vor, beim nächsten Mal, wenn ich diese Stelle passieren möchte, einen der beiden Vorderreifen in die Mitte zu steuern, um mögliche Schäden an der Autounterseite zu vermeiden. Das Letzte, worauf ich Lust habe, ist, einen schwedischen Abschleppdienst in Anspruch zu nehmen. Über eine kurze, beinahe schon gefährlich schmale Brücke erreiche ich schließlich endlich das mysteriöse Fleckchen Wald, auf dem mein Haus für die nächste Woche steht. Ich fühle mich wie in einem Film, dessen Ratings noch ausstehen. Da bin ich also, 900 Kilometer und elf Autostunden von meiner Wohnung in Berlin entfernt, ohne zu wissen, was ich von dieser Situation eigentlich halten soll. Da bin ich nun, *in the middle of nowhere*, und habe dieses seltsame Gemisch aus Vorfreude und Angst im Magen.

Ich checke meine Nachrichten auf AirBnB und finde den Code für den Hausschlüssel, der sich in einer Box neben der Eingangstür befindet.

Der erste Eindruck eines neuen Zuhauses auf Zeit ist schwer wieder rückgängig zu machen. Entweder man liebt es trotzdem – obwohl das Sofa aus Leder und nicht aus Stoff ist; obwohl es keinen Wasserkocher oder scharfe Messer gibt – oder man fühlt sich fehl am Platz. Nicht wie zuhause, sondern wie eine Touristin, die ein Haus vorfindet, das sie an Schweden *erinnern* soll.

Das Haus ist überdurchschnittlich sauber, geräumig, warm und ordentlich. Es gibt WLAN, einen Smart-TV und ein Klavier. Die Couch ist neu und bequem, die Heizung funktioniert tadellos. Im Badezimmer steht ein Whirlpool. Was ist mein Problem? Obwohl ich so auf diesen Moment hingefiebert habe, weiß ich nicht, was ich in diesem Haus die nächsten Tage mit mir anfangen soll.

Zwei Stunden nach meiner Ankunft ist es bereits stockfinster. Draußen gibt es keine Laternen, die durch die Fenster scheinen können. Der Herd ist 30 Jahre alt und es dauert eine gefühlte Ewigkeit, bis das inzwischen aufgetaute Tiefkühlgemüse in der Pfanne warm wird. Nach dem Abendessen lese ich die „Bedienungsanleitung" für das Haus, die einfoliert auf dem Küchentisch liegt. Schnell weiß ich, warum ich mich hier *nicht* wie zuhause fühle. Die Hosts sind klassische Geschäftsleute. Es ist deshalb so steril, weil dieses Haus eher als Hotel für Laufkundschaft denn als tatsächliche Ferienunterkunft für Familien aus der Region genutzt wird. Zwar kann ich am zweiten, zugemauerten Eingang sehen, dass es irgendwann einmal in Familienbesitz war, heute wirkt es jedoch eher wie eine lieblose Hülle. Ich kann mir beim besten Willen nicht vorstellen, wie hier jemand mit seiner Familie Urlaub macht. Vielleicht liegt es daran, dass ich alleine bin; vielleicht daran, dass es Winter ist. Es scheint, als ob dem Haus eine Seele fehlt. Oder fehlt dem Haus einfach eine Familie?

Ist ein Haus immer nur das, was man daraus macht, liegt es also letztlich an *mir*? Ich überlege hin und her, bis ich mich dazu entschließe, das Gedankenkarussell zu verlassen und ein Bad zu nehmen.

In Berlin bedaure ich es regelmäßig, keine Badewanne zu haben. Duschen kann das Gefühl nicht ersetzen, seinen Körper in warmem Wasser einzuweichen und dabei den Dampf einzuatmen, der aus der Wanne steigt.

Baden ist Meditation und Massage in einem.

Baden, denke ich mir, ist definitiv an art of living.

Und auch dieses zweistöckige Haus mit fünf Betten ist eigentlich gar nicht so übel. Ja, es ist etwas heruntergekommen, und ja, es wäre mit ein wenig Liebe zum Detail und schweren, hochwertigen Vorhängen deutlich gemütlicher. Aber auch so kann ich lernen, es anzunehmen und wertzuschätzen. Ich bin nicht mehr in der Stadt, sondern werde gleich frühmorgens als Allererstes den Waldweg zum See austesten.

Ich werde lernen, die Dinge so zu nehmen, wie sie sind, und nicht an meinen getroffenen Entscheidungen zweifeln.

Mellerud, 8. März

Jeden Morgen ziehe ich mir lange schwarze Leggings oder Strumpfhosen an, bevor ich das Haus verlasse. Darüber trage ich eine bequeme Stoffhose mit dehnbarem Bund und meine Snowboard-Jacke. Denn obwohl die Sonne scheint, ist es draußen eisig kalt.

Der Weg zum See führt mich durch einen knorrigen Wald, der wohl schon länger nicht mehr von jemand Ansässigem passiert wurde. Wüsste ich nicht von der Karte im Haus, dass der See mehr oder weniger genau geradeaus liegt, ich würde dieses Stück für ein unbegehbares, verwildertes Naturschutzgebiet für Rehe und Wildschweine halten. Heute ist es nicht nur sonnig, sondern auch absolut windstill, und so höre ich abgesehen von meinen eigenen Schritten auf dem angefrorenen Boden auch ein paar für mich nicht zuordenbare Vogellaute und Rascheln im Gebüsch. Ich überlege, was ich täte, wenn ein Wildschwein auf mich zulaufen würde. Wahrscheinlich würde ich mich hinter besonders dicht beieinanderstehenden Bäumen verstecken oder – Variante zwei – schnell auf einen Baum klettern, wobei „schnell" im Panikmodus vermutlich eher in einem gebrochenen Unterarm als in einem erfolgreichen Aufstieg enden würde.

50 Meter entfernt von mir springt plötzlich ein Reh über den Weg. Es bewegt sich so schnell, dass ich es mit meinen Augen nur wenige Meter weit verfolgen kann, und doch spüre ich in diesem Moment genau das, was schon so viele Wanderer vor mir als „eins mit der Natur" beschrieben haben. Nicht nur bin ich ganz alleine auf diesem Pfad zum See, ich habe auch bereits an meinem ersten Tag ein Wildtier gesichtet. Ich staune über jeden Stock, über den ich steige, und fühle mich *am Leben*.

All die sinnlosen Konversationen aus meinem Lohnarbeitsleben sind hier irrelevant. Vergangen. Es ist völlig egal, was ich studiert habe oder wie gut mein Abschluss war. Es zählt nicht, wie lange ich konzentriert in ein Word-Dokument tippen kann oder ob ich pünktlich zum Jour fixe erscheine.

Zwischendurch schäme ich mich ein bisschen, dass ich so wenig über die Natur um mich herum weiß. Alles, was mich interessiert, muss ich später nachlesen oder von Info-Tafeln abfotografieren. Ich weiß weder, wie die Bäume heißen, an denen ich vorbeilaufe, noch, wie alt sie sind. Nicht einmal ungefähr.

Scheinbar ging es der Autorin Jenny Odell ganz ähnlich wie mir, als sie erstmals anfing, weniger zu machen: *„Ich sah hinüber zu meiner Nachbarin, der Singammer"*, schreibt sie in ihrem Buch *Nichts tun*, *„und dachte darüber nach, dass ich bis vor wenigen Jahren nicht gewusst hätte,* *wie sie heißt, sie nicht einmal als Ammer erkannt, ja sie vermutlich gar nicht erst wahrgenommen hätte.“*

Die Formulierung „Allein in der Natur“ erscheint ihr als komisches Oxymoron, ja gar als eine absolute *Unmöglichkeit*. Selbst wenn ein Garten menschenleer ist, betrachtet sie ihn immer noch als sozialen Ort, an dem sie Zeit mit Eichelhähern, Raben, Junkos, Falken, Truthähnen, Libellen und Schmetterlingen verbringt, ganz zu schweigen von den Eichen, Mammutbäumen, Kastanien und Rosen.

Und trotzdem, ein Gedanke bleibt: Nicht jeder hat Zeit, als Artist in Residence drei Monate Vögel zu beobachten. Der Reflex liegt deshalb durchaus nahe, Odells Lifestyle – und auch den meinen – als Privileg abzutun. Auch ich habe bei einigen Passagen in *Nichts tun* sofort den Impuls verspürt, laut aufzuschreien und irgendetwas wie „Aber nicht jeder kann den ganzen Tag in den Gärten der Welt rumlaufen und Blumen identifizieren!“ ins Internet zu rotzen. Bis ich über einen Satz Odells stolperte, in dem sie etwas Wichtiges auf den Punkt bringt:

„Nur weil ein Recht vielen Menschen verwehrt wird, ist es nicht minder ein Recht oder weniger wichtig.“

Nach ungefähr einem Kilometer waldeinwärts sehe ich am Horizont eine große Hütte. Aus der Ferne kann ich kaum sagen, um was es sich genau handelt. Erst als ich nur noch wenige Meter entfernt bin, kann ich es erahnen. Vor mir befindet sich eine eingefallene oder zumindest sehr, sehr schleißig abgerissene Mühle. Oder war es einmal ein Sägewerk? Ich kann direkt das Herz des Gebäudes schauen, sehe noch die Treppen, die einst drei Stockwerke begehbar machten, und staune, dass solch ein riesiger Bau hier, mitten im Wald, nicht vollständig entsorgt wurde. In Deutschland wäre längst ein Zaun drumherum gebaut worden. „Betreten verboten." Hier in Schweden ist die Ruine auch ohne ein „Achtung, Lebensgefahr"-Schild problemlos begehbar. Ich wage ein paar Schritte ins Innere und drehe meinen Kopf vorsichtig nach oben. Das Dach hält noch und bis auf die Treppe im Erdgeschoß sind alle weiteren Aufgänge relativ gut erhalten. Um ins erste Stockwerk zu gelangen, müsste ich eine Palette besteigen, die provisorisch aufgestellt wurde. Ich entschließe mich erstmal dagegen und schaue mich weiter auf dem Grundstück um. Etwa zehn Meter hinter der Industrie-Bruchbude befindet sich eine Art Stuga. Als sich der Wind plötzlich doch noch meldet, höre ich eine Tür quietschen. Oder ist es ein Ast? Für einen kurzen Moment gerate ich in Panik, denke daran, dass hier auch Menschen leben könnten, die ich gerade störe. Doch als ich nachsehe, finde ich nur einen heruntergekommenen Schuppen. Auf dem Boden befinden sich allerlei dreckige Gegenstände – von Matratzenresten bis hin zu einem rostigen Fahrradgestell. Genauer sehe ich nicht nach.

„Die Kulisse wäre ideal für einen Horrorfilm", denke ich mir und muss beinahe lachen. Nicht nur mein Haupthaus mit seinen quietschenden Treppen hat Potenzial dafür, sondern auch die drumherum liegende Umgebung.

Doch wo ist nun eigentlich der See? Ich kann ihn weder am Horizont entdecken noch sehe ich ein Schild, das seine Richtung vorgibt. Laut meiner Orientierung müsste der See weiter geradeaus liegen, aber der Weg endet nach der heruntergekommenen Hütte. Also folge ich erstmal dem breiten Forstweg, der mich ein Stück Richtung Westen führt. Von dort aus erreiche ich eine Lichtung mit Häusern und eine einspurige, befahrene Straße. Jetzt kann es eigentlich nicht mehr weit sein. Als ich die Straße überquere, kann ich auch schon ein erstes Stück See erblicken. Über einen kleinen, privaten Strandzugang gelange ich nach dieser aufregenden Morgenwanderung nun doch noch zum größten See der EU. Er ist über große Flächen zugefroren – nicht einmal der Sand lässt sich mit den Schuhen lösen – und *unendlich* groß. Ich sehe kein Ende, kein anderes Ufer, das zu erreichen wäre. Wüsste ich es nicht besser, ich würde meinen am Meer zu sein. Die Luft ist eiskalt und der Horizont unendlich. Ich bleibe für einige Minuten stehen und realisiere, welch ein Glück ich habe, mein Leben nach meinen eigenen Bedürfnissen gestalten zu können. Ich möchte eisangeln oder mit einem Boot über den See fahren. Nur an Baden ist nicht zu denken. Der Wind weht und meine Ohren werden lang-sam kalt.

Auf dem Rückweg lässt mich die Ruine nicht los und ich gehe nochmal dorthin. Ich male mir aus, wie Jugendliche abends hierherkommen, um auf der ersten Etage zu kiffen oder eine Flasche Wein zu trinken. Es wäre der perfekte Ort für ein erstes Date als 16-Jährige. Die Europalette sieht stabil aus. Dieses Mal trete ich vorsichtig darauf, um die Stabilität zu testen. Hält. Ich klettere mit zwei schnellen Zügen hoch, ohne weiter über potenzielle Gefahren nachzudenken. Von hier aus kann ich die Geräte und Maschinen besser sehen und mir vorstellen, welche Menschen hier wohl einmal gearbeitet haben. Ich frage mich, was der Grund für die Schließung war, aber es gibt niemanden, den ich fragen könnte. Es gibt kein Hinweisschild für Touristen und auch keine Telefonnummer, die ich anrufen könnte. Seit langer Zeit hat sich niemand mehr um dieses vor sich hin rottende Stückchen Arbeit gekümmert. Ich spüre, dass ich diesen Ort verlassen muss und morgen nicht mehr zurückkommen werde. Morgen möchte ich weiter Richtung Norden fahren und einen anderen Teil des Sees kennenlernen.

Ich habe keinen Reiseführer dabei. Alles, was ich brauche, finde ich auf Reiseblogs oder direkt auf Google. Dafür gebe ich einfach „Naturschutzgebiet“ ein und suche in dem von mir ausgewählten Bereich. Das Naturschutzgebiet Yttre Bodane liegt nur eine halbe Stunde von meinem gemieteten Haus entfernt und lockt mich mit wunderschönen Bildern. Ich sehe roten Granit und offenes Meer. *See.* Dazwischen gut begehbare Holzstege, die die kleinen, pittoresken archipelartigen Inseln verbinden. Da muss ich hin. Als ich auf dem Parkplatz ankomme, sehe ich zum ersten Mal seit Langem andere Menschen – und bin fast ein bisschen enttäuscht. Andererseits ist ihr Dasein ein gutes Zeichen, denn wer bei diesen Temperaturen freiwillig wandern geht, hat sich das gut überlegt.

Der erste Wanderweg führt mich direkt zu einem wunderschönen Archipelago mit Aussicht auf den See. Die Sonne glitzert und der Steg vor mir ist leer, sodass ich die hundert Meter bis an sein Ende problemlos gehen kann, ohne andere Menschen zu passieren. Im Vänern befindet sich immer noch genug Eis, das den Kontrast zwischen fließendem und festem Wasser wie eine antarktische Expedition wirken lässt. Während der Eiszeit spaltete sich das Grundgestein auf und bildete den „Schärengarten“ mit seinen vielen Inseln. Sie waren eine der ersten Besonderheiten, die mich an Schweden begeisterten. Einheimische finden diese Sehnsucht nach den Kleinstinseln vermutlich lächerlich, aber mir geben sie ein Gefühl von Unendlichkeit.

Das Gefühl, dass doch noch alles *gut* werden kann.

Über einen weiteren Holzsteg gelange ich von einem Seeufer zu einem anderen. Ich wandere einen Kilometer zwischen moosbedeckten Steinen und Nadelbäumen und entschließe mich dann, zurückzugehen und einen sonnigeren Wanderweg auszuprobieren. Alle Trails dieses Areals sind zwischen einem und vier Kilometer lang. Also nichts, was Anfänger fürchten müssten. Nach dem Lasse

Trail gehe ich den Nötö Trail. Es ist praktisch unmöglich, sich zu verlaufen, wenn man immer den Markierungen an den Bäumen folgt.

Als ich abends wieder ins Haus zurückkomme, koche ich mir Spargel mit weichem Ei und esse dazu einen Fertig-Kartoffelsalat. Ich bin erst seit einer Woche in Schweden und habe jetzt schon das Bedürfnis, ein ganzes Jahr zu bleiben. Vielleicht nicht unbedingt in diesem Haus, aber grundsätzlich wünsche ich es mir.

Ich vermisse Berlin *kein* Stück.

In der dritten Nacht in diesem Haus kann ich nicht schlafen. Ich wache ständig auf und wälze mich so lange in der Dunkelheit, bis die Sonne aufgeht. Ich habe eine unterschwellige, irrationale Angst, dass da jemand im Haus sein könnte, und traue mich kaum, die Treppen hinunterzusteigen. Irgendwann wage ich es doch. Ich stehe widerwillig auf und gehe in den Flur. Das Licht geht an, ich steige die quietschende Treppe hinunter zum Badezimmer. Und sehe: nichts. Da ist niemand, niemand außer mir, in dieser Einöde in Dalsland.

Wieder oben angekommen setze ich meine Schlafbrille auf und versuche, doch noch zur Ruhe zu kommen. Ich atme ein und aus, zähle von eins bis hundert, von hundert bis eins. Um 7 Uhr gebe ich es auf – draußen ist es inzwischen längst hell – und beschließe, mir unten in der Küche einen Tee zu machen.

Heute werde ich langsam machen.

Ich entschließe mich, konsequent *nichts* zu tun.

„Nichts" zu tun ist, wie Odell ganz richtig feststellt, in unserer hyperallergischen Aufmerksamkeitsökonomie beinahe eine Provokation. Laut Jenny Odell bedeutet abseits stehen, die Perspektive des Außenseiters einzunehmen, ohne fortzugehen, und dabei immer das im Blick zu haben, was man hinter sich gelassen hat. Es bedeutet nicht, vor seinem Feind zu fliehen, sondern seinen Feind zu *kennen*. Es bedeutet auch, die Möglichkeit zu schaffen, an eine andere Welt zu glauben und zugleich in dieser hier zu leben.

Ich weiß gerade noch nicht, wie diese Welt für mich aussehen wird – und ob ich jemals wieder dazu bereit sein werde, so viel meiner Aufmerksamkeit für anderer Menschen Anerkennung, Firmen und Profitgier zu opfern.

Was wird passieren, wenn alle Menschen wieder Kontrolle über ihre Aufmerksamkeit erlangen und beginnen, sie in eine bestimmte Richtung zu lenken?

Werden wir die Fiktion verlassen, die wir kreiert haben, und irgendwann lächelnd auf die Zeit zurückblicken, in der es für manche Berufe überlebenswichtig war, Reichweite und SEO-optimierte Landingpages zu haben?

Ziviler Ungehorsam bedeutet in Zeiten der Aufmerksamkeitsökonomie, Aufmerksamkeit zu entziehen. Uns Spielräume zu erschaffen – und seien sie noch so klein –, die sich der Kapitalismus nicht zu eigen machen kann.

Vielleicht ist dieser neue, dritte Raum der *einzige* Raum, in dem wir beginnen können, unsere Fesseln langsam zu lösen.

* * *

November 2023

Ich habe zum ersten Mal seit Beginn meiner Berufstätigkeit im Jahr 2015 sechs Monate am Stück nicht für andere lohngearbeitet. Ich kann für mich ganz klar sagen, dass meine Lebensunlust und meine Meltdown Moments mit der Lohnarbeitsabhängigkeit und dem damit verbundenen Stress, Leistungsdruck und Schlafmangel zusammenhängen – aber natürlich nicht nur.

Meine Beziehungen und mein Selbstwert sind aktuell stabil. Es gibt keine „toxischen“ Freundschaften oder Liebesbeziehungen in meinem Leben. Ich habe Frieden mit meinen Eltern gefunden und bin nicht aufs Land gezogen. Ich mache manchmal Sport und ernähre mich mittelmäßig. Ich lese keine Selbsthilfeliteratur und meide Therapy-Talkformate. Ich möchte nie wieder an einer Universität studieren und habe keine Bestrebungen, an Weiterbildungen teilzunehmen. An vielen Tagen mache ich absolut gar nichts. Meine PMDS beschränkt sich auf drei bis vier Tage mit milder Anxiety. In manchen Monaten würde ich mich als „geheilt“ beschreiben, wenn das Konzept dahinter nicht so furchtbar problematisch wäre. Jedenfalls hatte ich seit zwei Jahren keinen Meltdown mehr, wie ich ihn zu Beginn des Buches beschrieben habe. Ein perfekter Mensch bin ich immer noch nicht. Ich ärgere mich, ich schimpfe, ich weine. Regelmäßig. In meiner Kündigungsberatung *thx bye* helfe ich zwei Mal pro Woche anderen Personen in Bullshit-Jobs, ihre Festanstellungen zu verlassen. Aber das größte Geheimnis meines Glücks bleiben nach wie vor meine Privilegien.

Ich hatte eines der besseren Lose bei der Geburtenlotterie.

I lucked out.

PMDS-FAQ

Dieses Q&A soll eine schnelle und einfache Übersicht zur Prämenstruellen Dysphorischen Störung geben. Die Inhalte sind großteils aus dem 2022 erschienenen Fachbuch *PMDS als Herausforderung* der Fachärztinnen Dr. phil. Dipl.-Psych. Almut Dorn, Dr. Med. Anneliese Schwenkhagen und Prof. Dr. med. Anke Rohde entnommen, um Fragen von Betroffenen nach dem aktuellen Stand der Medizin zu beantworten. Ich kann das Buch allen ans Herz legen, die sich tiefergehend mit der PMDS befassen möchten.

Was steckt hinter dem Begriff „PMDS"?

Die Abkürzung PMDS steht für die Prämenstruelle Dysphorische Störung. Sie ist im englischsprachigen Raum als PMDD (Premenstrual Dysphoric Disorder) bekannt und gilt als die schwerste Form des Prämenstruellen Syndroms (PMS).

Wie äußert sich die PMDS und was sind die häufigsten Symptome?

Menschen, die an PMDS leiden, haben oftmals in der 1. Zyklushälfte eine problemfreie oder zumindest problemarme Zeit – im Kontrast dazu haben sie in der 2. Zyklushälfte mit PMDS-Symptomen und daraus resultierenden Problemen zu kämpfen.

Kernsymptome der PMDS sind starke Stimmungsschwankungen, Reizbarkeit, Aggression, Wut, Depression und Angst beziehungsweise starke Anspannung. Manches Mal entsteht der Eindruck, dass dem Ganzen etwas „Selbstzerstörerisches" anhaftet, indem sich die Wut der Betroffenen gegen sie selbst richtet – ähnlich der Lust, ohne Rücksicht auf Verluste alles hinzuschmeißen, die viele Frauen in den prämenstruellen Tagen in ihren sozialen Beziehungen erleben. Körperliche Symptome können, müssen aber nicht zusätzlich auftreten. Doch die Symptome alleine machen noch keine PMDS-Diagnose aus.

PMDS-Betroffene fühlen und verhalten sich in der 2. Zyklushälfte ganz anders als in der 1. Hälfte, erleben also eine Art Persönlichkeitsveränderung. Sie tun oder sagen Dinge, für die sie sich im Nachhinein schämen oder die ihnen leidtun.

Trotz aller Bemühungen, der starken Impulsivität und Aggressivität nicht nachzugeben, gelingt es ihnen nicht immer, sich zu beherrschen. Eine typische Folge sind erhebliche Probleme in zwischenmenschlichen Kontakten und im sozialen Umfeld. Schwere depressive Verstimmungen bis hin zu regelmäßig wiederkehrenden Suizid-Gedanken kommen ebenfalls vor.

Wie viele Menschen sind betroffen?

Studien zufolge sind 3–8 % der Menstruierenden weltweit davon betroffen.

Was ist der Unterschied zwischen PMS und PMDS?

Etwa 75 % aller Menstruierenden nehmen in der zweiten Zyklushälfte, der Lutealphase, und besonders in den Tagen vor Beginn der Menstruation körperliche und/oder psychische Veränderungen wahr. Dabei ist der Schweregrad sehr unterschiedlich. Meist bemerken Menstruierende an leichten Symptomen, dass sich ihre Periode ankündigt, ohne dass sie dafür Hilfe bei Ärztinnen suchen müssen. Bei stärker auftretenden Beschwerden spricht man vom Prämenstruellen Syndrom (PMS). Häufig stehen beim PMS die körperlichen Symptome (Schmerzen verschiedener Art, Erschöpfung, Wassereinlagerungen, Appetitveränderungen) in der 2. Zyklushälfte im Vordergrund. Der Übergang vom PMS zur ausgeprägten PMDS ist fließend. Oftmals leiden Menstruierende unter einem PMS, das sich dann nach einer Geburt oder mit zunehmendem Alter verschlechtert, sodass die Kriterien einer PMDS erfüllt sind.

Worin liegt der Unterschied zwischen PMDS und Depression?

Ein wesentliches Abgrenzungsmerkmal einer PMDS gegenüber einer Depression ist die Zeitdauer. Zu den Kriterien einer Depression gehört eine Zeitdauer der Symptome von mindestens zwei Wochen, in denen die Symptome durchgehend bestehen, und zwar nicht zyklusgebunden.

Wie kann man PMDS diagnostizieren?

Hier wird es schon etwas komplizierter.

Im aktuell in Deutschland verwendeten Klassifikationssystem ICD-10 sind *keine* PMDS-Kriterien festgehalten, sodass die Einordnung bislang in eine andere Störungskategorie möglich ist. Zukunftsmusik ist aber bereits durchaus zu hören: Denn die ICD-11, die aktualisierte Version also, trat am 1. Januar 2022 in Kraft. Um die Einführung der ICD-11 vorzubereiten, erarbeitete das Bundesinstitut für Arzneimittel und Medizinprodukte (BfArM) eine deutsche Übersetzung. Bei der vorliegenden Übersetzung handelt es sich um eine erste Version zur Ansicht für die interessierte Öffentlichkeit.[3]

Diese Übersetzung wurde teilweise unter Verwendung automatisierter Übersetzungsverfahren erstellt und befindet sich in einem bereits begonnenen Qualitätssicherungsprozess in Kooperation mit den wissenschaftlichen medizinischen Fachgesellschaften, der voraussichtlich noch längere Zeit in Anspruch nehmen wird. In dieser ersten

Fassung des ICD-11 befindet sich die PMDS in der Kategorie „Krankheiten des Urogenitalsystems“ und hat den Code GA 34.41.

Wie fühlt sich für Betroffene die 2. Zyklushälfte an?

Bei der Prämenstruellen Dysphorischen Störung treten Symptome während einer Mehrheit der Menstruationszyklen auf. Es kommt zu Stimmungs-Symptomen (depressive Stimmung, Reizbarkeit, Suizidalität), somatischen Symptomen (Lethargie, Gelenkschmerzen, Überessen oder Appetitverlust) oder kognitiven Symptomen (Konzentrationsschwierigkeiten, Body-Dysmorphia, Vergesslichkeit, Wahrnehmungsstörungen), die einige Tage – manchmal auch ganze zwei Wochen – vor dem Einsetzen der Menstruation beginnen, sich innerhalb weniger Tage nach dem Einsetzen der Menstruation verbessern und dann innerhalb von etwa einer Woche nach dem Einsetzen der Menstruation minimal werden oder ganz verschwinden.

Der zeitliche Zusammenhang zwischen den Symptomen und den lutealen und menstruellen Phasen des Zyklus sollte idealerweise durch ein prospektives Symptomtagebuch über mindestens zwei symptomatische Menstruationszyklen bestätigt werden. Die Symptome sind schwerwiegend genug, um signifikanten Stress oder Beeinträchtigungen in persönlichen, familiären, sozialen, schulischen, beruflichen oder anderen wichtigen Funktionsbereichen zu verursachen, und stellen nicht die Exazerbation einer psychischen Erkrankung dar.

Die Ärztinnen Dorn, Schwenkhagen und Rohde legen ihr Augenmerk besonders darauf, dass die PMDS im ICD-11 in der Kategorie der gynäkologischen Störungen erfasst wurde, was sicherlich dabei helfen wird, die PMDS zu „entstigmatisieren“. Denn viele Betroffene fühlen sich derzeit in eine „Ecke“ gedrängt, da die Symptome eher psychischen als klassisch gynäkologischen Krankheiten, wie beispielsweise entzündlichen Krankheiten des weiblichen Genitaltrakts, ähneln.

Im amerikanischen Klassifikationssystem DSM-5 ist die PMDS bereits als eigenständige Störung mit eindeutigen Diagnosekriterien verzeichnet.[4] Dazu gehören elf klar definierte Symptome bzw. Symptomgruppen, die zeitliche Einordnung der Symptome und die Diagnosebestätigung. Auch die Auswirkungen der Störung im sozialen und familiären Umfeld gehören zu den Kriterien.

Um die Diagnose nach DSM-5 stellen zu können, müssen bei den meisten Menstruationszyklen insgesamt fünf Symptome in der letzten Woche vor dem Einsetzen der Menstruation vorhanden sein, sich innerhalb weniger Tage nach dem Einsetzen der Menstruation verbessern und in der Woche nach der Menstruation minimal werden oder ganz ausbleiben.

Die elf Symptome der PMDS nach DSM-5:

Symptome der Kategorie B

Mindestens eines der folgenden Symptome muss vorhanden sein:

- Affektlabilität (Stimmungsschwankungen, erhöhte Empfindlichkeit)
- Reizbarkeit, Wut, vermehrte zwischenmenschliche Konflikte
- Depressive Verstimmung, Hoffnungslosigkeit, selbstherabsetzende Gedanken
- Angst, Anspannung, Überreizung, Nervosität

Symptome der Kategorie C

Mindestens eines der folgenden Symptome muss zusätzlich vorhanden sein, um in Kombination mit den Symptomen der Kategorie B eine Gesamtzahl von fünf Symptomen zu erreichen:

- Verringertes Interesse an üblichen Aktivitäten
- Konzentrationsschwierigkeiten
- Lethargie, leichte Ermüdbarkeit, deutlicher Energieverlust
- Appetitveränderungen, Heißhunger
- Schlafstörungen
- Kontrollverlust, Gefühl des Überwältigtseins
- Körperliche Symptome wie Brustspannen oder -schwellungen, Gelenk- oder Muskelschmerzen, Völlegefühl oder Gewichtszunahme

Was hat es mit Progesteronmangel und PMDS auf sich?

Betroffene mit PMDS haben also Probleme in der 2. Zyklushälfte – der Lutealphase.

Um den Einfluss von Progesteron auf die Psyche zu verstehen, ist es wichtig erstmal zu begreifen, welche hormonellen und biologischen Prozesse in der 2. Zyklushälfte stattfinden.

Denn nach dem Eisprung (Ovulation) fällt der Östradiolspiegel kurzfristig kräftig ab, was den Hormonhaushalt – verständlicherweise – ins Wanken bringen kann. Danach organisiert sich der Rest des Follikels neu und es bildet sich der Gelbkörper. Jetzt wird nicht mehr nur Östradiol gebildet, sondern auch in großen Mengen Progesteron. Die maximale Leistungsfähigkeit des Gelbkörpers zur Bildung beider Hormone – Östrogen und Progesteron – wird etwa eine Woche nach dem Eisprung erreicht. Kommt es *nicht* zu einer Schwangerschaft, bildet sich der

Gelbkörper zurück, die Hormonproduktion nimmt ab und fällt schließlich in sich zusammen. Die Lutealphase (Gelbkörperphase) ist die längste Phase des Zyklus und dauert 12 bis 14 Tage, bis die Menstruation eintritt.

Bei einer Lutealphaseninsuffizienz können nicht geplatzte Follikel einfach weiterwachsen und zu Funktionszysten werden, in deren Wand große Mengen von Östradiol gebildet werden. Ein Zuviel an Östrogen macht sich durch Brustspannen, Wassereinlagerungen und zum Teil schmerzhafte Blutungen bemerkbar. Östradiol und Progesteron wirken aber nicht nur auf die Gebärmutterschleimhaut und die Brust, sondern haben auch weitreichende Effekte auf den gesamten Körper und das Zentralnervensystem. Auch psychische Störungen wie Depressionen, Angstzustände und Psychosen können auf hormonelle Veränderungen reagieren. Das ist dadurch zu erklären, dass es Wechselwirkungen zwischen Östrogen, Progesteron und deren Stoffwechselprodukten und Botenstoffen im Gehirn, die für bestimmte Störungen mitverantwortlich sind, gibt. Auch körperliche Erkrankungen wie Rheuma können zyklusabhängig unterschiedlich stark ausgeprägt sein.

Schon früh war klar, dass die Funktion der Eierstöcke bei der Entstehung der PMDS eine Rolle spielt. Zunächst wurde vermutet, dass die Ursache der prämenstruell auftretenden Beschwerden in einer „Gelbkörperschwäche“ oder „Lutealphaseninsuffizienz“ – also in einem Missverhältnis zwischen den Hormonen Progesteron und Östrogen – zu finden sein könnte. Es wurde angenommen, dass ein Östrogenüberschuss (Östrogendominanz) mit einem relativen beziehungsweise absoluten Progesteronmangel mit einer hieraus resultierenden Wasserretention verantwortlich für die Symptome sei. Heute weiß man, dass sich bei PMDS-Betroffenen und bei gesunden Menschen in der Regel keine bedeutsamen Unterschiede zwischen den Progesteron-Spiegeln nachweisen lassen. Auch die zusätzliche Aufnahme von Progesteron in der 2. Zyklushälfte verbessert das Beschwerdebild nicht. Im Gegenteil: Bei Frauen, die vor den Wechseljahren unter einer PMDS gelitten haben oder bei denen die Aktivität der Eierstöcke durch die Behandlung mit einem GnRH-Analogon (einem Anti-Hormon) ausgeschaltet wurde, lassen sich durch die Aufnahme von Progesteron sogar PMDS-ähnliche Beschwerden auslösen.

Unterschiedliche Befunde sprechen dafür, dass es in erster Linie die starken zyklischen Schwankungen der Hormone sind, die das Auftreten der Symptome in der 2. Zyklushälfte triggern, und nicht die Hormone als solche. Das Untersuchungsergebnis passt dazu, dass PMDS-Symptome während einer Schwangerschaft nicht auftreten.

Die Sache ist also: komplex.

Welche Rolle die Östrogene und Progesteron bei der Entstehung von PMDS im Einzelnen spielen, ist nicht eindeutig belegt. Da sich eine PMDS nicht ausschließlich durch einen Progesteronmangel erklären lässt, ist sie auch nicht einfach mit Progesteron zu therapieren.

Anders ist dies beim PMS oder einem nachgewiesenen Progesteronmangel, in einer solchen Situation kann Progesteron durchaus hilfreich sein.

Wenn Frauen an PMDS leiden, was passiert dann in ihrem Gehirn?

Das Problem bei der PMDS scheint nicht die Eierstockfunktion an sich zu sein, sondern die Reaktion des Gehirns auf die mit dem Eisprung verbundenen hormonellen Schwankungen. Deshalb wird bei einer PMDS von mitverursachenden biologischen Faktoren ausgegangen.

In der modernen Medizin wird heute angenommen, dass die PMDS-typischen Symptome Folge einer paradoxen Reaktion auf die Bindung von Allopregnanolon an einen dysfunktionalen GABAA-Rezeptor sind. Die Folge ist eine Umkehr der sonst üblichen Wirkung von Allopregnanolon: Statt Ruhe und Entspannung entstehen Aggressivität und Gereiztheit.

Und auch in anderem Zusammenhang wird Allopregnanolon bei PMDS eine Bedeutung beigemessen: Frauen mit einer PMDS reagieren anders auf Stress als nicht betroffene. Sie leiden nach dem Eisprung in der Lutealphase oft unter einer subjektiv erhöhten Stressempfindlichkeit. Auch Trauma oder akut belastende Lebenssituationen stehen im Verdacht, die Ausprägung der PMDS-typischen Symptome zu erhöhen. Um jedoch genau zu verstehen, wie die hormonellen Veränderungen im Verlauf des Zyklus und die Verarbeitung von Stress in Zusammenhang stehen, gibt es noch viel zu tun.

In den letzten Jahren haben Untersuchungen zudem herausgefunden, dass hormonelle Schwankungen im Verlauf des Menstruationszyklus Einfluss auf die Plastizität des Gehirns haben. So beobachteten Forschende bei Menschen mit einer PMDS-Symptomatik Veränderungen der neuronalen Vernetzung, die auch die kognitive Kontrolle von Emotionen und negativen Stimmungssymptomen betreffen. Nach bisherigem Kenntnisstand ist davon auszugehen, dass die PMDS-Symptome Ergebnis einer sehr individuellen Kombination verschiedener Einflussfaktoren, also „multifaktoriell“ sind.

Wie weit ist die Forschung hinsichtlich möglicher Behandlungsmethoden?

Therapieempfehlungen werden von Ärzten im Idealfall individualisiert nach ausführlicher Diagnostik gegeben.

Die meisten Behandlungen setzen bei der Kognitiven Verhaltenstherapie, der Hormontherapie und dem (intermittierenden) Einsatz bestimmter Antidepressiva (SSRI) an (Kapitel 4: „Citalopram zum Frühstück").

Nach Studienlage ist der Einsatz von SSRI bei der PMDS eine umfangreich untersuchte und gut wirksame Therapie. Laut Ärzten kann es für einige Patientinnen auch ratsam sein, ein kombiniertes hormonelles Verhütungsmittel zu nehmen und damit den natürlichen Zyklus „auszuschalten".

Erste Untersuchungen zeigen auch, dass die Einnahme von Melatonin in der 2. Zyklushälfte einen positiven Effekt auf den Schlaf und die PMDS-typischen Symptome hat.

Tatsächlich gibt es auch erste Ansätze, die Wirkung von Allopregnanolon am GABAA-Rezeptor zu blockieren – ein Medikament hierfür wird gerade intensiv geprüft.

Ein eigenes PMDS-Medikament gibt es zum Zeitpunkt der Manuskriptabgabe im Herbst 2023 nicht.

Danksagung

Zuallererst möchte ich der Verlagsleiterin und Programmleiterin von Haymon, Katharina Schaller, danken. Ohne ihren Glauben an das Buch gäbe es dieses heute nicht zu kaufen. Katharina, du warst von Anfang an von mir und meiner Schreibe überzeugt und hast mich in all dem, was ich aussagen wollte, bestärkt. Es braucht progressive Verleger wie Markus Hatzer, um solche unangenehmen Themen, wie ich sie *en masse* behandle, auf den Markt zu bringen. Ohne zu beschönigen, ohne zu verwässern, ohne vorsorglich einen Good-Vibes-Only-Stempel draufzuklatschen. Katharina, du bist mir in jeder Mail, in jedem Gespräch auf Augenhöhe begegnet, persönlich wie politisch. Ich habe mich bei dir, bei euch so wohl gefühlt, dass ich während des gesamten Schreibprozesses kein einziges Mal daran gedacht habe, abzubrechen. Und das heißt wirklich was!

Wo wir schon beim *Euch* sind: Ich möchte dem gesamten Team vom Haymon Verlag und natürlich insbesondere der Projektleiterin und Lektorin des Buchs, Nadine Rendl, von ganzem Herzen für ihr Engagement, die vielen Stunden vor dem Bildschirm und die konstruktiven Diskussionen rund um den Titel als solchen danken. Es gehört so viel mehr zu einer Veröffentlichung als die Autorin, die ihre Essays niederschreibt. Es braucht Menschen, die das Buch in Umlauf bringen, es vermarkten, in Form gießen, setzen – und natürlich Korrektur lesen. Ich hätte mir keinen besseren Verlag für dieses ganz spezielle Buch vorstellen können, der mir sowohl Struktur gibt als auch die notwendige künstlerische Freiheit lässt.

Gleich danach danke ich meinen Eltern. Ohne das, was meine mutigen Eltern ohne generationales Erbe (dafür mit jeder Menge generationalem Trauma) aufgebaut haben, wäre ich heute nicht Autorin, nicht Künstlerin, nicht selbstständig. Mama, Papa, ich werde euch nie ganz verstehen und ihr mich auch nicht, aber ich habe immer gewusst, dass ich *sehr* gewollt war. Danke, dass ihr mir etwas ermöglicht habt, das ihr selbst nicht in diesem Umfang genießen konntet. Ich danke auch meiner Oma Antonia, die 2020 verstorben ist, weil sie mich angespornt hat, dieses *gute* Leben zu verfolgen und mich nie von einem Mann abhängig zu machen. Ich hoffe, dass ihre Mühen nicht vergessen werden und ich die vielen Ungerechtigkeiten, die ihr widerfahren sind, ein Stück weit aufzeigen konnte.

Ich danke meinen großartigen Freundinnen, die mit mir Thesen durchgesprochen und durchgeackert haben. Allen voran Henni, die mir als Freundin und Juristin immer zur Seite stand, wenn mal wieder ein komisches Schreiben reinflatterte. Sabine, meine Book-Queen und stille Nebeneinander-Sitzerin #1. Regine, die zu jedem Take ein passendes Commentary-Piece kennt. Thuy-An, die manch festgefahrenen Gedanken durchrüttelt. Vanessa, die mich mit ihren Voice-Messages regelmäßig educated und erheitert. Max, der mein Herz öffnen konnte. Anne, die mich auffängt und bekocht, wenn ich an mir selbst zweifle. Viki, meine stabile Homebase in 1100 Wien. Und Tamara, Julia, Alex, Paulina, Iris, Franz, Chris, Roven, Christoph, Dominique. Ohne euch wäre sowieso alles sinnlos. Ich danke meinen Wiener Girlfriends, dass wir an diesem seltsamen Montagabend eine richtig gute Abortion-Party hatten.

Ich danke meinen fellow writer colleagues, die mit ihren Werken wesentlich dazu beigetragen haben, dass sich unsere Welt für Menstruierende zum Besseren verändert. Danke, Bea, Anne, Jacinta, Jenny, Mar. Danke, Teresa.

Und ich danke den 1000+ Menschen, die mich seit 2018 auf Steady supportet haben und immer noch supporten. Manche sogar seit unfassbaren fünf Jahren, was mich regelmäßig umhaut – schließlich bin ich doch auch nur irgendeine Autorin in diesem Internet. Ich übertreibe nicht, wenn ich sage, dass mich euer Cash, eure ungebrochene Treue und eure empowernden Nachrichten in vielen Monaten über Wasser gehalten haben. Gäbe es Steady, gäbe es *euch* nicht, vermutlich würde ich heute nicht mehr hauptberuflich schreiben, weil ich es mir schlicht nicht hätte leisten können. Ich würde jetzt gerne alle Namen hier reinkopieren, aber erstens wäre das vermutlich aus datenschutztechnischen Gründen schwierig, und zweitens ist das hier kein YouTube-Abspann. Deshalb, tl;dr: danke. Bussi, Bussi, Bussi.

Zuletzt danke ich Lorena Bianchi, die mich als Gästin in ihrem „Valle Antica" im Sommer 2022 in Tavullia, Italien, willkommen geheißen hat. Dort, wo dieses Manuskript schließlich seinen Anfang fand.

Wenn man so will, war das meine erste Artist Residency.

Anmerkungen

Vorwort

1 Mar Grace hat bis vor Kurzem unter dem Namen Marlee Grace publiziert.

Intro: Issues

1 DSM-5 ist die Abkürzung für die 5. Auflage des „Diagnostic and Statistical Manual of Mental Disorders". Es handelt sich dabei um ein Klassifikationssystem für psychische Erkrankungen, das von der American Psychiatric Association herausgegeben wird.

Kapitel 1: Scham

1 Besonders die Folge „White Women Killed Yoga" von Tejal Patel und Jesal Parikh aus dem Jahr 2019.

Kapitel 2: Schuld

1 Vgl. Lewis 2023: „Die Familie abschaffen. Wie wir Care-Arbeit und Verwandtschaft neu erfinden", S. Fischer, S. 14.
2 Vgl. Ebd., S. 15.
3 Das Prinzip der „Familienverantwortung" war ein wichtiger Bestandteil des Armenrechts im England des 17. Jahrhunderts. Später wurde es als Mittel zur Disziplinierung der Armen und Unbeschäftigten in den klassischen Liberalismus integriert. In der politischen Theorie, selbst in der Linken, wird dieses Detail jedoch immer wieder vergessen und der klassische Liberalismus als ein Regime der „persönlichen Verantwortung" dargestellt, das sich nur auf das Individuum konzentriert. Dabei hat sich der Wirtschaftsliberalismus immer schon auf das Prinzip der „Familienverantwortung" gestützt. Vgl. Della Torre 2022.
4 Vgl. Cooper 2019: „Family Values. Between Neoliberalism and the New Social Conservatism", Zone Books, zitiert nach Lewis 2023, S. 16.
5 Vgl. Ebd., zitiert nach Lewis 2023, S. 16.
6 Vgl. Lewis 2023, S. 18.
7 Vgl. Beecher 1986: „Charles Fourier. The Visionary and His World", Berkeley University of California Press, S. 12.
8 Vgl. Lewis 2023, S. 55.
9 Vgl. Ebd., S. 55.
10 Ebd., S. 55.
11 Vgl. Bowman 2013: „Laboring for Global Perfection. The International Dimension of Mid-Nineteenth-Century Fourierism", Diss. UC Santa Barbara, S. x.
12 Vgl. Lewis 2023, S. 53.
13 Vgl. Ebd., S. 54.
14 Bowman 2013, S. 6.
15 Vgl. Lewis 2023, S. 16.
16 Vgl. Ebd., S. 16.
17 Ebd., S. 32.
18 Burns 1980: „The Perfectionist's Script of Self-Defeat", Psychology Today, S. 34.
19 Vgl. Egan/Wade/Shafran/Antony 2014: „Cognitive-Behavioral Treatment of Perfectionism", Guilford Press, S. vii.

20 Vgl. Spitzer 2016: „Perfektionismus und seine vielfältigen psychischen Folgen. Ein Leitfaden für Psychotherapie und Beratung“, Springer, S. 21.
21 Ebd., S. 4.
22 Vgl. Grabke/Ströing/Lauterbach 2016: „Hochvermögende in Deutschland“, DIW Wochenbericht, 42/2016, S. 1001.
23 Vgl. Tagesschau 2022: „Mehr Millionäre in Deutschland. Vermögen der Reichen deutlich gewachsen“.
24 Vgl. Schmidt 2015: „Sieben von zehn Deutschen finden Erbschaftssteuer unfair“, YouGov.
25 Vgl. Haan 2022: „Enterbt uns doch endlich! Wie das Erben meine Generation zerreißt“, Trabanten Verlag, S. 32.
26 Vgl. Erbschaftssteuer Österreich
27 Vgl. Tagesschau 2021: „Statistisches Bundesamt: Mehr Steuereinnahmen durch Erbschaften“.
28 Vgl. Haan 2022, S. 35.
29 Handelsblatt Redaktion 2022: „Gut 600 Erbschaften über zehn Millionen Euro“.
30 Vgl. Schick 2021: „Superreiche auf Abwegen“, Zeit Online.
31 Vgl. Haan 2022, S. 17.
32 Vgl. Ebd., S. 96.
33 Roig 2023: „Das Ende der Ehe. Für eine Revolution der Liebe“, Ullstein.
34 Vgl. Haan 2022, S. 10.
35 Vgl. Bundesagentur für Arbeit: „Voraussetzungen für Bürgergeld“.
36 Haan 2022, S. 8.
37 Bücker 2022: „Zwischenzeit_en Newsletter“, Steady Publishing.
38 Vgl. Bundesverfassungsgericht Deutschland 2006: „Leitsätze zum Beschluss des Ersten Senats vom 7. November 2006“.
39 Vgl. Haan 2022, S. 165.
40 Siehe @esteecwilliams auf TikTok.
41 Zimmermann 2022: „Der Kapitalismus befeuert ein Hausfrauen-Revival“, Jacobin.
42 Vgl. Destatis 2021: „Drei von vier Müttern in Deutschland waren 2019 erwerbstätig“.
43 Vgl. Statista 2023: „Gender Pay Gap. Verdienstabstand zwischen Männern und Frauen in Deutschland von 2000 bis 2022“.
44 Vgl. Statista 2021: „Gender Care Gap noch immer viel zu hoch“.
45 Vgl. Statistisches Bundesamt Deutschland 2022: „Niedriglohnquote“.
46 Vgl. Bundesministerium für Arbeit, Soziales, Gesundheit und Konsumentenschutz Österreich 2019: „Gender-Gesundheitsbericht. Schwerpunkt Psychische Gesundheit am Beispiel Depression und Suizid“, S. 3.
47 Vgl. Ebd., S. 5.

Kapitel 3: Wut

1 Albers Ben Chamo 2014: „Menstruationsurlaub? Nein, danke“, Stern.de.
2 Vgl. Nakayama 2007: „Periodic Struggles. Menstruation Leave in Modern Japan“, PhD thesis, Harvard University.
3 Vgl. Colussi/Hill/Baird 2023: „A Bloody Controversy. Menstrual Leave in Indonesia“, SAGE Publications.
4 Vgl. Price 2022: „Periodic Leave. An Analysis of Menstrual Leave as a Legal Workplace Benefit“, Oklahoma Law Review, Volume 74, Issue 2, S. 190.

5 Vgl. Morton 2019: „Menstrual Leave, what lies beneath. Part 1 – Origins“, Menstrual-Matters.com.
6 Vgl. The New York Times 2022: „Spain Considers Bill to Give Period Leave to Women With Menstrual Pain“.
7 Vgl. ZDF 2023: „Spanien macht ‚Menstruationsurlaub‘ möglich“.
8 Vgl. Ruiz Hurtado 2023: „Así funcionará la licencia por dolor menstrual que aprobó el Congreso de España“, El Tiempo.
9 Vgl. Kleinen/Minge 2023: „Ist Menstruationsurlaub in Deutschland rechtlich möglich?“, Gruender.de.
10 Redl 2019: „Pro und Kontra: Freibekommen bei Regelschmerzen“, DerStandard.at.
11 Vgl. Joe 2022: „Spanien führt Perioden ‚Urlaub‘ ein (& ich als Frau find es uncool)“, YouTube.
12 Vgl. Schoep et al. 2019: „Productivity Loss Due to Menstruation-Related Symptoms. A Nationwide Cross-Sectional Survey Among 32,748 Women“, BMJ OPEN.
13 Vgl. Northrup 2019: „Do Less. A Revolutionary Approach to Time and Energy Management for Ambitious Women“, Hay House Inc., S. 104.
14 Vgl. SNP 2021: „SNP 2021 Manifesto: Scotland's Future, Scotland's Choice“, S. 79.
15 Vgl. Íñigo Errejóns Post auf X (früher Twitter) am 28.01.2021: https://twitter.com/ierrejon/status/1354727192660488196 .
16 Vgl. Kassam 2021: „Spain to launch trial of four-day working week“, The Guadian.
17 Vgl. Christian 2023: „Four-day workweek trial. The firms where it didn't work“, BBC.
18 Weck 2023: „Wirtschaftsweise: 4-Tage-Woche ist möglich – unter einer Bedingung“, t3n.
19 Vgl. Kajitani/McKenzie/Sakata 2016: „Use It Too Much and Lose It? The Effect of Working Hours on Cognitive Ability“, Melbourne Institute Working Paper No. 7/16, Melbourne Institute of Applied Economic and Social Research, The University of Melbourne.
20 Vgl. Shepard/Clifton 2000: „Are Longer Hours Reducing Productivity in Manufacturing?“, International Journal of Manpower, Vol. 21, Issue 7.
21 Weck 2023.
22 Vgl. Weck 2022: „Belgien kündigt 4-Tage-Woche an – allerdings mit einem Haken“, t3n.
23 Vgl. Wirtz/Nachreiner/Beermann/Brenscheidt/Siefer 2009: „Lange Arbeitszeiten und Gesundheit“, Bundesanstalt für Arbeitsschutz und Arbeitsmedizin Deutschland.
24 Vgl. Ebd., S. 5.
25 Vgl. Crouter/Bumpus/Head/McHale 2001: „Implications of Overwork and Overload for the Quality of Men's Family Relationships“, National Council on Family Relations, Journal of Marriage and Family, Volume 63, Issue 2.
26 Vgl. Goldin 2014: „A Grand Gender Convergence. Its Last Chapter“, The American Economic Review, Volume 104, Issue 4 und Cha/Weeden 2014: „Overwork and the Slow Convergence in the Gender Gap in Wages“, American Sociological Review, Volume 79, Issue 3.
27 Vgl. Statistisches Bundesamt Deutschland (2020): „Teilzeitquote von Männern und Frauen mit Kindern“.
28 Vgl. Lewis/Stronge/Kellam/Kikuchi 2023: „The Results Are“. In: „The UK's Four-Day Week Pilot“, Autonomy Research Ltd.

29 Vgl. Ebd., S. 6.
30 Vgl. Christian 2023.
31 Vgl. Haraldsson/Kellam 2021: „Going Public. Iceland's Journey to a Shorter Working Week", Autonomy and Alda, Association for Democracy and Sustainability, S. 46–51.
32 Christian 2023.
33 Weck 2023.
34 Vgl. Lewis/Stronge/Kellam/Kikuchi 2023, S. 7.
35 Vgl. OECD Data: „GDP per hour worked".
36 Vgl. Our world in data: „Working Hours".
37 Vgl. Sackmann 2023: „Darum ist Lindners Hauptargument gegen die Vier-Tage-Woche Quatsch", Focus Online.
38 Vgl. Chung 2022: „A Social Policy Case for a Four-Day Week", Cambridge University Press. Journal of Social Policy, Volume 51, Issue 3, S. 559.
39 Vgl. Ebd., S. 560.
40 Vgl. Pailhé/Solaz/Souletie 2019: „How do women and men use extra time? Housework and childcare after the French 35-hour workweek regulation", European Sociological Review, Volume 35, Issue 6.
41 Vgl. Lewis/Stronge/Kellam/Kikuchi 2023.
42 Vgl. Paul 2019: „Microsoft Japan tested a four-day work week and productivity jumped by 40 %", The Guardian.
43 Vgl. Frey 2019: „The Ecological Limits of Work. On Carbon Emissions, Carbon Budgets, and Working Time", Autonomy Research Ltd., S. 6.

Kapitel 4: Schmerz

1 Vgl. Bundesverband Deutscher Bestatter: „Sonderurlaub im Todesfall".
2 Vgl. Lewina 2023: „Mit sieben Jahren starb mein Sohn. Ich werde nie erfahren, woran", Spiegel Online.
3 Nandi 2022: „50 Ways To Leave Your Ehemann", Edition Nautilus.
4 Ebd.
5 Ebd.
6 Oxfords Learner's Dictionary: „Intimacy".
7 Vgl. Laurenceau/Kleinman 2006: „Intimacy in Personal Relationships", In: Vangelisti/Perlman (Hg.): „The Cambridge Handbook of Personal Relationships", Cambridge University Press, S. 638 ff.
8 Ebd., S. 638.
9 Chambers 2013: „Social Media and Personal Relationships. Online Intimacies and Networked Friendship", Palgrave Macmillan, S. 41.
10 Giddens 1991: „Modernity and Self-Identity. Self and Society in the Late Modern Age", Stanford University Press, S. 94.
11 Reis/Rusbult 2004: „Relationship Science. A Casual and Somewhat Selective Review", In: Reis/Rusbult (Hg.): „Close Relationships. Key Readings", Psychology Press, S. 11.
12 Vgl. Jamieson 1998: „Intimacy. Personal Relationships in Modern Societies". Polity Press, S. 160.
13 Vgl. Moberg 2016: „Oxytocin, das Hormon der Nähe. Gesundheit – Wohlbefinden – Beziehung". Springer Spektrum, S. 29.
14 Vgl. Ebd., S. 2.
15 Vgl. Ebd., S. 70.
16 Vgl. Ebd.
17 Vgl. Ebd., S. 47.

18 Vgl. Dorn/Schwenkhagen/Rohde 2022: „PMDS als Herausforderung. Die Prämenstruelle Dysphorische Störung als schwerste Form des PMS", Kohlhammer Verlag.
19 Vgl. Ebd., S. 110.
20 Vgl. Ebd., S. 101.
21 Vgl. Ebd., S. 102.
22 Vgl. Ebd., S. 103.
23 Frasl 2022: „Patriarchale Belastungsstörung. Geschlecht, Klasse und Psyche", Haymon Verlag, S. 131.
24 Vgl. Ebd., S. 132.
25 Ebd., S. 133.
26 Vgl. Dorn: „PMDS-Tagebuch zum Download".
27 Vgl. Sacher/Sabri et al. 2023: „Increase in Serotonin Transporter Binding in Patients With Premenstrual Dysphoric Disorder Across the Menstrual Cycle. A Case-Control Longitudinal Neuroreceptor Ligand Positron Emission Tomography Imaging Study", Biological Psychiatry, Volume 93, Issue 12.
28 Vgl. Tullis 2021: „How ecstasy and psilocybin are shaking up psychiatry", Nature.
29 Stand: Herbst 2023.
30 Vgl. Tullis 2021.
31 Vgl. Reardon 2023: „US Could Soon Approve MDMA Therapy – Opening an Era of Psychedelic Medicine", Nature.
32 Der volle Name der Studie lautet: „MDMA-assisted therapy for severe PTSD: a randomized, double-blind, placebo-controlled phase 3 study".
33 Vgl. Reardon 2023.
34 Vgl. Ot'alora et al. 2018: „3,4-Methylenedioxymethamphetamine-Assisted Psychotherapy for Treatment of Chronic Posttraumatic Stress Disorder. A Randomized Phase 2 Controlled Trial". SAGE Publications. Journal of Psychopharmacology, Volume 32, Issue 12, S. 1295.
35 Vgl. Kessler/Sonnega/Bromet et al. 1995: „Posttraumatic stress disorder in the National Comorbidity Survey", Arch Gen Psychiatry, Volume 52, Issue 12.
36 Vgl. Ot'alora et al. 2018, S. 1295.
37 Vgl. Steenkamp/Litz/Hoge/Marmar 2015: „Psychotherapy for Military-Related PTSD. A Review of Randomized Clinical Trials", JAMA, Volume 314, Issue 5.
38 Vgl. Jaycox/Foa/Morral 1998: „Influence of Emotional Engagement and Habituation on Exposure Therapy for PTSD", J Consult Clin Psychol, Volume 66, Issue 1.
39 Vgl. Mitchell/Bogenschutz/Lilienstein et al. 2021: „MDMA-Assisted Therapy for Severe PTSD. A Randomized, Double-Blind, Placebo-Controlled Phase 3 Study", Nature Med, Volume 27, S. 1034.
40 Vgl. Ebd.
41 Vgl. Ebd.
42 Vgl. Ebd.
43 Vgl. Ebd., S. 1026.
44 Stallmach 2021: „Die Partydroge MDMA erweist sich als wirksames Hilfsmittel in der Psychotherapie", Neue Zürcher Zeitung.
45 Vgl. Ebd.
46 Vgl. Böhm/Jankovska 2022: „Diagnose PMDS: Alles, was wissen musst – mit Dr. Almut Dorn", The Bleeding Overachiever.
47 Vgl. Lu 2023: „Australian psychiatrists can now prescribe MDMA and psilocybin: who can access them and how do they work?", The Guardian.

48 Vgl. Tullis 2021.
49 Tierce 2021: „The Abortion I Didn't Have", The New York Times.
50 Vgl. Bundesministerium für Familien, Senioren, Frauen und Jugend Deutschland 2021: „Gesetz zur Neuregelung des Mutterschutzrechts".
51 Vgl. Brasch 2023: „Wie groß ist die Gefahr einer Fehlgeburt wirklich?", Eltern.de.
52 Vgl. Jankovska 2023: „Die Fake-News vom Miniatur-Baby", Groschenphilosophin.at.
53 Vgl. Jankovska 2023: „Mamablogger made me not wanna have children", Groschenphilosophin.at.
54 Vgl. Watling/Neal 2023: „Prevalence, Age of Decision, and Interpersonal Warmth Judgments of Childfree Adults. Replication and Extensions". PLoS ONE, Volume 18, Issue 4.
55 Kennst du schon mein zweites Buch, „Dear Girlboss, we are done", das in Kooperation mit der Illustratorin Julia Feller entstanden ist?
56 Vgl. Al-Ghaili 2022: „EctoLife: The World's First Artificial Womb Facility", Youtube.
57 Vgl. Juno Perinatal Healthcare.
58 Vgl. TU Eindhoven 2021: „Driven by Challenges – Health (S2E3)", Youtube.
59 Vgl. Eindhoven University of Technology 2021: „Artificial Uterus Improves Odds for Preemies".
60 Ebd.
61 Siehe Bundesministerium für Familien, Senioren, Frauen und Jugend Deutschland: „Wie viel Elterngeld kann ich bekommen?".
62 Vgl. Bundeskanzleramt Österreich: „Einkommensabhängiges Kinderbetreuungsgeld".

Kapitel 5: Hoffnung

1 Vgl. Hill/Jones 2021: „The Great Resignation. Why Millions are Leaving Their Jobs and Who Will Win the Battle for Talent", Lone Rock Publishing, S. 6.
2 Vgl. Ebd., S. 6.
3 Cohen 2021: „How to Quit Your Job in the Great Post-Pandemic Resignation Boom", Bloomberg.
4 Vgl. Hill/Jones 2021, S. 7.
5 Vgl. Fuller/Kerr 2022: „The Great Resignation Didn't Start with the Pandemic", Harvard Business Review.
6 Vgl. Hill/Jones 2021, S. 7.
7 Hammermann/Schmidt/Stetes 2022: „Fluktuation auf dem deutschen Arbeitsmarkt. Dynamik von Personalbewegungen und deren Einflussfaktoren". IW-Analysen 149. Institut der deutschen Wirtschaft Köln e.V., S. 11.
8 Vgl. Anti-Work Reddit Thread: https://www.reddit.com/r/Anti-Work/.
9 „Money can't buy happiness true meaning", Anti-Work Thread: https://www.reddit.com/r/Anti-Work/comments/1694dej/money_cant_buy_happiness_true_meaning/.
10 Vgl. Kraljic 2022: „McKinsey-Umfrage. Ein Drittel der Beschäftigten denkt an Kündigung".
11 Vgl. Hammermann/Schmidt/Stetes 2022, S. 13.
12 Berends 2023: „Raphael Thelen: Letzter Ausweg ‚Letzte Generation'?", Sinneswandel Podcast.
13 Raphael Thelen auf X (früher Twitter), am 25. Oktober 2022.
14 Bücker 2021: „Retten wir so das Klima?", Brigitte.de.

15 Sommer/Welzer 2020: „Nachhaltigkeit als Utopie? Zur Bedeutung von Zukunftsbildern für eine sozial-ökologische Transformation". In: Görgen/Wendt (Hg.): „Sozial-ökologische Utopien. Diesseits oder jenseits von Wachstum und Kapitalismus?", Oekom Verlag.
16 Vgl. McNeill 2005: „Blue Planet. Die Geschichte der Umwelt im 20. Jahrhundert", Campus Verlag, S. 23.
17 Vgl. Jackson 2009, Kallis 2017, Dukelow/Murphy 2022.
18 Vgl. Schmelzer/Vetter 2019: „All you talk about are fairy tales of eternal economic growth. Degrowth als konkrete Utopie für eine klimagerechte Zukunft". In: Görgen/Wendt (Hg.): „Sozial-ökologische Utopien. Diesseits oder jenseits von Wachstum und Kapitalismus?", Oekom Verlag, S. 139.
19 Vgl. Eversberg/Schmelzer 2018: „The degrowth spectrum. Convergence and divergence within a diverse and conflictual alliance", Environmental Values, Volume 27, Issue 3.
20 Schmelzer/Vetter 2019.
21 Vgl. Welzer 2019: „Was zu tun ist, was schon da ist und was wir brauchen. Eine konkrete Utopie der Transformation", Universität Innsbruck, Eröffnungsvortrag zur 2nd Austrian Conference on International Resource Politics.
22 Vgl. Von Weizsäcker 2019: „Eine spannende Reise zur Nachhaltigkeit. Naturkapitalismus und die neue Aufklärung". In: Görgen/Wendt (Hg.): „Sozial-ökologische Utopien. Diesseits oder jenseits von Wachstum und Kapitalismus?", Oekom Verlag, S. 93.
23 Vgl. Goodman: „Good Enough Newsletter".
24 Vgl. Teahan: „Patrick Teahan Therapy".
25 Vgl. Robarge: „Healing & Attachment".
26 Vgl. WBS Legal: „Presserecht für Journalisten. Journalistische Sonderrechte".
27 Vgl. Reporter ohne Grenzen: „Digitaler Quellenschutz".

Outro: The Art of Living

1 Roche 2018: „Verlasst die Städte!", Süddeutsche Zeitung Magazin.
2 Piepgras (Hg.) 2020: „Schreibtisch mit Aussicht", Kein & Aber.
3 Vgl. ICD-11 in Deutsch – Entwurfsfassung.
4 Vgl. DSM-5: Diagnostic Criteria for Premenstrual Dysphoric Disorder (PMDD). National Library of Medicine.

Literaturverzeichnis

Alle Onlinequellen wurden zuletzt am 13. September 2023 aufgerufen. Sofern möglich, habe ich den Link angegeben, unter dem die Quellen kostenlos aufgerufen und bei Interesse selbst nachgelesen werden können.

Das Literaturverzeichnis beginnt mit meinen persönlichen Leseempfehlungen zum Thema Anti-Work und Menstrual Health, geht dann über in wissenschaftliche Lektüre, weiter zu journalistischen Artikeln, Statistiken und gibt zum Schluss einen Überblick zu in diesem Buch herangezogenen Beiträgen aus Social Media, Newslettern und Podcasts.

Weiterführende Leseempfehlungen (Deutsch und Englisch)

Criado Perez, Caroline (2020): „Invisible Women. Exposing data bias in a world designed for men". Penguin

Frasl, Beatrice (2022): „Patriarchale Belastungsstörung. Geschlecht, Klasse und Psyche". Haymon Verlag

Görgen, Benjamin/Wendt, Björn (Hg.) (2020): „Sozialökologische Utopien. Diesseits oder jenseits von Wachstum und Kapitalismus?". Oekom Verlag

Grace, Marlee (2018): „How to Not Always Be Working. A Toolkit for Creativity and Radical Self-Care". Morrow Gift

Grace, Marlee (2020): „Getting to Center. Pathways to Finding Yourself Within the Great Unknown". William Morrow Paperbacks

Haan, Yannick (2022): „Enterbt uns doch endlich! Wie das Erben meine Generation zerreißt". Trabanten Verlag

Hari, Johann (2019): „Lost Connections. Why You're Depressed and How to Find Hope“. Bloomsbury

Hill, Russ/Jones, Jared (2021): „The Great Resignation. Why Millions are Leaving Their Jobs and Who Will Win the Battle for Talent“. Lone Rock Publishing

Jankovska, Bianca/Feller, Julia (2020): „Dear Girlboss, we are done“. BoD Publishing

Levy, Deborah (2022): „Real Estate“. Penguin Books

Lewis, Sophie (2023): „Die Familie abschaffen. Wie wir Care-Arbeit und Verwandtschaft neu erfinden“. S. Fischer

Nandi, Jacinta (2022): „50 Ways To Leave Your Ehemann“. Edition Nautilus

Northrup, Kate (2019): „Do Less. A Revolutionary Approach to Time and Energy Management for Ambitious Women“. Hay House

Odell, Jenny (2020): „How to do nothing. Resisting the Attention Economy“. Melville House

Piepgras, Ilka (Hg.) (2020): „Schreibtisch mit Aussicht“. Kein & Aber

Roig, Emilia (2023): „Das Ende der Ehe. Für eine Revolution der Liebe“. Ullstein

Whitaker, Holly (2019): „Quit Like a Woman. The Radical Choice to Not Drink in a Culture Obsessed with Alcohol“. Bloomsbury

Wissenschaftliche Journals und Fachbücher (Deutsch)

Brown, Brené (2013): „Verletzlichkeit macht stark. Wie wir unsere Schutzmechanismen aufgeben und innerlich reich werden“. Kailash

Bücker, Teresa (2022): „Alle_Zeit. Eine Frage von Macht und Freiheit“. Ullstein

Dorn, Almut/Schwenkhagen, Anneliese/Rohde, Anke (2022): „PMDS als Herausforderung. Die Prämenstruelle Dysphorische Störung als schwerste Form des PMS“. Kohlhammer Verlag

Grabke, Markus M./Ströing, Miriam/Lauterbach, Wolfgang (2016, 19. Oktober): „Hochvermögende in Deutschland“. DIW Wochenbericht, 42/2016. Verfügbar unter: https://www.diw.de/documents/publikationen/73/diw_01.c.545204.de/16-42.pdf

Hammermann, Andrea/Schmidt, Jörg/Stetes, Oliver (2022): „Fluktuation auf dem deutschen Arbeitsmarkt. Dynamik von Personalbewegungen und deren Einflussfaktoren“. IW-Analysen 149. Institut der deutschen Wirtschaft Köln e.V. Verfügbar unter: https://www.iwkoeln.de/fileadmin/user_upload/Studien/IW-Analysen/PDF/2022/Analysen_Nr._149_Fluktuation-Arbeitsmarkt.pdf

ICD-11 in Deutsch – Entwurfsfassung. Verfügbar unter: https://www.bfarm.de/DE/Kodiersysteme/Klassifikationen/ICD/ICD-11/uebersetzung/_node.html

McNeill, John R. (2005): „Blue Planet. Die Geschichte der Umwelt im 20. Jahrhundert“. Campus Verlag

Moberg, Kerstin (2016): „Oxytocin, das Hormon der Nähe. Gesundheit – Wohlbefinden – Beziehung“. Springer Spektrum

Schmelzer, Matthias/Vetter, Andrea S. (2019): „All you talk about are fairy tales of eternal economic growth. Degrowth als konkrete Utopie für eine klimagerechte Zukunft“. In: Görgen, Benjamin/Wendt, Björn (Hg.): „Sozial-ökologische Utopien. Diesseits oder jenseits von Wachstum und Kapitalismus?“. Oekom Verlag

Schmidt, Matthias (2015, 3. April): „Sieben von zehn Deutschen finden Erbschaftssteuer unfair“. YouGov: What the world thinks. Verfügbar unter: https://yougov.de/politics/articles/11971-sieben-von-zehn-deutschen-finden-erbschaftssteuer-

Sommer, Bernd/Welzer, Harald (2020): „Nachhaltigkeit als Utopie? Zur Bedeutung von Zukunftsbildern für eine sozial-ökologische Transformation“. In: Görgen, Benjamin/Wendt, Björn (Hg.): „Sozial-ökologische Utopien. Diesseits oder jenseits von Wachstum und Kapitalismus?“. Oekom Verlag

Spitzer, Nils (2016): „Perfektionismus und seine vielfältigen psychischen Folgen. Ein Leitfaden für Psychotherapie und Beratung“. Springer

Von Weizsäcker, Ernst Ulrich (2019): „Eine spannende Reise zur Nachhaltigkeit. Naturkapitalismus und die neue Aufklärung“. In: Görgen, Benjamin/Wendt, Björn (Hg.): „Sozial-ökologische Utopien. Diesseits oder jenseits von Wachstum und Kapitalismus?“. Oekom Verlag

Welzer, Harald (2019): „Was zu tun ist, was schon da ist und was wir brauchen. Eine konkrete Utopie der Transformation“. Universität Innsbruck. Eröffnungsvortrag zur 2nd Austrian Conference on International Resource Politics.

Wirtz, Anna/Nachreiner, Friedhelm/Beermann, Björn/Brenscheidt, Frank/Siefer, Angela (2009): „Lange Arbeitszeiten und Gesundheit“. Bundesanstalt für Arbeitsschutz und Arbeitsmedizin Deutschland. Verfügbar unter: https://www.baua.de/DE/Angebote/Publikationen/Fokus/artikel20.html

Wissenschaftliche Journals und Fachbücher (Englisch)

Beecher, J. (1986): „Charles Fourier. The Visionary and His World". Berkeley University of California Press

Burns, D. D. (1980, November): „The Perfectionist's Script of Self-Defeat". Psychology Today. Verfügbar unter: https://anandagarden.com/wp-content/uploads/the-perfectionists-script-for-self-defeat.pdf

Cha, Y./Weeden, K. A. (2014): „Overwork and the Slow Convergence in the Gender Gap in Wages". American Sociological Review, Volume 79, Issue 3, 457–484. Verfügbar unter: https://www.asanet.org/wp-content/uploads/savvy/journals/ASR/ChaWeedenJune14ASR.pdf

Chambers, D. (2013): „Social Media and Personal Relationships. Online Intimacies and Networked Friendship". Palgrave Macmillan

Chung, H. (2022): „A Social Policy Case for a Four-Day Week". Cambridge University Press. Journal of Social Policy, Volume 51, Issue 3, 551–566. Verfügbar unter: https://www.cambridge.org/core/journals/journal-of-social-policy/article/social-policy-case-for-a-fourday-week/0621494A8D4DA2D1A753BEE8E2BBA490

Colussi, S./Hill, E./Baird, M. (2023): „A Bloody Controversy. Menstrual Leave in Indonesia". SAGE Publications: SAGE Business Cases Originals. Verfügbar unter: https://doi.org/10.4135/9781529619089

Cooper, M. (2019): „Family Values. Between Neoliberalism and the New Social Conservatism". Zone Books

Crouter, A. C./Bumpus, M. F./Head, M. R./McHale, S. M. (2001): „Implications of Overwork and Overload for the Quality of Men's Family Relationships". National

Council on Family Relations. Journal of Marriage and Family, Volume 63, Issue 2, 404–416

Della Torre, B. (2022): „The Holy Family. Neoliberalism and Neoconservatism in the Current Far-Right: Interview with Melinda Cooper“. State University of Campinas, Brazil. Cultural Dynamics, Volume 34, Issue 3, 242–250

DSM-5: Diagnostic Criteria for Premenstrual Dysphoric Disorder (PMDD). National Library of Medicine. Verfügbar unter: https://www.ncbi.nlm.nih.gov/books/NBK279045/table/premenstrual-syndrom.table1diag/

Dukelow, F./Murphy, M. (2022): „Building the Future from the Present. Imagining Post-Growth, Post-Productivist Ecosocial Policy“. Cambridge University Press. Journal of Social Policy, Volume 51, Issue 3, 504–518

Egan, S./Wade, T./Shafran, R./Antony, M. M. (2014): „Cognitive-Behavioral Treatment of Perfectionism“. Guilford Press

Eindhoven University of Technology (2021, October 9): „Artificial Uterus Improves Odds for Preemies“. Verfügbar unter: https://healthcare-in-europe.com/en/news/artificial-uterus-improves-odds-for-preemies.html

Eversberg, D./Schmelzer, M. (2018): „The degrowth spectrum. Convergence and divergence within a diverse and conflictual alliance“. Environmental Values, Volume 27, Issue 3, 245–267

Frey, P. (2019): „The Ecological Limits of Work. On Carbon Emissions, Carbon Budgets, and Working Time“. Autonomy Research Ltd. Verfügbar unter: https://autonomy.work/wp-content/uploads/2019/05/The-Ecological-Limits-of-Work-final.pdf

Fuller, J./Kerr, W. (2022, March 23): „The Great Resignation Didn't Start with the Pandemic". Harvard Business Review. Verfügbar unter: https://hbr.org/2022/03/the-great-resignation-didnt-start-with-the-pandemic

Giddens, A. (1991): „Modernity and Self-Identity. Self and Society in the Late Modern Age". Stanford University Press

Goldin, C. (2014): „A Grand Gender Convergence. Its Last Chapter". The American Economic Review, Volume 104, Issue 4, 1091–1119

Haraldsson, G. D./Kellam, J. (2021): „Going Public. Iceland's Journey to a Shorter Working Week". Autonomy and Alda, Association for Democracy and Sustainability. Verfügbar unter: https://autonomy.work/wp-content/uploads/2021/06/ICELAND_4DW.pdf

Jackson, T. (2009): „Prosperity without Growth. Economics for a Finite Planet". Earthscan. Verfügbar unter: http://archive.ipu.org/splz-e/unga13/prosperity.pdf

Jamieson, L. (1998): „Intimacy. Personal Relationships in Modern Societies". Polity Press

Jaycox, L. H./Foa, E. B./Morral, A. R. (1998): „Influence of Emotional Engagement and Habituation on Exposure Therapy for PTSD". J Consult Clin Psychol, Volume 66, Issue 1, 185–192

Kajitani, S./McKenzie, C./Sakata, K. (2016): „Use It Too Much and Lose It? The Effect of Working Hours on Cognitive Ability". Melbourne Institute Working Paper No. 7/16, Melbourne Institute of Applied Economic and Social Research, The University of Melbourne. Verfügbar unter: https://melbourneinstitute.unimelb.edu.au/publications/working-papers/search/result?paper=2156560

Kallis, G. (2017): „Economics without Growth“. In: Castells, M. (Hg.): „Another Economy is Possible. Culture and Economy in a Time of Crisis“. Cambridge Polity, 34–54

Kessler, R. C./Sonnega, A./Bromet, E. et al. (1995): „Posttraumatic stress disorder in the National Comorbidity Survey“. Arch Gen Psychiatry, Volume 52, Issue 12, 1048–1060

Kirsch, Irving (2011): „The Emperor's New Drugs. Exploding the Antidepressant Myth“. Basic Books

Laurenceau, J.-P./Kleinman, B. M. (2006): „Intimacy in Personal Relationships“. In: Vangelisti, A. L./Perlman, D. (Hg.): „The Cambridge Handbook of Personal Relationships“. Cambridge University Press, 637–653

Lewis, K./Stronge, W./Kellam, J./Kikuchi, L. (2023): „The Results Are In: „The UK's Four-Day Week Pilot“. Autonomy Research Ltd. Verfügbar unter: https://autonomy.work/wp-content/uploads/2023/02/The-results-are-in-The-UKs-four-day-week-pilot.pdf

Mitchell, J. M./Bogenschutz, M./Lilienstein, A. et al. (2021): „MDMA-Assisted Therapy for Severe PTSD. A Randomized, Double-Blind, Placebo-Controlled Phase 3 Study“. Nature Med, Volume 27, 1025–1033. Verfügbar unter: https://doi.org/10.1038/s41591-021-01336-3

Nakayama, I. (2007): „Periodic Struggles. Menstruation Leave in Modern Japan“. PhD thesis. Harvard University

Ot'alora G, M./Grigsby, J./Poulter, B./Van Derveer, J. W./Giron, S. G./Jerome, L./Feduccia, A./Hamilton, S./Yazar-Klosinski, B./Emerson, A./Mithoefer, M. C./Doblin, R. (2018): „3,4-Methylenedioxymethamphetamine-Assisted Psychotherapy for Treatment of Chronic Posttraumatic Stress Disorder. A Randomized Phase 2 Controlled Trial". SAGE Publications. Journal of Psychopharmacology, Volume 32, Issue 12, 1295–1307

Pailhé, A./Solaz, A./Souletie, A. (2019): „How do women and men use extra time? Housework and childcare after the French 35-hour workweek regulation". European Sociological Review, Volume 35, Issue 6, 807–824

Perle Bowman, M. (2013): „Laboring for Global Perfection. The International Dimension of Mid-Nineteenth-Century Fourierism". Diss. UC Santa Barbara. Verfügbar unter: https://www.proquest.com/openview/8922d2c7c5514e5f468720255a05ccad/1?pq-origsite=gscholar&cbl=18750

Price, H. (2022): „Periodic Leave. An Analysis of Menstrual Leave as a Legal Workplace Benefit". Oklahoma Law Review, Volume 74, Issue 2, 187–223

Reardon, S. (2023, April 19): „US Could Soon Approve MDMA Therapy – Opening an Era of Psychedelic Medicine". Nature. Verfügbar unter: https://www.nature.com/articles/d41586-023-01296-3#ref-CR1

Reis, H. T./Rusbult, C. E. (2004): „Relationship Science. A Casual and Somewhat Selective Review". In: Reis, H. T./Rusbult, C. E. (Hg.): „Close Relationships. Key Readings". Psychology Press

Sacher, J./Sabri, O. et al. (2023): „Increase in Serotonin Transporter Binding in Patients With Premenstrual Dysphoric Disorder Across the Menstrual Cycle. A Case-Control Longitudinal Neuroreceptor Ligand Positron Emission Tomography Imaging Study". Biological Psychiatry. Volume 93, Issue 12, 1081–1088. Verfügbar unter: https://doi.org/10.1016/j.biopsych.2022.12.023

Shepard, E./Clifton, T. (2000): „Are Longer Hours Reducing Productivity in Manufacturing?“. International Journal of Manpower, Vol. 21, Issue 7, 540–553

Steenkamp, M. M./Litz, B. T./Hoge, C. W./Marmar, C. R. (2015): „Psychotherapy for Military-Related PTSD. A Review of Randomized Clinical Trials“. JAMA. Volume 314, Issue 5, 489–500

Tullis, P. (2021, January 27): „How ecstasy and psilocybin are shaking up psychiatry“. Nature. Verfügbar unter: https://www.nature.com/articles/d41586-021-00187-9

Vivrekar, D. (2018): „Persuasive Design Techniques in the Attention Economy. User Awareness, Theory, and Ethics“. Master Thesis. Stanford University. Verfügbar unter: https://stacks.stanford.edu/file/druid:rq188wb9000/Masters_Thesis_Devangi_Vivrekar_2018.pdf

Watling Neal, J./Neal, Z. P. (2023, April 5): „Prevalence, Age of Decision, and Interpersonal Warmth Judgments of Childfree Adults. Replication and Extensions“. PLoS ONE Volume 18, Issue 4. Verfügbar unter: https://doi.org/10.1371/journal.pone.0283301

Journalistische Artikel und Statistiken (Deutsch)

Albers Ben Chamo, Sophie (2014, 11. Dezember): „Menstruationsurlaub? Nein, danke“. Stern.de. Verfügbar unter: https://www.stern.de/lifestyle/leben/krankheitstage-fuer-dieperiode--muss-nicht-sein-3234210.html

Bücker, Teresa (2021, 16. Januar): „Retten wir so das Klima?“. Brigitte.de. Verfügbar unter: https://www.brigitte.de/amp/nachhaltigkeit/weniger-arbeiten-retten-wir-so-das-klima--12236534.html

Bundesagentur für Arbeit: „Voraussetzungen für Bürgergeld“. Verfügbar unter: https://www.arbeitsagentur.de/arbeitslos-arbeit-finden/buergergeld/finanziell-absichern/voraussetzungen-einkommen-vermoegen

Bundeskanzleramt Österreich: „Einkommensabhängiges Kinderbetreuungsgeld“. Verfügbar unter: https://www.bundeskanzleramt.gv.at/agenda/familie/kinderbetreuungsgeld/basisinformationen-kinderbetreuungsgeld/einkommensabhaengiges-kinderbetreuungsgeld.html

Bundesministerium für Arbeit, Soziales, Gesundheit und Konsumentenschutz Österreich (2019): „Gender-Gesundheitsbericht. Schwerpunkt Psychische Gesundheit am Beispiel Depression und Suizid“. Verfügbar unter: https://www.sozialministerium.at/dam/jcr:ac442a16-1aa0-444b-a828-263640374cda/Gendergesundheitsbericht%202019.pdf

Bundesministerium für Familien, Senioren, Frauen und Jugend Deutschland (2021, 30. September): „Gesetz zur Neuregelung des Mutterschutzrechts“. Verfügbar unter: https://www.bmfsfj.de/bmfsfj/service/gesetze/gesetz-zur-neuregelung-des-mutterschutzrechts-73762

Bundesministerium für Familien, Senioren, Frauen und Jugend Deutschland: „Wie viel Elterngeld kann ich bekommen?“. Verfügbar unter: https://familienportal.de/familienportal/familienleistungen/elterngeld/faq/wie-vielelterngeld-kann-ich-bekommen--124616

Bundesministerium für Finanzen: „Erbschaftssteuer“. Verfügbar unter: https://www.oesterreich.gv.at/themen/dokumente_und_recht/erben_und_vererben/1/Seite.792050.html

Bundesverband Deutscher Bestatter: „Sonderurlaub im Todesfall“. Verfügbar unter: https://www.bestatter.de/wissen/todesfall/sonderurlaub-im-todesfall/

Bundesverfassungsgericht Deutschland (2006, 7. November): „Leitsätze zum Beschluss des Ersten Senats vom 7. November 2006“. Verfügbar unter: https://www.bundesverfassungsgericht.de/SharedDocs/Entscheidungen/DE/2006/11/ls20061107_1bvl001002.html

Brasch, Christine (2023, 12. April): „Wie groß ist die Gefahr einer Fehlgeburt wirklich?“. Eltern.de. Verfügbar unter: https://www.eltern.de/schwangerschaft/fehlgeburts-risiko--wie-hoch-ist-es-wirklich-12348962.html

Destatis (2021, 5. März): „Drei von vier Müttern in Deutschland waren 2019 erwerbstätig“. Verfügbar unter: https://www.destatis.de/DE/Presse/Pressemitteilungen/2021/03/PD21_N017_13.html#:~:text=Im%20Jahr%202019%20waren%20drei,noch%20bei%2066%2C7%20%25

Handelsblatt Redaktion (2022, 19. März): „Gut 600 Erbschaften über zehn Millionen Euro“. Verfügbar unter: https://www.handelsblatt.com/politik/deutschland/steuerbehoerde-gut-600-erbschaften-ueber-zehn-millionen-euro/28180052.html

Kleinen, Luisa/ Minge, Lea (2023, 20. Juli): „Ist Menstruationsurlaub in Deutschland rechtlich möglich?“. Gruender.de. Verfügbar unter: https://at.gruender.de/recht/menstruationsurlaub/

Kontrast Redaktion (2021, 5. November): „Klimapolitik muss die extrem Reichen treffen“. Kontrast. Verfügbar unter: https://kontrast.at/co2-ausstoss-verursacher/

Kraljic, Mirona (2022, 21. Dezember): „McKinsey-Umfrage. Ein Drittel der Beschäftigten denkt an Kündigung“. Verfügbar unter: https://www.mckinsey.de/news/presse/2022-12-21-great-attrition-deutschland

Lewina, Katja (2023, 11. Februar): „Mit sieben Jahren starb mein Sohn. Ich werde nie erfahren, woran“. Spiegel Online. Verfügbar unter: https://www.spiegel.de/psychologie/tod-eines-kindes-mein-siebenjaehriger-sohn-starb-und-ich-werde-die-todesursache-nicht-erfahren-a-3d44fd3a-df50-4612-bbd0-83b527236e30

Redl, Bernadette (2019, 28. Februar): „Pro und Kontra: Freibekommen bei Regelschmerzen“. DerStandard.at. Verfügbar unter: https://www.derstandard.at/story/2000094229821/pro-kontrafrei-bei-regelschmerzen

Roche, Charlotte (2018, 9. Mai): „Verlasst die Städte!“. Süddeutsche Zeitung Magazin. Verfügbar unter: https://sz-magazin.sueddeutsche.de/charlotte-roche-jetzt-koennte-es-kurz-wehtun/stadtflucht-grossstadt-land-85686

Sackmann, Christoph (2023, 26. Mai): „Darum ist Lindners Hauptargument gegen die Vier-Tage-Woche Quatsch“. Focus Online. Verfügbar unter: https://www.focus.de/finanzen/karriere/berufsleben/gesellschaften-profitieren-von-weniger-arbeit-darum-ist-christian-lindners-hauptargument-gegen-die-vier-tage-woche-quatsch_id_194753270.html

Schick, Gerhard (2021, 15. November): „Superreiche auf Abwegen“. Zeit Online. Verfügbar unter: https://www.zeit.de/wirtschaft/2021-11/erbschaftssteuer-superreiche-schenkungssteuer-erben-verfassung

Stallmach, Lena (2021, 15. Mai): „Die Partydroge MDMA erweist sich als wirksames Hilfsmittel in der Psychotherapie“. Neue Zürcher Zeitung. Verfügbar unter: https://www.nzz.ch/wissenschaft/die-partydroge-mdma-erweist-sich-als-wirksames-hilfsmittel-in-der-psychotherapie-ld.1624895

Statista (2021, 6. Mai): „Gender Care Gap noch immer viel zu hoch“. Verfügbar unter: https://de.statista.com/infografik/24809/hoehe-des-gender-care-gaps-in-deutschland/

Statista (2023): „Gender Pay Gap. Verdienstabstand zwischen Männern und Frauen in Deutschland von 2000 bis 2022“. Verfügbar unter: https://de.statista.com/statistik/daten/studie/3261/umfrage/gender-pay-gap-in-deutschland/

Statista (2012, 24. August): „Reales Bruttoinlandsprodukt pro Kopf in Deutschland, Italien, Großbritannien und den USA in den Jahren 1870 bis 1992.“ Verfügbar unter: https://de.statista.com/statistik/daten/studie/250066/umfrage/bip-pro-kopf-in-ausgewaehlten-laendern-weltweit/

Statistisches Bundesamt Deutschland (2020): „Teilzeitquote von Männern und Frauen mit Kindern“. Abgerufen von der Genesis-Online Datenbank des Statistischen Bundesamtes. Verfügbar unter: https://de.statista.com/statistik/daten/studie/38796/umfrage/teilzeitquote-vonmaennern-und-frauen-mit-kindern/

Statistisches Bundesamt Deutschland (2022, April): „Niedriglohnquote“. Verfügbar unter: https://

www.destatis.de/DE/Themen/Arbeit/Arbeitsmarkt/Qualitaet-Arbeit/Dimension-2/niedriglohnquote.html#:~:text=2018%20bekamen%2026%2C4%20%25%20der,Teilzeit%2D%20oder%20geringf%C3%BCgig%20Besch%C3%A4ftigte%20sind

Tagesschau (2021, 26. August): „Statistisches Bundesamt. Mehr Steuereinnahmen durch Erbschaften".

Tagesschau (2022, 14. Juni): „Mehr Millionäre in Deutschland. Vermögen der Reichen deutlich gewachsen". Verfügbar unter: https://www.tagesschau.de/wirtschaft/finanzen/vermoegen-deutschland-millionaere-101.html

Weck, Andreas (2022, 16. Februar): „Belgien kündigt 4-Tage-Woche an – allerdings mit einem Haken". t3n. Verfügbar unter: https://t3n.de/news/belgien-kuendigt-vier-tage-woche-an-1451892/

Weck, Andreas (2023, 2. Juni): „Wirtschaftsweise: 4-Tage-Woche ist möglich – unter einer Bedingung". t3n. Verfügbar unter: https://t3n.de/news/wirtschaftsweise-vier-tage-woche-moeglich-1556373/

ZDF (2023, 1. Juni): „Spanien macht ‚Menstruationsurlaub' möglich". Verfügbar unter: https://www.zdf.de/nachrichten/politik/spanien-menstruationsurlaub-gesetz-in-kraft-100.html

Zimmermann, Astrid (2022, 8. Oktober): „Der Kapitalismus befeuert ein Hausfrauen-Revival". Jacobin. Verfügbar unter: https://jacobin.de/artikel/der-kapitalismus-befeuert-ein-hausfrauen-revival-tradwife-tiktok-girlboss-feminismus-astrid-zimmermann

Journalistische Artikel und Statistiken (Englisch und Spanisch)

Christian, A. (2023, March 20): „Four-day workweek trial. The firms where it didn't work". BBC. Verfügbar unter: https://www.bbc.com/worklife/article/20230319-four-day-workweek-trial-the-firms-where-it-didnt-work

Cohen, A. (2021, May 10): „How to Quit Your Job in the Great Post-Pandemic Resignation Boom". Bloomberg. Verfügbar unter: https://www.bloomberg.com/news/articles/2021-05-10/quit-your-job-how-to-resign-after-covid-pandemic

Juno Perinatal Healthcare. Verfügbar unter: https://junoperinatalhealthcare.com/

Kassam, A. (2021, March 15): „Spain to launch trial of four-day working week". The Guardian. Verfügbar unter: https://www.theguardian.com/world/2021/mar/15/spain-to-launch-trial-of-four-day-working-week

Lu, D. (2023, June 30): „Australian psychiatrists can now prescribe MDMA and psilocybin: who can access them and how do they work?". The Guardian. Verfügbar unter: https://www.theguardian.com/australia-news/2023/jul/01/australian-psychiatrists-can-now-prescribe-mdma-and-psilocybin-who-can-access-them-and-how-do-they-work

Morton, Tsara Crosfill (2019): „Menstrual Leave, what lies beneath. Part 1 – Origins". Menstrual Matters. Verfügbar unter: https://www.menstrual-matters.com/ml-origins-1/

OECD Data: „GDP per hour worked". Verfügbar unter: https://data.oecd.org/lprdty/gdp-per-hour-worked.htm und https://data.oecd.org/emp/hours-worked.htm

Our world in data: „Working Hours“. Verfügbar unter: https://ourworldindata.org/working-hours#are-we-working-morethan-ever

Oxfords Learner’s Dictionary: „Intimacy“. Verfügbar unter: https://www.oxfordlearnersdictionaries.com/definition/american_english/intimacy

Paul, K. (2019, November 4): „Microsoft Japan tested a four-day work week and productivity jumped by 40 %“. The Guardian. Verfügbar unter: https://www.theguardian.com/technology/2019/nov/04/microsoftjapan-four-day-work-week-productivity

Ruiz Hurtado, Angie (2023, 16 de febrero): „Así funcionará la licencia por dolor menstrual que aprobó el Congreso de España“. El Tiempo. Disponible en: https://www.eltiempo.com/mundo/europa/espana-asi-funcionara-licencia-por-dolor-menstrual-queaprobo-congreso-742658

Schoep, M./Adang, E./Maas, J. et al. (2019): „Productivity Loss Due to Menstruation-Related Symptoms. A Nationwide Cross-Sectional Survey Among 32,748 Women“. BMJ OPEN. Verfügbar unter: https://bmjopen.bmj.com/content/bmjopen/9/6/e026186.full.pdf

SNP (2021, 15. April): „SNP 2021 Manifesto: Scotland’s Future, Scotland’s Choice“. Verfügbar unter: https://manifesto21.s3-eu-west-1.amazonaws.com/2021_MANIFESTO_plain_text.pdf

The New York Times (2022, May 17): „Spain Considers Bill to Give Period Leave to Women With Menstrual Pain“. Verfügbar unter: https://www.nytimes.com/2022/05/17/world/europe/spain-period-paid-leave.html

Tierce, M. (2021, December 2): „The Abortion I Didn’t Have“. The New York Times. Verfügbar unter:

https://www.nytimes.com/2021/12/02/magazine/abortion-parent-mother-child.html

Podcasts, Blogs und Social-Media-Beiträge (Deutsch und Englisch)

Al-Ghaili, Hashem (2022, December 9): „EctoLife: The World's First Artificial Womb Facility". Verfügbar unter: https://www.youtube.com/watch?v=O2RIvJ1U7RE

Anti-Work Reddit Thread. Verfügbar unter: https://www.reddit.com/r/Anti-Work/

Berends, Marilena (2023, 2. Februar): „Raphael Thelen: Letzter Ausweg ‚Letzte Generation'?". Sinneswandel Podcast. Verfügbar unter: https://sinneswandel.art/2023/02/02/raphael-thelen/

Böhm, Iris/ Jankovska, Bianca/ (2022, November): „Diagnose PMDS: Alles, was du wissen musst – mit Dr. Almut Dorn". The Bleeding Overachiever. Verfügbar unter: https://open.spotify.com/episode/4upE64KBzWRRr32PfpfnI8

Bücker, Teresa (2022): „Zwischenzeit_en Newsletter". Steady Publishing. Verfügbar unter: https://steadyhq.com/de/teresabuecker/posts/de73959d-b4e3-4e34-862e-20a1294fe74f

Dorn, Almut: „PMDS-Tagebuch zum Download". Verfügbar unter: https://almutdorn.de/wp-content/uploads/2012/03/PMS-Tagebuch.pdf

Eggert, Katharina: „Work that Period – Zyklusbewusstsein und Support am Arbeitsplatz". Verfügbar unter: https://www.workthatperiod.de/

Goodman, Whitney: „Good Enough Newsletter". Verfügbar unter: https://sitwithwhit.substack.com/

Jankovska, Bianca (2023, 23. Januar): „Mamablogger made me not wanna have children". Groschenphilosophin.at. Verfügbar unter: https://www.groschenphilosophin.at/2023/01/mamablogger-made-me-not-wanna-have-children/

Jankovska, Bianca (2023, 7. August): „Die Fake-News vom Miniatur-Baby". Groschenphilosophin.at. Verfügbar unter: https://www.groschenphilosophin.at/2023/08/8-ssw/

Joe, Alicia (2022, 17. Mai): „Spanien führt Perioden ‚Urlaub' ein (& ich als Frau find es uncool)". YouTube. Verfügbar unter: https://www.youtube.com/watch?v=Ps58uSIHvIk

„Money can't buy happiness true meaning". Anti-Work Thread. Verfügbar unter: https://www.reddit.com/r/Anti-Work/comments/1694dej/money_cant_buy_happiness_true_meaning/

Patel, Tejal/Parikh, Jesal (2019, June 8): „Episode 1: White Women Killed Yoga". Yoga is Dead Podcast. Verfügbar unter: https://www.yogaisdeadpodcast.com/episodes/2019/6/5/ep-1-white-women-killed-yoga

Reporter ohne Grenzen: „Digitaler Quellenschutz". Verfügbar unter: https://www.reporter-ohne-grenzen.de/themen/internetfreiheit/digitaler-quellenschutz

Robarge, Alan: „Healing & Attachment". Verfügbar unter: https://www.healingattachmenttrauma.com/community?r_done=1

STRG_F (2023, 11. Juli): „Privatjets, Yachten, Kaviar: wie ein luxuriöser Lebensstil das Klima zerstört". Verfügbar unter: https://www.youtube.com/watch?v=MbJOQsK42iE

Teahan, Patrick: „Patrick Teahan Therapy". Verfügbar unter: https://patrickteahantherapy.gumroad.com/

TU Eindhoven (2021, June 3): „Driven by Challenges – Health (S2E3)“. Verfügbar unter: https://www.youtube.com/watch?v=N2skGFuAM8Y

WBS Legal: „Presserecht für Journalisten. Journalistische Sonderrechte“. Verfügbar unter: https://www.wbs.legal/medienrecht/presserecht/journalisten/

Williams, Estee: TikTok Account. Verfügbar unter: https://www.tiktok.com/@esteecwilliams?lang=de-DE

Beatrice Frasl
Patriarchale Belastungsstörung
Geschlecht, Klasse und Psyche
384 Seiten, Klappenbroschüre
ISBN 978-3-7099-8175-7

Psychische Gesundheit ist politisch!
Du fragst dich, was Geschlecht und die Versorgung psychischer Erkrankungen gemeinsam haben? Was das Patriarchat mit der Diagnose von Krankheiten zu tun hat? Spoiler-Alarm: sehr viel! Unser Gesundheitssystem schreibt, als Teil unseres Gesellschaftssystems, Ungleichheiten fort. Sozialer und ökonomischer Background, Geschlecht, kulturelle Rahmenbedingungen und der neoliberale Leistungsgedanke bestimmen, wer gesund ist und wer nicht, wer krank sein darf und letztendlich auch: wem Behandlungsmöglichkeiten offenstehen und wem diese verwehrt bleiben. Beatrice Frasl zeigt in diesem Buch: Das Sprechen über psychische Gesundheit ist ein politischer und feministischer Akt, ein Akt der Selbstermächtigung.

„Die Autorin nähert sich den Themen Psyche und psychische Erkrankungen auf unterschiedlichen Ebenen, in beeindruckender Art und Weise. Behutsam und gleichzeitig sehr klar und eindrücklich, manchmal auch bedrückend und erschreckend, beschreibt sie die Situation von betroffenen Menschen."
Barbara Haid, Präsidentin Österreichischer Bundesverband für Psychotherapie

Linda Biallas
Mutter, schafft
Die Rolle der Mutter im Kapitalismus und Patriarchat:
ein Aufruf zur Revolution
280 Seiten, broschiert
ISBN 978-3-7099-8178-8

Wie Mutter sein? – In einer männlichen Weltordnung, in einer Gesellschaft, die Mütter verachtet
Linda Biallas ist Mitte Zwanzig, steckt im Studium und in einem gänzlich anderen Leben, als sie ungeplant schwanger wird und sich mit Fragen konfrontiert sieht, die im Feminismus der Anfang 20-Jährigen keine Rolle gespielt haben: Was ist überhaupt eine „gute Mutter"? Warum sind die Ansprüche an Mütter und Väter so unterschiedlich? Und wie werden wir durch diese Sicht beeinflusst? Wo sind es die Strukturen und gesetzlichen Rahmenbedingungen, die uns in eine bestimmte Richtung drängen? Und wo sind es erlernte Überzeugungen und Rollenbilder, die uns festsetzen, Spielräume ungenutzt lassen? Wo sind es unsere eigenen Ideologien, die uns trotz allem an ein System glauben lassen, das unsere Ausbeutung und Unterdrückung zu verantworten hat? Klar ist: Es sind die Umstände, die wir gemeinsam und grundlegend verändern müssen, um Müttern und uns allen eine Zukunft zu geben und endlich Gleichberechtigung zu schaffen.

Hinweis zu möglichen Triggern: Diese Hinweise nehmen auf Menschen mit traumatischen Erfahrungen Rücksicht. Aus subjektiver Sicht können Trigger von Bedeutung sein oder nicht, unabhängig davon, in welchem Kontext oder Medium sie sich finden. Wir möchten an dieser Stelle deshalb anmerken: In „Potenziell furchtbare Tage“ sind verschiedene potenziell triggernde Themen enthalten. Warnungen dazu findest du immer vor dem jeweiligen Kapitel(absatz).

Gefördert von der Stadt Wien Kultur.

Dieses Buch ist Cradle to Cradle Certified® auf Bronze-Niveau. Cradle to Cradle Certified® ist eine eingetragene Marke des Cradle to Cradle Products Innovation Institute. Dieses Buch findet seinen Weg ohne Plastikfolie, die es unnötig einhüllt, zu dir – für unsere Umwelt und unsere Zukunft.

Auflage:

4	3	2	1
2027	2026	2025	2024

HAYMON verlag
Innsbruck-Wien
www.haymonverlag.at

ISBN 978-3-7099-8229-7

Inhaltliche Betreuung: Haymon Verlag / Katharina Schaller
Lektorat: Haymon Verlag / Nadine Rendl
Projektleitung: Haymon Verlag / Nadine Rendl, Sarah Wegscheider
Buchinnengestaltung nach Entwürfen von: himmel. Studio für Design und Kommunikation, Innsbruck / Scheffau – www.himmel.co.at
Satz: Dörlemann Satz GmbH & Co. KG, Lemförde
Umschlaggestaltung: Jasmin Keune-Galeski, www.jasminkeunegaleski.com
Umschlagabbildung: Adobe Stock / YesPhotographers